Je ne crois pas à l'astrologie

DEBRA SILVERMAN

Je ne crois pas à l'astrologie

…mais la sagesse des astres peut changer votre vie

FIRST
ÉDITIONS

Titre original : *I Don't Believe in Astrology*

ISBN : 978-2-412-09908-7
Dépôt légal : avril 2025
Code éditeur : S09908/01
Imprimé en France par Normandie Roto Impression SAS, en avril 2025 (2501062)

Directrice éditoriale : Marie-Anne Jost-Kotik
Responsable éditoriale : Aline Sibony
Éditrice : Alexandra Rousselle
Traduction : Emmanuel Plisson
Correction : Des Mots passants et La Machine à mots
Mise en pages : Fabrice Del Rio Ruiz

Éditions First, un département d'Édi8
92, avenue de France
75013 Paris
01 44 16 09 00
serviceclients@lisez.com
www.lisez.com

À vous tous qui, pendant cinq décennies, êtes venus me chercher et m'avez ouvert votre cœur, partageant vos secrets et votre chemin de vie. Vous écouter a été un honneur.

J'adore les humains – je voue un amour sans limites aux personnes qui ont su triompher de leur douleur, mais aussi à celles et ceux qui l'avaient engendrée. Le mal n'a pas de prise sur notre compassion. Tout ce que je souhaite, c'est que notre espèce survive à cette entrée mouvementée dans une nouvelle ère, et qu'un grand nombre d'entre nous découvre le plaisir de l'humilité.

En prenant de l'altitude, on peut voir l'humanité comme une expérience – une expérience qui s'apprête à un changement de direction radicale. J'espère que ce livre vous inspirera de la compassion, qu'il vous permettra, à vous et à votre observateur, de porter un regard nouveau sur vous et sur les autres. Nous sommes au seuil de l'âge d'or. L'avenir de nos enfants dépend de nous.

« L'astrologie sera forcément reconnue par la psychologie,
sans réserve, car l'astrologie représente la somme
de tout le savoir psychologique de l'Antiquité. »
Carl Gustav Jung

« Dieu ne joue pas aux dés. »
Albert Einstein

Sommaire

Avant-propos

JE CROIS QUE CE LIVRE a été écrit pour moi. Pendant la majeure partie de ma vie, je me suis vanté de ne pas croire à l'astrologie. Je ne suis pourtant pas un matérialiste à tous crins, qui méprise tout ce qui n'est pas purement scientifique – au moment où j'écris, j'ai dans la poche un cristal !

Mais, si je ne croyais pas à l'astrologie, c'était d'abord que le thème astral censé être le mien ne me correspondait pas vraiment – ou, plus exactement, il me semblait qu'il aurait pu décrire tout un chacun. À la façon d'un David Copperfield amateur bien décidé à débusquer les mensonges, j'étais persuadé que l'astrologie se résumait à ce qu'on nomme « l'effet Barnum » – la tendance qui pousse toute personne à se reconnaître dans une description suffisamment vague et générale.

Sous ce raisonnement intellectuel se cachait une autre motivation : je refusais tout simplement qu'il puisse y avoir une limite aux objectifs que je me fixais pour ma vie. Je voulais écrire mon propre thème astral, et non pas laisser le zodiaque m'enfermer dans un destin.

Quand j'ai rencontré Debra Silverman, je lui ai donc déclaré : « Je ne crois pas à l'astrologie. »

Elle m'a répondu : « Génial ! Ce sera le titre de mon prochain livre. » Ça nous a fait rire ; pour autant, ça n'a pas changé mes croyances. Pourtant, j'ai accepté qu'elle me révèle sa célèbre lecture des quatre éléments. Et ça a changé ma vie.

C'est vrai : aucune lecture superficielle de mon thème astral ne concordait avec ma personnalité. Mais, en creusant davantage dans les maisons, les positions et toutes les autres complexités de ma carte du ciel, nous avons mis au jour ensemble les principes qui guidaient ma vie. Le roi du scepticisme s'est incliné devant la reine de l'astrologie.

Deux heures plus tard, j'étais échec et mat. Contrairement à ce que j'imaginais, le fait de comprendre ma nature profonde ne constituait pas une limitation. Au contraire, cela m'ouvrait de nouveaux horizons. Avec une meilleure connaissance de mes fragilités personnelles, il me devenait possible de clarifier mes objectifs et mes missions en ce monde. Ce sont là des informations inestimables.

Je vous souhaite de connaître la même expérience en lisant ce livre. Je vous invite à le faire avec l'esprit ouvert, dans la curiosité et la créativité. Peut-être que ce livre changera votre vie, comme cela a été le cas lors de ma première consultation avec Debra.

Aubrey Marcus, influenceur et P-DG d'Onnit

Introduction

« L'astrologie est honorablement connue par toute nation ou toute race, d'hier ou d'aujourd'hui, qui a atteint un certain degré de civilisation. Même ses ennemis ne peuvent le nier. »

LUKE DENNIS BROUGHTON,
Elements of astrology, 1898

LAISSEZ-MOI DEVINER.

1. Vous ne croyez pas vraiment à l'astrologie, mais, au fond, vous aimeriez bien y croire. Vous vous demandez si je peux vous faire changer d'avis.

Ou alors,

2. vous vous intéressez à cette science, mais vous voudriez avoir davantage d'informations pour mieux comprendre et accepter l'influence des étoiles dans votre vie.

Dans les deux cas, vous avez ouvert le bon livre. Je l'ai intitulé (comme le podcast que j'anime) *Je ne crois pas à l'astrologie* parce que j'ai moi-même été parmi les sceptiques. J'ai changé avec le temps. Plusieurs décennies de pratique en cabinet, à combiner psychologie et thèmes astraux, m'ont convaincue de la puissance de l'astrologie. Désormais, j'y crois fermement.

Quelque chose vous a poussé à choisir ce titre – un instinct, une envie, la sensation que l'astrologie ne se résume pas à un portrait rapidement esquissé ou à l'horoscope quotidien dans le journal. Peut-être n'en savez-vous pas beaucoup plus pour l'instant, pas suffisamment en tout cas pour pousser plus loin. Je parie que vous êtes intéressé à votre signe du zodiaque, peut-être qu'un horoscope personnalisé vous a surpris par sa justesse. Et peut-être souhaitez-vous croire *vraiment* à un monde où les étoiles donnent du sens à l'existence.

L'astrologie est sujette à controverse. Elle peut paraître abstraite ou fumeuse. Mais, pour moi, c'est un remède, un outil qui peut changer la vie... même quand on n'y croit pas.

Car, ne l'oublions pas : nul n'est besoin de croire en quelque chose pour que ça fonctionne ! Par exemple, vous croyez sans doute à l'amour et, pourtant, il vous a certainement déçu à quelques reprises. Vous croyez en la gravité alors même que vous n'êtes pas sûr de la comprendre. *Idem*, vous savez que la lumière paraît quand vous appuyez sur un interrupteur, sans pour autant être capable d'expliquer le processus en détail. L'amour, la gravité ou l'électricité n'ont pas besoin qu'on y croie ou qu'on les comprenne pour exister.

Il en va de même pour l'astrologie. Pas besoin de la comprendre. Elle est là, elle existe, qu'on le veuille ou non. Peu à peu, grâce à ce livre, vous découvrirez à quel point cette sagesse ancienne est utile. Vous n'avez pas besoin de croire en l'astrologie... l'astrologie croit en vous !

Votre existence n'est pas accidentelle. Personne ne vous a forcé à monter dans ce bus qu'on appelle l'existence. Nous sommes ici en mission. Même si vous n'y croyez pas (encore), peu importe : vous allez découvrir que nous avons tous un objectif, ainsi que des leçons de vie qui attendent d'être apprises.

Dans votre vie, les mêmes questions, les mêmes problèmes vont resurgir jusqu'à ce que vous ayez retenu ces leçons. Ce livre vous permet de transformer la confusion en certitude. Il évoque les critiques intérieures, l'insatisfaction permanente, le sentiment de ne pas savoir qui on est vraiment. Vous demandez-vous si vous remplissez votre mission de vie ? Si vous vivez l'existence que vous méritez ? Si vous êtes en couple avec la bonne personne ? Si vous avez choisi le bon métier ? Rien de plus normal. Tout le monde entend cette voix intérieure qui lui dit que quelque chose ne va pas – qu'il ou elle devrait agir autrement, tenter de devenir une meilleure personne.

Ces voix dans nos têtes – je les appelle nos « gremlins » – sont des saboteurs, qui nous critiquent sans relâche. Ils rabâchent les mêmes reproches jusqu'à l'épuisement, jusqu'à la crise ; jusqu'au moment où, enfin, nous parvenons à entendre une voix plus douce et compatissante – je l'ai baptisée « l'observateur ». L'astrologie nous indique le chemin, la voie à suivre pour traverser la forêt des gremlins et atteindre la lumière de l'observateur. C'est l'endroit où ces voix négatives se taisent enfin, où le calme permet à la vérité d'apparaître.

L'astrologie vous montre qui vous êtes vraiment ; elle vous dit : « Voici ce que vous êtes, et c'est très bien comme ça. » Vous avez le droit d'être rêveur (Poissons), ambitieux (Capricorne) ou fort (Bélier). Il y a des raisons qui vous poussent à préférer la liberté aux relations (Verseau), la sécurité financière à la consommation frivole (Sagittaire) ou la parole à l'écoute (Gémeaux). Il est naturel que vous vous questionniez sans cesse sur le sens de la vie (Sagittaire), que vous éprouviez une curiosité morbide envers la mort (Scorpion), que vous vous sentiez mieux quand votre famille est en sécurité (Cancer), que vous soyez amoureux de l'idée même d'être amoureux (Balance) ou que vous adoriez être au centre de l'attention (Lion). Pas besoin de lutter contre ça, vous êtes juste vous-même.

L'astrologie devient alors conscience de soi. Vierge, vous apprendrez que vous avez tendance à vous critiquer sévèrement. Sachant cela, vous pourrez vous détendre en acceptant votre besoin inné d'être précis, de prendre soin des détails, de dresser des listes et de cocher les cases. La voix de votre observateur (que je vais vous apprendre à découvrir et à écouter) vous dira : « D'accord, tu te critiques. Pas d'inquiétude. C'est très bien. » Et quand quelqu'un d'autre vous lancera : « Détends-toi, ce n'est pas si grave », vous saurez, en vous-même, que c'est grave *pour vous*... et que c'est très bien comme ça ! Vous avez le sens du détail, et alors ? Vous sentirez que votre observateur est en place quand vous aurez appris à vous moquer un tout petit peu de cette tendance, à penser, en toute sincérité : « Oups, j'ai recommencé ! C'est tellement moi... »

Chacun des douze signes du zodiaque présente une lutte inhérente qui lui est propre. Connaissez cette lutte et vous saurez pourquoi vous êtes ici. Ce n'est pas un accident. Vous suivez un parcours, il y a « là-haut » un dossier qui porte votre nom. L'astrologie vous propose de le parcourir, de comprendre les leçons qui vous attendent. Quel soulagement de savoir que tous les défis qui se présentent à vous ont une raison et, plus encore, de comprendre que vous n'avez rien à vous reprocher !

Une cliente m'a confié un jour qu'elle avait gagné dix ans de thérapie en une seule séance d'astrologie. J'espère vous permettre la même économie – un chemin efficace vers la connaissance de soi et une protection contre les gremlins.

Mieux encore : tout ce qui ne va pas chez vous… constitue en réalité votre force ! C'est la vérité ultime de l'astrologie : elle change votre façon de percevoir le bon et le mauvais. Cela peut sembler contre-intuitif au départ, mais vous allez vite découvrir que vous pouvez transformer vos luttes quotidiennes en leçons qui vous inscrivent dans la « voie haute » de votre thème astral – la bonne voie, le chemin vers le meilleur de vous-même. Vous percevez des comportements récurrents chez vous ? Ce n'est pas une mauvaise chose, bien au contraire ! Ces récurrences sont comme des panneaux signalétiques qui vous aideront à comprendre votre thème astral et vous-même.

Comme vous devez vous en douter maintenant, ceci n'est pas un manuel d'astrologie classique. C'est un ouvrage de développement personnel qui utilise l'astrologie comme matière première et comme guide. Les signes du zodiaque nous serviront à exprimer votre personnalité unique, pour montrer qu'il est inutile de vous reprocher vos prétendus défauts. Vous êtes très bien comme vous êtes : un être divin qui a accepté de vivre une existence avec cette exacte personnalité.

Je vous jure que c'est vrai. Vous êtes exactement celle ou celui que vous devez être. N'est-ce pas là une pensée merveilleuse ?

L'ASTROLOGIE COMME REMÈDE

Je comprends très bien les résistances à l'astrologie, qu'on considère parfois comme une pseudoscience. Il est effectivement difficile d'accepter que la position du Soleil puisse influencer votre personnalité, que la place de la Lune décrive la nature de votre tempérament émotionnel, et que les autres planètes influencent les différents aspects de votre vie. Je sais que ça paraît étrange – et nous sommes programmés (moi la première) pour éviter ce qui est étrange. Vous vous méfiez de tout ce qui est mystique, vous rejetez la pensée magique ? Je vous entends, je vous rejoins. Pourquoi *croire* en l'astrologie ? Toutefois, rappelons-nous qu'il n'y a pas si longtemps, la même méfiance existait (et existe encore chez certains) envers la psychologie... Suivre une thérapie reste parfois un secret un peu honteux ; et comme tout le monde n'en retire pas forcément de résultats, certains concluent que ça ne fonctionne pas. Pensez, pourtant, à toutes les personnes que la thérapie a pu aider...

Je suis entrée à l'université pour étudier la psychologie clinique. En tant que praticienne, j'ai travaillé avec des personnes considérées comme « importantes » dans la société – des gens sérieux, qui vivaient dans un environnement marqué par la réussite professionnelle concrète. Je suis une personne terre à terre, qui se consacre depuis un très jeune âge au soin et à l'enseignement, et je suis fière de dire que j'aide les gens à changer leur vie. Ce qui compte à mes yeux, ce sont les résultats. En tant que soignant, le but est d'aider une personne qui fait face à une douleur ou à un problème, de la guider dans un processus qui lui permet, à la fin de la thérapie, de repartir avec un plan. Et j'ai remarqué que la plupart de mes clients se sentent mieux après une bonne session d'astrologie.

C'est même une constante dans mon travail : après cinq décennies de pratique, je ne cesse de m'émerveiller de la façon dont je parviens à faire évoluer une personne quand, au cours d'une session, j'utilise son thème astral au lieu de me contenter de l'échange thérapeutique « ordinaire ». Lorsque quelqu'un vient me trouver en se plaignant de ne pas être « assez bien », je lui démontre que c'est faux. Je lui dis « Je vous entends. Vous savez quoi ? Je peux tout expliquer en observant votre thème astral. Tout est là. »

Le plus grand pouvoir de l'astrologie, c'est de changer, immédiatement et radicalement, la façon dont vous vous parlez à vous-même. Elle transforme votre discours intérieur, la nature des voix dans votre tête. Il vous devient plus facile de comprendre et de tolérer les autres, tout autant que vous-même.

Il y aura toujours des sceptiques. Récemment, une cliente m'a dit que son père, médecin, et généralement très calme, a piqué une vraie crise de fureur quand elle lui a appris qu'elle me consultait. « Tous des charlatans ! a-t-il crié. Hors de question que ma fille gaspille son argent pour de l'astrologie ! » Ça arrive. Son père incarnait la voix de la critique, celle qui se résume à la seule logique, valeur par défaut des personnes guidées par leur hémisphère gauche, qui ne peuvent croire que ce qu'ils sont capables de prouver. Par chance, ma cliente a pu écouter sa propre voix : au cours de nos séances, elle a découvert de nombreuses vérités sur elle-même. Elle a ainsi compris qu'elle souhaitait avant tout quitter un emploi qui la rendait malheureuse et reprendre ses études. Vraisemblablement, elle ne serait pas parvenue à ces conclusions en écoutant la voix de son père. Grâce à l'astrologie, elle a pu accéder à sa propre vérité.

Les idées préconçues, les doutes, les questions ou encore le cynisme avec lesquels mes clients arrivent dans mon cabinet se dissolvent rapidement quand ils se sentent regardés, écoutés et compris, peut-être pour la première fois. J'adore les sceptiques. J'aime les entendre, à la fin d'une consultation, me dire : « Comment savez-vous tout ça de moi ? Vous me connaissez si bien – mieux que moi-même ! » Ils repartent avec une meilleure connaissance de leur propre caractère, des étoiles dans les yeux et le cœur plus léger.

À PROPOS DE CE LIVRE

Cet ouvrage n'est pas un énième guide spirituel rempli de théories fumeuses. Je ne vais pas vous conseiller telle ou telle boisson miracle, tel complément alimentaire dernier cri, ni vous inciter à collectionner les cristaux. En vérité, en cas de crise, les cristaux ne servent pas à grand-chose. Vous pouvez méditer pendant des jours entiers sans vous débarrasser de vos gremlins.

Il y a sur cette planète comme une épidémie mondiale d'anxiété, de dépression et d'addiction – en d'autres termes, de gens qui cherchent à se sentir mieux, à moins souffrir de leurs gremlins. L'industrie du développement personnel, du bien-être et du biohacking, peut se résumer à une question unique : êtes-vous en paix avec ce que vous êtes ? Je suis certaine que votre réponse est non. C'est pour ça que vous lisez ce livre.

L'objectif de celui-ci est de vous donner accès à la voix de la compassion qui, elle, sait que vous êtes quelqu'un de bien, que vous êtes une belle âme, une personne digne d'amour. Ce livre vous guidera vers une conscience de vous-même plus élevée, vous permettra d'entendre une voix intérieure plus douce. Qui n'en a pas besoin ? Si les gens apprécient l'astrologie, c'est qu'elle leur offre sur eux-mêmes un point de vue différent de ce que leur assène leur critique intérieur. Une fois l'observateur découvert, vous aurez la force d'activer votre petite voix positive – et les gremlins, dès lors, n'auront plus prise sur vous.

Dans la première partie, nous parlerons des difficultés inhérentes à la condition humaine, pour découvrir que ce n'est pas notre faute si nous nous sabotons nous-même : nous sommes conçus ainsi. Nous verrons comment allier psychologie et astrologie, et comment identifier les gremlins spécifiques de votre thème astral. Vous apprendrez à canaliser la puissance de votre observateur pour faire ressortir le meilleur de votre personnalité. C'est ainsi qu'on peut tomber vraiment amoureux de cette folie douce qu'est la vie.

La partie 2 comprend treize chapitres : un pour chaque signe, plus un pour le « treizième signe » dont je ne vous ai pas encore parlé. Chacun de ces chapitres inclut une étude psychologique du signe en question et un profil personnel type qui montre ce qu'il peut être, dans sa meilleure version (la « voie haute ») et dans sa version altérée (la « voie basse »). Nous examinerons ensuite comment ce signe peut fonctionner en harmonie avec l'observateur (concept abordé dans la première partie) et, si vous appartenez à ce signe, quelle est votre leçon de vie, ce qui est bon pour vous, ce que vous ressentez lorsque votre Lune, Mercure ou Saturne s'y trouve ou si ce signe est votre ascendant. À la fin de chaque chapitre vous sera proposée une méditation spéciale, avant un résumé des particularités de ce signe astrologique.

N'oubliez pas : tout le monde ne se retrouve pas dans le profil de son signe. C'est d'ailleurs une des causes les plus répandues pour douter de l'astrologie. Mais il y a d'excellentes raisons au fait que vous ne soyez pas un exemple parfait de votre signe astrologique ; pour commencer, votre Lune ou votre ascendant peuvent constituer une influence plus puissante. De même, si vous avez plusieurs planètes (un stellium) dans un autre signe, celui-ci peut dominer. Les planètes elles-mêmes ont leurs propres qualités ; or, elles se trouvaient dans certaines maisons le jour de votre naissance. Tout cela colore l'expression d'un signe zodiacal (je vous en dis davantage dans la première partie). L'astrologie est complexe, de nombreux facteurs entrent en jeu. Pour autant, inutile de la maîtriser comme un praticien chevronné ! Ce qui compte, c'est que les thèmes de votre carte du ciel vous permettent de mieux vous comprendre, et de mieux comprendre les autres.

C'est une constante universelle : nul, parmi vos connaissances, n'est exempt de problème psychologique. La conscience permet de soulager cet état de fait, sans pour autant le guérir complètement. Nous passons notre vie à écouter et à corriger les voix dans notre tête – des voix que les douze signes du zodiaque décrivent parfaitement. Au bout d'un moment, cela devient presque comique d'entendre notre discours intérieur se répéter ; cela devient presque touchant de comprendre que les raisons mêmes qui nous font disjoncter sont en fait nos meilleures alliées. Chaque crise est une ouverture vers une potentielle prise de conscience. De la même façon, quand vos gremlins vous repassent le disque rayé de vos angoisses et de vos alarmes, c'est pour lancer un SOS En réalité, ce message dit : « J'ai besoin d'aide, car les mêmes choses m'arrivent encore et encore. »

L'astrologie ouvre la porte à une sagesse intemporelle. Votre âme attend que vous preniez conscience de votre mission. Certes, il peut sembler mystique (ou digne d'un film de Disney) d'imaginer un livre qui, comme par magie, vous rapproche de votre âme ; pourtant, c'est bien ce que j'espère pour celui-ci.

Vous a-t-on jamais donné la permission de vous comprendre et d'être vous-même ? C'est bien ce qui vous irrite au plus profond, ce qui cause votre malaise, ce sentiment chronique d'insatisfaction. Vous avez peut-être l'impression d'être déjà engagé dans un cheminement spirituel ; mais jusqu'à ce que vous tombiez réellement amoureux de votre âme unique et de ce qu'elle attend de vous, vous ne trouverez pas la bonne voie.

Entrez donc ! Dans cette conversation sacrée, tout est brillant et plein de sens. Avec ma personnalité de Gémeaux, je vous invite à jouer avec moi, et je veux que vous commenciez ce processus immédiatement. Allons-y !

PREMIÈRE PARTIE

Astrologie psychologique et nature de l'inconscient

Tant qu'un homme lutte contre sa mortalité, il demeure affecté par les myriades de mutations des cieux et de la terre. L'astrologie est l'étude des réponses humaines aux stimuli planétaires. Les étoiles n'ont ni animosité ni bienveillance consciente ; elles se contentent d'envoyer des radiations positives ou négatives. En elles-mêmes, celles-ci n'aident ni n'entravent l'humanité ; elles offrent simplement un canal légitime pour agir sur l'équilibre entre cause et effet.

Paramahansa Yogananda,
Autobiographie d'un yogi

1

Tomber amoureux de son destin

« Vous êtes-vous déjà demandé : Pourquoi suis-je ici ? Que suis-je censé être dans cette existence ? Si tel est le cas, ça a pu constituer pour vous le début d'un changement. Je crois profondément que l'astrologie est un outil pour aider les femmes et les hommes qui ont commencé à se poser des questions sur le but et le sens de leur vie, qui cherchent des réponses. L'astrologie n'a que peu d'intérêt pour celles et ceux qui ne s'interrogent pas de la sorte. »

DANE RUDHYAR, compositeur et poète

C'EST UN PIÈGE. QUOI QU'ON FASSE, on ne peut en sortir.

Nous sommes tous coupables… d'être humains. Nous nous sabotons nous-même. Nous n'agissons pas comme le demanderait notre intérêt. Nous brisons des cœurs, d'autres brisent le nôtre. Nous quittons ou nous sommes quittés. Nous trahissons et nous sommes trahis. Un ami cher peut nous mentir, tomber dans l'addiction, décider de ne plus jamais nous appeler. Nous ne pouvons nous empêcher d'agir à notre propre détriment ; et ces actions nous procurent des remords, nous posent des questions lancinantes sur nous et sur l'espèce humaine. En l'absence de réponse satisfaisante, ces inquiétudes existentielles peuvent finir par nous paralyser. C'est ainsi que nous sommes fabriqués : la nature humaine est un système d'exploitation étrange et absurde.

Une idée en passant : et si un tel défaut de conception n'était la faute de personne ? Pas celle de vos parents, de votre partenaire, de vos choix de vie ? Si ce n'était pas *à cause de vous* que votre esprit ne trouve pas spontanément le bien-être, la sagesse ou des réponses claires ? Un vrai soulagement, n'est-ce pas ?

J'avais une vingtaine d'années, je venais d'entrer en fac de psychologie. Dans l'amphithéâtre, en début d'année, le prof a demandé pourquoi nous étions là. Entourée par une cinquantaine d'autres étudiants, j'ai levé la main pour répondre : « Parce que je veux savoir pourquoi nous faisons des choses qui ne sont pas bonnes pour nous. Pourquoi rechignons-nous à faire du sport, à manger correctement ? Pourquoi ne choisissons-nous pas la liberté ? Pourquoi gardons-nous un travail qu'on déteste ? Pourquoi restons-nous dans une relation toxique ? » J'étais sincère – voilà exactement la raison pour laquelle j'avais opté pour la psychologie. *Pourquoi les humains ne font-ils pas ce qui pourrait les rendre heureux ?*

La psychologie n'a jamais complètement répondu à cette question…, mais l'astrologie, si. Et la réponse est simple : le problème, c'est la façon dont nous sommes conçus. Les gens sont tellement bêtes qu'ils oublient qu'ils sont intelligents. Débile, non ? Bonne nouvelle : ce n'est pas une fatalité.

Nous pouvons évoluer. Vous ne seriez pas en train de lire ce livre si vous n'éprouviez pas l'envie d'apprendre et de grandir. Néanmoins, aussi évolués que nous soyons, des pulsions inconscientes nous empêchent de faire ce qui est bon pour nous. Sans pouvoir nous l'expliquer, nous nous laissons gagner par la paresse, la dépression ou l'anxiété – ces saboteurs débarquent, et nous voilà vaincus. Nous n'y pouvons rien : la nature humaine est ainsi faite, avec une propension innée à tomber au plus bas, à laisser la gravité l'emporter. C'est l'enfant qui vole un bonbon et proteste : « Je n'ai pas pu m'en empêcher ! »

Pour être honnête, choisir la bonne voie n'est pas une tâche aisée. Nous doutons de nos instincts et de nos décisions. Nous avons du mal à pardonner, du mal à ressentir spontanément de la joie. Nous préférons les reproches au pardon – parce qu'il faut apprendre à pardonner, tandis que reprocher est automatique. La bienveillance n'est pas naturelle.

Voici quelques exemples de ces défauts présents dans la nature humaine (j'en soulignerai d'autres tout au long du livre) :

★ **Nous avons du mal à trouver la paix :** Le principal problème, c'est que, par nature, l'esprit humain ne peut rester en paix. Nous nous débattons, les autres nous insupportent. Nous adorons le drame (qu'on y pense : les personnes les mieux payées dans notre société sont les acteurs et les sportifs... dont l'activité consiste notamment à nous donner du drame en spectacle). Nous nous méfions des différences. Nous nous jugeons les uns les autres, souvent sévèrement. Nous aimons les ragots, nous aimons fouiner – la culture pop et les réseaux sociaux sont presque entièrement fondés sur ces tendances.

Plus encore, nous aimons médire – et en particulier de nous-même, intérieurement. Existe-t-il des personnes dépourvues de ces petites voix négatives qui, dans nos têtes, serinent critiques et commentaires méprisants ? Elles prennent parfois toute la place ; elles se moquent de ce que nous voyons dans le miroir le matin, nous tiennent éveillé en pleine nuit, formulent des regrets sur le passé ou des craintes sur l'avenir. Oh, comme nous nous angoissons ! Nous voudrions savoir si nous avons bien agi, bien choisi, si nous vivons notre meilleure vie, si nous faisons ce qui est juste ou si nous sommes sur la mauvaise voie ; si nous aimons assez bien, si nous sommes aimés suffisamment ; si nous gâchons notre vie ou non. Nous sommes, en permanence, dans l'incertitude. Trop souvent, et de façon générale, notre discours intérieur est teinté de peur, de jugement et d'agitation. On en deviendrait dingue !

★ **Le pardon ne vient pas tout seul ; les reproches et la honte, si !** Pour beaucoup de gens, demander pardon est un acte contre nature. Nous avons tendance à blâmer l'autre et à garder rancune. Nous sommes ainsi faits qu'il nous est difficile de prendre la responsabilité de nos vies. Nous ne sommes pas conçus pour assumer notre humanité. Plutôt que d'admettre nos erreurs, nous optons pour le reproche, le déni, l'addiction, les comportements d'évitement et la honte secrète.

C'est la faute de quelqu'un d'autre si notre relation a échoué, si une addiction s'est installée, si nous avons perdu notre travail, si un accident s'est produit, si une enfance a été gâchée. Encore une fois, pensez à cet enfant qui a renversé un verre de jus d'orange et accuse son frère en disant : « C'est pas moi, c'est lui ! » Que peut faire leur mère s'il refuse de reconnaître ses responsabilités ? La colère l'emporte, car la nature humaine est ainsi faite : le reproche lui vient, par défaut. Il est bien plus facile d'accuser l'autre que d'accepter nos propres imperfections – et de comprendre qu'elles peuvent nous apprendre la compassion.

★ **Nous souffrons d'insécurité pathologique :** Ce sentiment permanent constitue un autre de nos défauts de conception. Tout le monde le subit. Nous nous sentons surveillés et jugés – sinon par les autres, au moins par les voix dans nos têtes, qui commentent sans cesse nos actions et engendrent cette insécurité. Comment lutter contre elles ? Les résultats de la thérapie ou de la méditation restent souvent décevants, et beaucoup y renoncent avec l'impression que le jeu n'en vaut pas la chandelle. Mais, comme un disque rayé, le refrain reprend : quelque chose en nous ne tourne pas rond – c'est *évident*, puisque nous ne sommes pas heureux ! Inutile de souligner le manque de logique de cette pensée… (Taureau, Vierge et Cancer sont les signes les plus enclins à l'insécurité.)

★ **Nous n'apprenons qu'à la dure :** Il nous faut souvent une tragédie – maladie grave ou accident quasi mortel – pour changer de comportement ou d'attitude. Vers vingt ans, j'ai découvert les livres d'Alice Bailey, qui ont constitué le point de départ de mon voyage spirituel. Dans son livre *Initiation humaine et solaire,* elle écrit (je paraphrase) que le but de l'existence est de traverser des initiations – aussi appelées crises – pour permettre à l'âme d'intervenir. En d'autres termes, la finalité des crises, c'est de voir si oui ou non nous allons nous éveiller, chercher notre âme et transformer ces leçons en une pratique joyeuse, en acceptation inconditionnelle. Bienvenue sur Terre ! Que vous le vouliez ou non, il vous y sera proposé, encore et encore, des leçons de vie sous forme de drames et de traumatismes intimes – jusqu'à ce que vous compreniez enfin le message. C'est notre unique façon d'apprendre. Quel dommage que personne (jusqu'à maintenant) ne nous ait prévenus…

★ **Nous privilégions la satisfaction immédiate :** Au diable la patience, nous voulons être gratifiés sur-le-champ. Nous ne sommes pas taillés pour penser à l'avenir. Nous choisissons le plaisir instantané au lieu de nous préparer à l'avenir. Je trouve toujours étrange qu'en tant que société, nous ne parvenions pas à envisager les conséquences de nos actions d'aujourd'hui sur les enfants de nos enfants. La programmation des humains souffre d'un manque de vision à long terme et de contrôle fiable des pulsions (Bélier, Lion et Sagittaire ont davantage tendance à en faire les frais). Nous sommes, malheureusement, des machines à consommer.

★ **Nous résistons au changement :** Pensez au passé, à nos ancêtres : ils luttaient, comme nous. Ils souffraient de chagrins d'amour, ils tombaient malades, ils regrettaient leurs actions, ils subissaient des blessures, ils vivaient malheureux. Et, de génération en génération, nous les imitons. Les péchés de nos pères et de nos mères nous poursuivent. Nous n'avons pas envie de changer l'histoire – pas envie de changer tout court, malgré tous les livres que nous lisons sur le sujet. En réalité, le changement est aussi facile à imaginer que difficile à mettre en œuvre. À l'échelle de l'espèce, nous sommes, je le crains, paresseux, impulsifs et dénués de sagesse... (Taureau, Cancer et Scorpion résistent vraiment au changement !)

★ **Nous avons des déclencheurs :** En connaissant votre thème astral, je peux savoir exactement ce qui vous fait disjoncter. Si vous êtes Vierge, je me contenterai de mettre la pagaille avant de partir. Si vous êtes Gémeaux, je refuserai de parler. Si vous êtes Lion, je vous ignorerai. Si vous êtes Bélier, je vous contredirai. Je vous dirai, Verseau, que vous êtes comme tout le monde. Cancer, il me suffira de dénigrer votre famille... Malheureusement, quand quelqu'un – parent, patron, copain pas sympa, anonyme d'Internet – appuie sur un de nos déclencheurs, toutes nos bonnes résolutions de sagesse ou de patience volent en éclats.

Vous conduisez, et quelqu'un vous fait une queue de poisson. Imaginez à quelle vitesse votre moi idéal disparaît et laisse place à une réaction brutale, faite de majeur brandi et de vociférations. Il a suffi d'effleurer les points sensibles de votre psyché. Bien sûr, de bonnes âmes vous conseilleront de « ne pas le prendre personnellement » ; mais cette phrase en elle-même est une ânerie. Bien sûr qu'on prend les choses personnellement ! Les signes d'air remplaceront leurs émotions par le déni – « Ça ne me fait rien », diront-ils. Les signes de feu, eux, auront tendance à réagir par un comportement destructeur ; ils cherchent à se soustraire à la douleur, que ce soit en dépensant de l'argent ou en s'évadant dans la drogue ou d'alcool. Les signes de terre se mureront dans le silence, les signes d'eau fondront en larmes. Quoi qu'il en soit, nous réagissons au lieu d'agir avec sagesse. Ainsi sommes-nous faits…

Minute. C'est si grave que ça ? Il n'y a pas d'espoir ?

Bien sûr que si. L'esprit humain est peut-être construit de façon inefficace, frustrante et absurde, mais, rassurez-vous, on peut y mettre de la méthode.

Nous avons été créés comme une expérience sur l'évolution : les âmes entrent dans une salle de classe appelée la Terre ; au programme : insatisfaction chronique, tristesse, manque d'harmonie et maladie. La question, c'est de savoir si les humains peuvent vraiment aimer *en dépit* des épreuves que leur apporte la vie…

Une astuce pour cela : se tromper, c'est réussir. Tout ce qui ne marche pas fait partie du programme. Comme dans le jeu *Jeopardy*, on a la réponse sous les yeux – le drame que constitue notre vie – et on cherche la question. Celle-ci est simple : « Qu'est-ce que la vie veut que j'apprenne ? »

Dès l'instant où l'on comprend que les problèmes ne vont pas s'envoler, qu'il y a, dans notre nature même, quelque chose qui nous pousse à toujours les rechercher et à les affronter, alors on peut avancer, et commencer à se demander : « Quelle mission, quelles tâches me sont-elles assignées ? »

L'astrologie vous aide à trouver la réponse. En effet, votre thème astral décrit précisément cette mission. Le défi ultime, c'est de l'accepter et de l'accueillir avec gratitude. Facile ? Je vous jure que non.

La compréhension et l'acceptation ne viennent que lorsqu'on découvre que, d'une part, nous sommes tous logés à la même enseigne, et que, d'autre part, tous ceux que nous connaissons, sans exception, ont des problèmes secrets et des parties d'eux qu'ils n'aiment pas. En tant que psychothérapeute astrologue, je vous l'annonce : cet état de fait ne changera jamais. Vous êtes sur cette Terre, parce que, quelque part, vous avez accepté la condition humaine. Plus vite vous admettrez cela, plus vite vous trouverez la paix. L'acceptation devient possible quand cesse la résistance à votre situation de vie particulière. Alors, la guérison peut commencer.

Vous avez signé pour cet exercice d'évolution, et ce, bien avant d'accéder à la mémoire consciente. Vous ne vous rappelez pas avoir accepté toutes ces choses qui vous hérissent, mais, au moment précis où vous comprenez que vos défauts de conception sont réels et ne disparaîtront jamais… ils disparaissent.

C'est une prise de conscience, le moment où l'on passe de « Je suis vraiment bizarre, j'ai des problèmes émotionnels, je n'aime pas me sentir humain » à « Minute, minute : et si c'était ça, ma mission ? » (C'est en particulier vrai chez le Verseau). Alors seulement, le libre arbitre est possible. Voilà votre carte magique, celle qui vous tire de prison à tous les coups : accepter ce qui est, sans résistance.

Si vous appartenez à un signe d'air ou de terre, vous ne cesserez de vous en plaindre à haute voix. Signe de feu, vous préférerez éviter d'en parler, quel qu'en soit le prix. Et on peut comprendre pourquoi les signes d'eau se sentent déprimés : pour eux, c'est une réalité blessante. « Comment ça, je dois accepter la douleur pour guérir ? Ça me donne envie de pleurer ! »

Pourtant, la seule issue est de tomber amoureux de son destin. C'est le but de l'existence. Imaginez qu'il s'agisse d'une fiche de poste, du descriptif d'un travail que vous brûlez d'accomplir. Cela change tout, n'est-ce pas ?

J'ai passé tellement d'années à trop réfléchir. J'en avais marre de Debra Silverman. Je ne savais pas comment je la supportais depuis si longtemps. Et puis, un jour, j'ai compris qu'elle ne partirait pas, et que, si je n'acceptais pas le fait que nous sommes collées l'une à l'autre à la Superglu, je serais toujours malheureuse, et elle aussi (typiquement Gémeaux !).

Alors, j'ai pris mon âme entre quatre yeux, et je lui ai dit : « Deb, espèce de mauviette émotionnelle codépendante, on doit sortir de là. » J'étais effectivement très émotive, et je n'aurais pas résisté si longtemps à cette définition de moi si quelqu'un m'avait expliqué ce qu'elle signifiait vraiment. « Tu es dépendante émotionnellement et tu dois apprendre à être seule. » Mais, à trente ans, quarante ou cinquante ans, je continuais à me comporter comme une idiote. Quand j'y repense, j'ai un peu honte…

Et inutile de me dire : « Tout le monde t'aime, Debra ! ». Je suis consciente qu'à l'époque, j'étais totalement immature. Je me contente ici de partager mon expérience humaine, sans fard, et je suis fière de dire que je suis une gentille personne avec ses blessures psychologiques. Je n'ai plus honte (enfin, beaucoup moins).

La nature humaine est, pour le moins, gênante. Je vous garantis qu'à mesure que je vous dévoilerai les ressorts de votre thème astral, en appuyant au passage sur vos déclencheurs, vous vous sentirez mal à l'aise. Je n'ai pas l'intention d'édulcorer les signes du zodiaque, de les rendre inoffensifs. Je suis là pour faire la lumière, pour dire la vérité, pour montrer l'or qui brille dans nos ténèbres.

Nous ne changeons vraiment que lorsque la vie devient insupportable. Nous ne quittons nos habitudes que poussés par l'inconfort. Désolée d'être franche, mais c'est comme ça : vous ne changerez que si la douleur ou le dégoût l'emportent. L'évolution le veut ainsi : c'est toucher le fond qui nous fait avancer.

En tant qu'espèce, l'humanité est sur le point d'en arriver là. On sent venir une vague de fond, une prise de conscience collective. Il y a dans les étoiles une énergie de guerre civile qui touche le monde entier. Des changements radicaux sont en cours. Ils vont bientôt atteindre leur point culminant, et nous n'allons pas aimer ça.

En ces temps troublés, ce livre vous aidera à mieux vous comprendre, et à mieux envisager les motivations et les qualités des autres. Il vous permettra de voir pourquoi les choses arrivent, et pourquoi nous y réagissons de telle ou telle façon. Avec les outils pour les reconnaître, vos missions de vie vous apparaîtront plus clairement. Ce livre vous aidera à trouver et à utiliser ces outils.

Je suis ici pour dire à chaque être humain : « Tu es mal foutu – et je t'aime quand même. » La bonne nouvelle, c'est que, quoi qu'il arrive dans cette vie et sur cette planète, vous contribuez sans l'ombre d'un doute, par votre histoire, à l'évolution humaine. Ce postulat peut vous sembler gênant, voire humiliant, effrayant, insolite ou inacceptable. Vous n'avez pas envie de crier à tout vent que vous souffrez d'une addiction au porno, au sucre ou à TikTok. Vous n'osez même pas exprimer publiquement vos opinions politiques. Les gens sont tendus, critiques, irrationnels et prompts à juger. On ne sait plus quoi dire ou quoi faire, et tout le monde tente de s'en tirer tant bien que mal. La capacité des humains à accepter le malaise sans agir me fascine toujours.

Le fait de comprendre l'astrologie peut faire basculer votre vie ; parce qu'une fois amoureux de votre destin, vous vous réveillerez et refuserez de vous rendormir. Vous voudrez rester éveillé, vous verrez le monde sous un jour nouveau.

Toute la compassion de votre âme est tournée vers l'évolution de notre espèce, et vous allez obtenir un siège au premier rang pour en être le témoin. Préparez-vous : vous êtes ici pour ça.

Le souhait fondamental de votre âme, c'est d'aider – sans quoi vous n'existeriez pas. Il y a des milliards d'âmes dans la salle d'attente, qui font la queue pour s'incarner. Pourquoi, d'après vous, y a-t-il aujourd'hui plus de huit milliards de personnes sur cette planète ? C'est parce que toutes ont voulu faire partie de cette expérience, ici et maintenant.

« Je veux aider ! » clame l'âme. « Prenez-moi ! » Et voici que nous nous incarnons ici-bas, chargés d'un lourd fardeau psychologique. Or, celui-ci s'avère si pesant qu'on en oublie pourquoi nous sommes venus. Nous devons traverser tout un processus de souffrance pour nous en souvenir.

Plus terrible est la douleur, plus intense est l'angoisse, plus grande est notre contribution à la planète. Qui dit grande histoire dit grand esprit. En parvenant à vous dégager du poids de la souffrance, vous posez le pied sur le chemin de la libération. Sinon, continuez à lutter.

Quant à l'expérience humaine, qu'en tirer ? On ne peut pas dire que les humains donnent la meilleure image d'eux-mêmes.

Tout ne s'est pas bien passé, loin de là. Mais, en tant qu'astrologue qui interroge l'avenir, j'ai de grands espoirs pour la prochaine version de notre espèce. Je pense qu'elle sera bien supérieure à celle que nous connaissons aujourd'hui. C'est en cours – je le vois déjà chez des gens que je croise, en particulier des enfants. L'ère du Verseau est là !

Il y a de l'espoir, et nous pouvons dépasser notre défaut de conception. Aujourd'hui plus que jamais, nous avons besoin d'optimisme et d'espoir. Où le trouver ? Dans l'alliance de l'astrologie et de la psychologie.

2

L'astrologie au prisme de la psychologie

« Dans sa façon de se diffuser dans notre lexique commun, l'astrologie rappelle ce que fut jadis la psychanalyse. Au milieu du XXe siècle, les mots "Moi" ou "Surmoi" résonnaient dans les soirées mondaines ; aujourd'hui, il n'est pas rare d'entendre des gens parler d'eux-mêmes et se définir à travers leur signe, leur Lune ou leur ascendant. Ce n'est pas un fait isolé ni un sujet de conversation réservé à des charlatans ou des climatosceptiques ; il s'agit de personnes qui ne voient pas de contradiction entre science et astrologie. Ce changement majeur crée une nouvelle génération de pratiquants. »

CHRISTINE SMALLWOOD,
« L'astrologie à l'ère de l'incertitude »
The New Yorker, 21 octobre 2019

EN TANT QUE GÉMEAUX, JE PARLE beaucoup. Avant, je me sentais coupable, je me forçais à me retenir. J'avais honte de moi. La pire chose qu'on pouvait me lancer, c'était : « Tu as vraiment besoin de l'ouvrir tout le temps ? ». Mon ego en prenait un coup. « Je ne suis pas comme ça ! Je ne suis pas cette Gémeaux-là. » Et je gardais le silence… un temps. Mais, face à un auditoire ou devant une page blanche, je peux continuer pendant des heures. Simplement, à certains moments, mes insécurités m'obligeaient à me taire – à ne pas être moi-même.

Puis, j'ai rencontré des gens qui, comme moi, aimaient parler. J'avais trouvé des amis. Un jour, je me suis dit : « Tu sais quoi, Debra ? Tu es Gémeaux. Alors, voilà ce que tu vas faire : tu vas mettre tes capacités à profit. Parle autant que tu veux…, mais apprends aussi à écouter. » Ça a été un point de bascule. Ce disque rayé qui me serinait « Tu parles trop », ce n'était rien d'autre qu'un gremlin. Foin de la honte et du remords, j'ai décidé d'être moi-même, en acceptant que j'eusse bel et bien besoin de parler – et que je pouvais apprendre à échanger. Je me suis mise à l'écoute. Je m'y exerce tous les jours.

Chaque signe présente ainsi des tendances particulières de la nature humaine, qui fonctionnent comme un mode de pilotage automatique. C'est là, la limite de notre libre arbitre. C'est aussi là que se rejoignent astrologie et psychologie. Quels que soient vos problèmes psychologiques, quels que soient vos défauts, je vous assure qu'ils coïncident avec les qualités de votre signe. Voici douze traits de personnalité, qui peuvent vous concerner, quel que soit votre thème astral. Certains vous parlent-ils plus que d'autres ? (Ils ne relèvent pas forcément de votre signe, nous verrons pourquoi plus tard.)

★ **J'aime la bagarre !** Vous êtes impulsif et batailleur. Accidentellement (ou non), vous pouvez blesser les gens par votre franc-parler… et vous vous demandez ensuite pourquoi ils ne vous apprécient pas. Vous êtes très confiant, mais votre énergie épuise les gens qui, en retour, vous semblent mous et indécis. Vous êtes toujours prêt, toujours partant. Coucou, Bélier !

★ **J'ai un problème.** Vous vous sentez inadapté, vous avez des soucis d'estime de soi. Parfois, vous vous trouvez ennuyeux, prévisible. Vous êtes, en revanche, entêté et opiniâtre. Vous aimez collectionner. Vous cherchez le confort, la sécurité, les plaisirs simples – mais vous pensez néanmoins que vous avez tort. L'insécurité, au sujet de votre apparence ou de vos finances, vous tenaille. Bonjour, Taureau !

★ **Je ne tiens pas en place !** Hyperactif, vous avez du mal à maintenir votre attention. Vous changez tout le temps de plan – dans vos études, votre travail, votre orientation. Vous avez du mal à terminer les choses. Vous craignez de ne pas accomplir suffisamment. Votre esprit a quelque chose de naïf et d'inconstant ; il vous donne l'impression de ne jamais parvenir à vous concentrer, ce qui entraîne un malaise profond et permanent. Votre charisme cache une certaine gêne. Salut, Gémeaux !

★ **J'ai mal à la vie.** Vous portez la douleur du monde – réellement, physiquement, dans votre corps : vous souffrez sans raison apparente. Vous avez peut-être l'impression d'être né dans la mauvaise famille. Hypersensible, vous vous sentez mieux seul, en compagnie de vos proches ou des animaux. Les étrangers ne sont pas les bienvenus ! Il vous semble que vous-même et votre famille avez beaucoup enduré, et vous avez bien des histoires tristes à raconter. La vie vous semble plus dure que de raison. Hello, Cancer !

★ **Regardez-moi !** Il vous *faut* être le centre de l'attention ; vous avez besoin de validation extérieure. Sans elle, vous vous sentez en danger et frustré. Vous déployez beaucoup d'efforts pour vous faire remarquer et donner bonne impression. Mais, tout au fond, vous doutez que quelqu'un sache vraiment qui vous êtes au-delà des apparences. Vos opinions tranchées vous aliènent des gens : quand vous êtes de mauvais poil, vous êtes incapable de le cacher ou de vous retenir. C'est dans votre nature de vous énerver. Salutations, Lion !

★ **Bien, ça ne suffit jamais.** Perfectionniste, vous cherchez toujours à réparer, à clarifier, à corriger et à aider les autres à faire ce qu'il faut, comme il faut. Pourtant, il vous semble toujours que ça ne suffit pas, que vous ne faites pas – et n'êtes pas – « assez bien ». Le sentiment d'échec est un compagnon de route qui vous empoisonne. Si seulement vous pouviez vous détendre un peu ! Mais vous vous réveillez en pleine nuit pour dresser des listes, histoire de ne rien oublier… même si, vous le savez, vous revérifierez tout demain matin ! Bienvenue, Vierge.

★ **J'aime l'amour.** Quand vous pensez à vous-même, c'est souvent par rapport aux autres. La romance est votre sport préféré. Idéaliste, vous êtes malheureusement déçu par la réalité des relations qui vous échappent et répondent rarement à vos attentes. Vous avez des aspirations artistiques et vous voyez tout en rose. Vous refusez de souffrir. La moindre brèche dans l'harmonie est pour vous une tragédie, une tragédie dont vous êtes responsable ; vous laissez filer la personne en question bien trop vite. Coucou, Balance !

- **Je suis *dark*.** Notre part d'ombre vous préoccupe, vous obsède, devient parfois une véritable addiction pour vous. Vous avez vu ce qu'il y a de pire dans la nature humaine, et vous n'accordez pas votre confiance facilement. Vous vous protégez en restant sur vos gardes, vous semblez distant, voire détaché. Votre instinct vous permet de lire dans le cœur des gens, vous pensez comme un détective. Votre slogan ? Ne fais confiance à personne. Bonjour, Scorpion !
- **Tout va bien !** Vous voyez toujours le bon côté des choses… parfois jusqu'au déni. Ce qui est mauvais, négatif, ce qui réclame d'être changé ? Vous préférez le glisser sous le tapis, jusqu'à ce que la crise éclate. Et quand les choses deviennent trop intenses, pouf! vous disparaissez – une balade, un voyage, une aventure, un petit tour hors de ce monde à l'aide de produits psychotropes… Jeune, vous vous refusiez rarement les « petits plaisirs » et, dans le cas contraire, vous vous rattrapez aujourd'hui. La douleur, vous la traitez par le rire, parfois au détriment des personnes sensibles qui vous entourent. Hello, Sagittaire !
- **J'y travaille.** Vous êtes ambitieux, matérialiste, centré sur vos objectifs et accro au boulot. Vous faites le job et vous êtes très exigeant envers les autres – à peine moins qu'envers vous-même. Ce côté « Je sais tout » s'accompagne de l'idée que, si vous n'êtes pas le meilleur, vous gâchez votre vie. Le syndrome du *workaholism* vous guette. Quand vous ne travaillez pas et ne gagnez pas d'argent, vous vous avez l'impression d'être paresseux et vous vous sentez déprimé. Vous êtes un extrémiste :

tout pour le boulot, sinon vous êtes K.-O. Salut, Capricorne !

- **Les émotions, c'est surfait.** Disons-le tout net : vous êtes un peu bizarre. Vous ne vous sentez jamais à votre place, et les gens ne vous comprennent pas. Vous préférez la liberté aux relations, et vous avez du mal avec vos sentiments. Parfois, vous avez l'impression de débarquer d'une autre planète – et ça n'est pas forcément faux. Dès votre enfance, vous vous sentiez adulte. Vous êtes naturellement doué pour le design, le style, l'art et le sport. Vous étiez un enfant prodige, et parfois il vous semble avoir du mal à tenir cette réputation. Bonjour, Verseau !
- **Je ne suis pas là, en fait.** Terriblement sensible, vous ressentez absolument *tout*. La réalité vous brise le cœur. Désenchanté, vous voudriez fuir ou vous retirer. Parfois, vous avez l'impression d'être sur Terre par erreur. Vous vous demandez pourquoi les gens sont si cruels, en particulier envers les faibles et les animaux. Coucou, Poissons !

Nous portons tous en nous chacun de ces douze signes universels. Nous avons tous un corps (Bélier) ; besoin d'argent et de ressources (Taureau) ; un cerveau fonctionnel pour apprendre et parler (Gémeaux) ; un lien avec notre mère (Cancer) ; l'envie de connaître l'amour romantique (Lion) ; le besoin d'être en bonne santé (Vierge) ; d'être en lien avec les autres (Balance) ; des pulsions sexuelles, à un moment ou un autre (Scorpion) ; chacun d'entre nous se pose un jour la question, « Au fond, que signifie tout ça ? » (Sagittaire) ; tout le monde travaille

(Capricorne) ; tout le monde a des particularités (Verseau) ; et tout le monde souhaiterait, ou rêve de, changer le monde (Poissons).

Ce sont les douze signes du zodiaque, et leurs caractéristiques sont présentes chez tout un chacun, car nous partageons en tant qu'humains le même système d'exploitation. Mais, aux yeux d'un astrologue aguerri, le thème astral révèle quelles questions, et quels défauts, vous sont uniques.

ASTROLOGIE + PSYCHOLOGIE = COMPRÉHENSION

Je vais fréquemment faire référence à un vocabulaire particulier, qui allie astrologie et psychologie : l'ego, représenté par votre signe solaire ; l'âme, exprimée par votre ascendant ; et vos leçons de vie, que décrit la position de votre Saturne. Dans d'autres manuels d'astrologie, on vous dira que Soleil, Lune et ascendant sont les plus importants. Je ne dis pas que c'est faux – c'est même tout à fait vrai. Mais, comme nous combinons astrologie et psychologie, notre point de vue diffère légèrement. Plus tard, je parlerai également de la Lune (les émotions) et de Mercure (l'esprit). Dans mon système, toutefois, ce sont ces trois aspects – Soleil, ascendant et Saturne – qui permettent de comprendre les bases de l'« astropsychologie ».

Le moi, la personnalité, est représenté par votre signe zodiacal. C'est votre façon d'être au monde. Votre ego décide de vos préférences et de vos opinions. C'est lui qui aime la moutarde et déteste la mayonnaise, qui veut que vous vous coiffiez de telle ou telle façon, qui juge les gens, qui choisit les chaussures. Il s'offense facilement, aime les louanges et préfère certaines personnes à d'autres. Sans ego sain, avec une mauvaise estime de soi ou une incapacité à poser vos limites, vous risquez de vous perdre. On ne dira jamais assez l'importance de l'ego : malgré sa connotation négative, il reste en fin de compte ce qui fait que vous êtes vous-même.

L'âme, quant à elle, est une partie de vous qui présente très peu de besoins ou de préférences. Représentée par votre ascendant, elle est douce, pleine de compassion, généreuse, et ne cherche qu'à vivre pleinement. Nous avons tous une âme – inutile de le nier. Dans l'astrologie ésotérique, c'est elle qui révèle notre objectif le plus élevé. Idéalement, l'ego est au service de l'âme; mais celle-ci ne demande pas beaucoup. Sans un vrai travail avec votre âme, vous restez gouverné par votre ego, qui prend toute la place. C'est de là que vient toute votre souffrance. L'ego juge, l'ego est impatient, l'ego n'est jamais content. Sauf à savoir rendre votre âme présente, c'est votre ego qui mène la danse. Celles et ceux qui possèdent une grande âme, quoi qu'il leur arrive, savent capituler et accepter pleinement leur destin.

Voici un exemple pour illustrer la différence entre âme et ego. Sting, qui est depuis longtemps un de mes clients, est ascendant Lion. En d'autres termes, son âme est Lion. C'est avec plaisir qu'il monte sur scène, avec sa basse et ses tenues chatoyantes, pour laisser s'exprimer ses exceptionnelles qualités de *showman*. Il se donne en spectacle de façon magistrale, mais se montre, à la ville, très discret. Il ne cherche pas à prendre toute la place, ce qu'il ferait sans doute si Lion était son signe (son ego). Il est d'un abord très plaisant, et même un peu timide; en bon Balance (son signe zodiacal), il se préoccupe toujours du bien-être des autres.

Madonna, au contraire, est Lion. Son caractère extraverti ne lui pose aucun problème, elle adore être le centre de l'attention. À la scène comme à la ville, elle ne craint pas de montrer son talent ; en réalité, celui-ci irradie, comme un soleil éclairant tout ce qui l'entoure. Sting est plus calme, car Lion est son ascendant, et l'ascendant représente notre personnalité intime – notre âme – qu'il nous faut choisir d'activer et de révéler. Le signe zodiacal est un réflexe inné, l'ascendant un choix délibéré. Un natif du Lion a besoin de se montrer ; un ascendant Lion peut résister.

Votre âme est la partie de vous qui reste ouverte à toutes les expériences. Elle n'a ni exigence ni préjugé. Elle vous aime tel que vous êtes – malade ou en bonne santé, grand ou petit, mince ou pas, jeune ou vieux. Elle ne cherche pas à nourrir votre ego ni à apaiser vos émotions. Elle se contente d'apprécier pleinement d'être là, en vie. Elle se fiche que vous réussissiez ou non – « réussir » appartient au vocabulaire de l'ego. L'âme est une aventurière, prête à tout, n'importe quand et pour n'importe qui, pour le seul plaisir d'apprendre, de découvrir quelque chose de nouveau afin de vivre sa vie en toute conviction. Votre âme veut exister pleinement, quoi qu'il en coûte !

Tous, nous sommes ici pour apprendre. Vous avez juré à votre âme d'apprendre des choses dans cette vie. Pour être honnête, les leçons sont souvent douloureuses. Les psychologues les appellent des « résistances ». Quand vous consultez un thérapeute, c'est parce que vous avez rencontré une partie de vous-même qui ne parvient pas à gérer la résistance ou le conflit. Notre nature humaine nous pousse à réagir spontanément à l'existence par des mécanismes de protection ou de peur – encore un de nos défauts de base, un de ceux qui nous posent à tous un problème. Les voix des gremlins ne font qu'accroître la résistance, la peur et la négativité. Mais esquiver ces leçons d'existence a de graves conséquences.

Représentées par Saturne, lesdites leçons sont souvent difficiles à accepter. Quand je parle de Saturne dans mes cours, tout le monde me dit « Je déteste cette partie de moi », peu importe son signe. Mais ces leçons, nous devons les apprendre néanmoins. Saturne m'évoque parfois un principal de lycée intransigeant, qui vous rappelle que, si vous ne suivez pas les règles, vous n'aurez pas votre bac. Comme nous le verrons de façon plus approfondie au chapitre 7, la position de Saturne dans le ciel le jour de votre naissance détermine les leçons que vous êtes venu apprendre.

Dans sa propre vie, on peut percevoir l'influence de l'astrologie sur la psychologie en examinant les schémas répétitifs. Quels sont les thèmes qui vous posent souvent un problème ? Quels sont les défis qui reviennent encore et encore, qui vous poussent à dire « Ça recommence… » ? À quoi ne pouvez-vous vous empêcher de penser ? Qu'est-ce qui vous ronge ? Quels écueils n'arrivez-vous pas à franchir ? La vie nous rend humbles, la vie nous met à genoux (Saturne gouverne les genoux). Qui que nous soyons, et même si nous ne sommes pas tous logés à la même enseigne, nous devons lutter pour trouver l'ingrédient secret qui apaisera notre âme.

L'astrologie permet cela. Grâce à elle, vous saurez pourquoi vous détestez (Balance) ou adorez (Vierge) être seul – et vous l'accepterez. Vous ne chercherez plus d'excuses à votre addiction au travail (Capricorne), à votre côté fantasque (Verseau), à votre tendance à vous lasser rapidement (Gémeaux), pas plus qu'à vos difficultés à prendre des décisions (Poissons), à votre sensibilité exacerbée (Cancer), à votre propension à vous sentir frustré (Bélier), à votre obsession pour la spiritualité (Sagittaire), à votre caractère sombre (Scorpion) ou à votre tempérament léger, voire enfantin (Lion).

Sans l'astrologie, nous ne disposons pas véritablement d'un langage pour exprimer les bizarreries de nos personnalités, pas de moyen de comprendre nos particularités. Pourquoi, quand vous êtes inquiet, avez-vous tendance à vouloir organiser les choses ? Parce que vous êtes d'un signe de terre. Pourquoi parlez-vous si fort, et mettez chaque fois les pieds dans le plat ? Parce que vous êtes d'un signe de feu. Pourquoi la moindre contrariété est-elle susceptible de vous abattre ? Parce que vous êtes sensible, comme tous les signes d'eau. Et pourquoi les relations humaines sont-elles si compliquées pour vous ? À cause de votre signe d'air. C'est beaucoup plus clair ainsi, n'est-ce pas ? Sans cette explication, on pourrait considérer ces tendances comme de mauvaises habitudes.

Il s'agit d'accepter vos pulsions inconscientes, de les écouter, de les nommer, de vous en faire des amies, et de les inviter à découvrir un nouveau domaine – un endroit qui s'appelle « la pleine conscience ». C'est là que se rejoignent astrologie et psychologie, là que vous attendent les réponses.

L'astrologie vous montre à quel endroit exact votre ego perturbe votre vie. Elle vous explique pourquoi vous faites ce que vous faites et, utilisée à bon escient, elle vous apprend à aimer ça. Alliée à la psychologie, l'astrologie permet de démêler les nœuds, les critiques et les distractions de l'ego qui vous rendent fous, vos proches et vous. Votre angoisse existentielle est la clé de votre libération. Tout ce qui vous perturbe, que ce soit en vous-même ou en vos proches et en vos amis, est un don du ciel. Surprenant, non ?

CARL GUSTAV JUNG ET LE LIEN ENTRE ASTROLOGIE ET PSYCHOLOGIE

La psychologie moderne, née dans les années 1930, étudie nos instincts primaires. L'astrologie, vieille de plus de quatre mille ans, sait tout de nos pulsions animales ; elle détient la sagesse que recherchent les psychologues. Les premiers psychiatres ont donné des noms aux voix de notre psyché pour décrire la nature humaine. Freud a ainsi proposé trois mots pour décrire l'esprit humain : le Moi, le Ça et le Surmoi, qui représentent respectivement notre personnalité consciente, nos émotions et pulsions primales, et enfin notre guide moral. Autant de points que l'astrologie connaît depuis des millénaires...

Carl Gustav Jung le savait bien ; car le père de la psychologie moderne était féru d'astrologie ! Au cours de ses séances, il gardait le thème astral de ses patients sous les yeux. C'était à la fois un scientifique et un visionnaire en quête d'expériences mystiques. Il intégrait secrètement ses deux aspects à sa pratique de médecin, de psychiatre et d'astrologue.

Tant Freud que Jung considèrent que nous sommes guidés par notre inconscient. Jung a étudié les archétypes, basés sur l'astrologie qui influence l'inconscient.

Il décrivit le signe zodiacal comme symbolisant le Moi (l'ego), et l'influence des autres planètes comme des éléments de personnalité qui gravitent autour de l'ego, comme des planètes en orbite autour du Soleil.

Au même titre que l'astrologie, il cherchait, par la thérapie, à faire émerger à la conscience des programmations inconscientes. Comme il l'a écrit, il cherchait à « libérer [les gens] du caractère compulsif des fondements de leur personnalité ». Lorsque l'influence des archétypes devient visible, lorsque la lumière de la conscience la révèle, alors nous guérissons.

3

L'observateur et les gremlins

« J'ai aimé trop fort les étoiles
Pour avoir peur de la nuit. »
SARAH WILLIAMS, *Twilight hours: A legacy of verse*, 1868

SI VOUS NE DEVEZ RETENIR qu'un seul point pratique de ce livre, alors faites que ce soit la conscience de l'observateur. Chacun d'entre nous a, en coulisses, un observateur qui attend. Je l'appelle le treizième signe, celui qui ne porte pas de nom. L'observateur est objectif ; il a le pouvoir de descendre quelques instants de la scène qu'est notre vie pour nous montrer la vérité, sans jugement. C'est un miroir neutre, un journaliste sans parti pris. L'observateur se contente de dire ce qui est.

Les gremlins, quant à eux, sont ces voix pleines de préjugés, critiques et méchantes, qui résonnent dans votre tête. Tout sauf objectifs, ils vous accablent de reproches du soir au matin. Vous faites brûler votre tartine ? Les gremlins lancent « Pauvre idiot, même pas fichu de faire griller du pain ! », tandis que l'observateur se contente de faire remarquer : « La tartine est brûlée. »

Ni critique ni reproche, juste les faits. Il est sans opinion – et c'est le secret de votre guérison.

Taureau, vous êtes économe ; Cancer, plutôt casanier ; Gémeaux, un vrai papillon en amitié. Les gremlins vous accusent d'être radin, rasoir ou superficiel. L'observateur s'inscrit contre ces voix en remarquant : « Vous savez gérer votre argent », « Vous avez tout à fait le droit de rester chez vous si c'est ce qui vous fait envie », « Vous êtes une personne sociable ». Ainsi recadrées, les voix négatives se taisent.

À LA RENCONTRE DE VOTRE OBSERVATEUR

Sans l'observateur, vous êtes à la merci des caprices de l'ego et de vos drames intérieurs. Comme il est d'une neutralité qui n'a rien à envier à celle de la Suisse, il peut vous aider à rester calme quand les choses dégénèrent. La nature humaine est tellement réactive ! L'observateur a le pouvoir de décharger, de débrancher les réactions provoquées par l'ego et ses émotions.

Qu'est-ce qui nous empêche de l'activer ? Les gremlins. Ils connaissent nos points faibles, ils ciblent directement nos vulnérabilités. Ils montrent nos fautes d'un doigt accusateur.

Leur grande spécialité, c'est de nous interrompre grossièrement et de nous gâcher la vie. Imaginez ce que serait un discours intérieur sans leurs voix, avec seulement de la sagesse et de la confiance… Malheureusement, ça n'est pas possible – c'est notre défaut de fabrication ! Si l'on n'y fait rien, même dans les moments de grande paix intérieure, dans les instants d'illumination, les gremlins, en véritables termites de l'âme, peuvent saper les fondations d'une psyché saine. Mais, bonne nouvelle : avec de la pratique et de l'expérience, on peut apprendre à activer de plus en plus facilement l'observateur.

Dans mon cas, avec des années d'entraînement, j'ai appris, lorsque quelqu'un se fâche contre moi, à laisser parler mon observateur, qui dit simplement : « Tiens, voilà une réaction ». Je me souviens du jour où j'ai découvert ce concept. Je vivais alors à Vancouver, et j'étais en train de me disputer avec mon propriétaire. Au beau milieu de notre altercation, mon observateur est arrivé, et j'ai pensé « Je n'ai aucune envie de me battre avec lui, parce que je ne peux pas gagner ». Alors, j'ai simplement lâché l'affaire, en disant d'un ton neutre : « Reparlons-en plus tard. » Ça a mis fin à l'escalade. Nous avons pu, par la suite, résoudre notre différend d'une manière plus calme et moins chargée d'émotion.

Imaginez que votre enfant est en train de faire un caprice, et que vous commencez à vous agacer. Branchez votre observateur, reculez d'un pas pour voir la situation objectivement. « Minute. L'adulte, c'est moi. Pourquoi donc devrais-je me mettre dans le même état que cet enfant ? J'ai la capacité de rester calme. » Voilà ce qu'il dira.

Imaginez que vous vous disputez avec votre partenaire. Vous vous énervez l'un et l'autre, chacun essaie d'avoir le dernier mot. Vous faites appel à votre observateur, et vous voyez comment, ainsi, vous ne faites qu'ajouter à la tension. Vous décidez alors d'aller dans l'autre sens : vous vous calmez, vous faites preuve de bienveillance et de compréhension. Cela risque fort de surprendre l'autre...

Autre exemple : sur l'autoroute, un conducteur vous fait une queue de poisson. Votre premier réflexe est de l'insulter, ou même de lui rendre la pareille afin de lui expliquer la vie. Votre observateur vous aide à voir que, de cette façon, vous ne faites rien d'autre que mettre votre vie et celle des autres en danger. Vous ralentissez et vous laissez tomber.

Soyons clairs : c'est le contraire d'une réaction naturelle. Il semble très difficile, humainement, de se calmer quand on réagit par les émotions. Comme un muscle, il faut exercer son observateur pour le rendre plus fort. Notre premier instinct est d'exploser, de tout envoyer balader ; mais l'observateur nous permet de comprendre que cela revient à jeter de l'huile sur le feu. On s'abaisse à la fréquence émotionnelle de l'autre au lieu de choisir la voie de la sagesse.

C'est ainsi que les guerres ou les divorces peuvent être évités : dans le calme, la curiosité et la bienveillance.

NOURRISSEZ VOS ÉMOTIONS, PUIS BRANCHEZ VOTRE OBSERVATEUR

Apprendre à brancher votre observateur peut changer votre vie. Il vous aide à vous détacher de situations émotionnelles lourdes, pour voir les choses d'un point de vue neutre. Pas facile pour qui vit des émotions intenses ! Lorsque vous ne parvenez pas à faire appel à votre observateur alors que vous savez devoir le faire, vous pouvez essayer ceci :

1. Mettez les mains sur votre cœur et demandez-vous : « Qu'est-ce que je ressens ? » Au début, vous ne sentirez peut-être rien – signe que vous vous êtes déconnecté de vos émotions – ou bien,

au contraire, vous vous sentirez encore plus en colère, peiné ou irrité. Contentez-vous de prendre le temps d'éprouver ces émotions.

2. Branchez votre conscience pour mettre un nom sur les émotions. Sachez qu'en tant qu'humain, vous avez le droit de vivre vos émotions. Demandez-vous toutefois si, dans ce cas précis, vous ne vous laissez pas envahir par elles, avec une certaine indulgence. Si tel est le cas, pas de problème, contentez-vous de l'accepter.
3. Ressentez ces émotions, aussi puissantes qu'elles soient.
4. Cela fait (vous saurez que le temps est venu), dites, à haute voix, « Observateur, au rapport ! ».
5. Posez-vous les questions suivantes : « Que suis-je en train de m'enseigner ? Que suis-je censé apprendre ? Pourquoi ces situations se répètent-elles ? » Lorsque vous parviendrez à mettre de côté les émotions pour examiner vraiment ces questions, vous saurez que vous avez vraiment allumé votre observateur.

N.B. Évitez de vous faire des reproches. Vous choisissez d'apprendre certaines choses, sans jugement aucun.

Alerte *spoiler* : impossible d'accéder à une quelconque dimension spirituelle sans passer par la vallée de notre histoire personnelle et de notre réactivité. Il n'y a pas de raccourci pour éviter la douleur. Esquiver ou ignorer les émotions, c'est la cause de tous les conflits (et des divorces). Si vous vous sentez souvent en conflit, c'est peut-être que vous ne savez simplement pas regarder en vous-même pour identifier l'émotion, respirer un bon coup et passer à la suite.

Un exemple très parlant de la façon dont, personnellement, j'ai appris cette leçon. Je faisais du kayak dans une lagune. Les eaux étaient calmes quand, soudain, j'ai rencontré des vagues – celles de l'océan, là où se terminait le lagon. Et, croyez-moi, ce n'étaient pas des vaguelettes, mais de vraies lames de fond ! À l'intérieur de moi, une voix s'est mise à hurler « Demi-tour, tout de suite ! ».

Je savais qu'en prenant la vague sur le côté, je risquais de chavirer ; alors qu'au contraire, en prenant de la vitesse et en gardant le cap, il était possible de traverser la vague. Mais j'ai eu trop peur, et j'ai fait demi-tour, cap sur la plage. Cependant, les dauphins, que j'étais venue voir, se trouvaient dans l'autre direction. Je me suis forcée à effectuer un nouveau demi-tour, fonçant droit sur la vague pour la franchir... et ça a marché ! Voilà une vraie leçon de vie : pour traverser vraiment quelque chose, il faut y aller de front.

La morale de l'histoire : si vous résistez ou si vous faites demi-tour, vous raterez les dauphins. Ne reculez pas. Rumi l'a dit, « la fêlure laisse passer la lumière ». Pour faire taire vos gremlins, pour passer la vague, il faut affronter votre peur. D'ailleurs, je me dis souvent que PEUR pourrait être l'acronyme de « Pour Esquiver Une Réalité ».

Peu à peu, j'ai appris à brancher mon observateur. Je reconnais les situations qui me donnaient envie de me lancer dans un débat interminable (j'ai la Lune en Bélier). Quand un guichetier à l'aéroport, un serveur au restaurant ou un membre de ma famille dit ou fait quelque chose qui m'agace, mon observateur intervient et je me dis simplement « À quoi donc pensait le Bon Dieu quand il a créé cette personne ? ».

Toutes les réactions impulsives viennent de l'ego. La triste réalité, c'est que votre Moi vous tient par les… sentiments. Vos émotions vous bouleversent, mais votre esprit ne fait qu'aggraver les choses. Vous ne pouvez pas *ne pas* réagir quand quelqu'un vous crie dessus, et si vous croyez que vous allez tellement gagner en spiritualité que plus personne ne vous mettra hors de vos gonds, vous vous trompez : quelqu'un, quelque part, vous fera disjoncter. Vous vous mettrez à nouveau en colère. Bienvenue chez les humains !

Développez le muscle qui arrête ça – votre observateur. Acceptez de vous mettre en colère, accueillez le fait que vous soyez furieux parce que quelqu'un vous a insulté, et sentez que votre ego est en émoi. Puis, prenez un instant pour respirer ; c'est dans cette respiration que l'observateur peut s'installer.

Ne soyez pas surpris, quand vous y parvenez, si votre famille ou vos amis ne savent pas comment réagir. Ils peuvent même tenter de vous garder dans la zone bien connue et délimitée où l'ego mène le bal. Lorsque votre libre arbitre vous permet de dire « Je refuse d'avoir cette conversation », vous faites un pas vers une puissante libération.

Ce n'est pas naturel. Ce n'est pas facile. En tant qu'astrologue, je vous le garantis : vous êtes totalement amoureux de votre drame intérieur. Nous le sommes tous. Pour vous sortir de cette addiction, il faut empêcher l'ego de mener la danse. Au début, ce sera un poids énorme à soulever, le temps que les muscles se fassent. Au fond, c'est comme aller à la salle : d'abord, vous n'avez pas la motivation, puis vous y prenez goût, et soudain vous vous rendez compte que vous êtes capable de performances impressionnantes – ici, en particulier, celle de ne plus vous laisser emporter pour un oui ou pour un non.

L'observateur est l'ingrédient secret de cette transformation. C'est lui qui pose la question, avec neutralité : « Est-ce que ça vaut vraiment la peine de se battre avec cette personne, quand on sait qu'on ne peut qu'y perdre tous les deux ? » Rien que de très logique, au fond. Car, qu'on se le dise : le corps émotionnel fonctionne sans logique ni objectivité.

L'observateur offre une porte d'entrée vers l'âme. C'est la pierre de Rosette, celle qui permet de traduire un langage secret. C'est votre âme, portée par votre ascendant. L'âme cherche en permanence la solution de sagesse, la voie la plus élevée. L'ego ne sait pas rire de lui-même, il ne trouve pas nos défauts attachants. L'humour et l'autodérision proviennent de l'observateur. Le fait de pouvoir se moquer de soi-même est signe de sa présence. Nous sommes de si faibles créatures ! Plus haut, quand je me suis traitée de « mauviette émotionnelle codépendante », c'était exactement ça – mon observateur qui se moquait de mon ego. Et ça m'a fait rire !

Notre ego nous colle à la peau. Nous l'avons dit, c'est un défaut de fabrication inhérent à notre humanité. Qui donc pousse ce type à nous déprécier en permanence ? Qui, dans notre tête, répète « Qu'est-ce que je suis censé apprendre ? D'où sortent ces traits inacceptables de ma personnalité ? » Ces questions sont toujours là. Sans son observateur, le Bélier peut ne pas se rendre compte qu'il est autoritaire, le Sagittaire ne sait pas qu'il est censé voyager, le Capricorne est incapable d'accepter qu'il lui soit impossible de travailler moins. Votre observateur vous permet de passer du cycle de l'autocritique à celui de l'acceptation de soi.

Ceux qui ont connu l'Illumination le savent : vue du plus haut niveau de la conscience, la plus grande partie de la vie est une illusion, un film. On fait du yoga, de la méditation, on lit des livres (dont celui-ci) dans l'espoir d'entendre la voix de l'observateur. Mais on ne peut pas court-circuiter notre humanité ! Et on ne peut pas plus faire taire nos gremlins. Ils font partie d'un circuit très balisé de notre cerveau (appelé l'amygdale). Pourtant, dire « Observateur, au rapport ! », c'est aussi dire aux gremlins « Vous n'êtes pas les maîtres du jeu ». On les fait s'asseoir dans un coin de notre esprit et on leur demande de se tenir tranquille pendant un certain temps.

MUSCLER L'OBSERVATEUR

C'est tout un art de savoir brancher son observateur quand la situation dérape. À un moment où vous vous sentez en position « neutre » (ni contrarié, ni anxieux, ni en colère ou en proie à une autre émotion forte), installez-vous, assis dans une position confortable, en imaginant qu'un appareil photo est dirigé sur vous pour vous prendre de profil depuis la droite.

Puis, faites passer l'appareil sur votre autre profil. Ensuite, installez-le en face de vous, comme pour prendre un selfie.

Pointez-le enfin sur l'arrière de votre crâne. Observez comment vous êtes habillé.

Par la suite, observez comment cet exercice a changé votre énergie. Une fois que l'observateur est là, répétez cet exercice. Il vous permettra de mieux vous voir, de prendre une perspective plus élevée, sans jugement. Imaginez que vous vous regardez avec les yeux de l'amour, ou avec ceux d'un ange qui considère la nature humaine et la trouve passionnante et mystérieuse.

La prochaine fois que votre partenaire et vous reprenez votre bonne vieille scène de ménage habituelle, allumez votre observateur. Dites-le à voix haute, comme un ordre, « Observateur, au rapport ! ». Dès lors, vous disposez de votre libre arbitre. « Je suis désolé, je me suis laissé emporter. On prend le temps de respirer un bon coup ? »

Vous imaginez combien de guerres seraient évitées si nous pratiquions tous cette technique ?

(P.-S. Débranchez votre observateur pour la réconciliation sur l'oreiller – il y a des moments où l'observateur n'est absolument pas nécessaire !)

« POURQUOI SUIS-JE ICI ? »
« OÙ EST MON AMOUR ? »

S'il y a une question que j'entends plus que toute autre dans ma pratique, c'est « Pourquoi suis-je ici ? », suivie de très près par « Est-ce que je vais bientôt trouver l'amour ? ». En tant que thérapeute, je vais vous confier une bonne chose : quoi que vous fassiez, vous vous en sortez mieux que vous ne croyez, et vous êtes sur la bonne voie, plus que vous ne le pensez – sans quoi vous ne liriez pas ce livre.

Votre âme ne rêve que d'accomplir sa destinée. Vous vivez avec cette pression-là. Beaucoup de gens connaissent la douloureuse impression de ne pas faire ce pour quoi ils sont venus. Ils n'ont pas trouvé la bonne personne, le bon travail… c'est une véritable épidémie – une pandémie d'insatisfaction. Pour commencer à examiner votre âme, vous pouvez interroger votre ascendant.

Je vous donne un exemple. Une excellente astrologue, que j'avais formée moi-même, a débuté sa pratique ; en toute sincérité, elle était simplement excellente. Elle avait suivi tous mes cours, formation de base et spécialisation comprises. Son âme exigeait d'elle qu'elle travaille plus que tous les autres (ascendant Capricorne). Et, tout ce temps, elle ne pouvait s'empêcher de se demander si tout allait bien, si elle ne se trompait pas. Pourtant, les clients étaient unanimes – tous lui donnaient les notes maximales dans nos évaluations. Quand je l'ai félicitée pour son travail, elle m'a répondu : « Je ne pense pas être si forte que ça. Il me reste tant à apprendre… »

J'ai dit : « Je te demande pardon, ascendant Capricorne, mais qui a suivi cinquante modules de spécialisation ? Qui lit des livres du soir au matin, ne cesse jamais ses recherches ? Quand comprendras-tu que, ça y est, tu y es arrivée ? »

Elle a secoué la tête. « Je n'ai pas l'impression d'être arrivée où que ce soit… »

J'ai compris que son observateur n'était pas en place. Je l'ai encouragée à voir son ambition comme un don plutôt que comme une malédiction. Est-ce que ça fonctionne ? Il faudra lui poser la question.

Elle suivait la voie basse, la mauvaise pente de l'ascendant Capricorne.

« VOIE HAUTE » ET « VOIE BASSE »

Je vous l'annonce : pour chaque signe, il existe deux voies, la plus haute et la plus basse – la voie de la sagesse et la mauvaise pente. Je parlerai ici de « voie haute » et de « voie basse ». La voie basse du Taureau, c'est la paresse. Celle du Capricorne, c'est l'arrogance, celle de la Vierge est le trouble obsessif compulsif, celle du Cancer, l'hypocondrie, celle du Bélier, la colère… Vous voyez l'idée.

Pour le Lion, la voie haute est le talent pour la performance artistique. Pour le Scorpion, la faculté d'aider les autres à sortir des ténèbres, comme un thérapeute. Pour le Gémeaux, c'est la capacité à communiquer brillamment. La voie haute du Sagittaire, c'est de collecter la sagesse pour la partager avec les autres ; pour le Verseau, c'est de changer le monde par ses actions.

La voie haute mène toujours, à la fin, à ce que souhaite notre âme.

Un de mes amis, bouddhiste, avait pris l'avion pour l'Europe. Sa voisine de siège s'est mise à lui raconter son histoire. Elle venait de divorcer parce que son mari avait une liaison.

Elle allait quitter le foyer, avec leurs deux filles, et en voulait terriblement à son époux ; elle ne parvenait pas à lui pardonner de l'avoir trompée.

Mon ami lui a simplement dit :

« Écoutez, je vais prendre un somnifère pour dormir sur ce vol, qui est très long. Avant ça, je voudrais vous poser une question. C'était un mariage heureux ?

— Non, a-t-elle répondu.

— Vous vous disputiez souvent ?

— Tout le temps.

— Alors, a dit mon ami, vous pouvez voir les choses comme ça : il vous a libérée pour que vous puissiez trouver votre vie. Il vous aimait suffisamment pour vous affranchir de votre mariage. La seule chose qu'il pouvait faire pour s'assurer qu'il se termine, c'était de commettre un acte impardonnable. Je veux que vous disiez cela à vos filles. »

Là-dessus, il a pris son somnifère et s'est endormi.

Quand il s'est réveillé, sa voisine le regardait. Elle lui a dit :

« Je viens de finir d'écrire une lettre à mes filles. Vous avez changé ma vie. Merci beaucoup ! Vous avez absolument raison. Je suis libérée. Je ne voulais pas rester avec lui, de toute façon. »

Mon ami a joué le rôle d'observateur, en lui permettant de comprendre que c'était l'amour qui avait déclenché le drame. Son mariage ne s'était pas terminé parce que quelqu'un lui avait pris la place. Ce petit ajustement mental lui a permis de libérer ses filles, de ne pas les contraindre à maudire leur père, et de s'éloigner elle-même des combats qui suivraient. Gremlins neutralisés !

Malheureusement, tout le monde n'a pas la chance de voir son observateur se matérialiser en vol. Pour autant, il nous reste toujours la possibilité de le contacter par la pratique que je vous ai suggérée. En attendant, je voudrais que vous écriviez les choses suivantes :

Je suis dans les temps.

Je fais de mon mieux.

La vie s'occupe de moi.

On me soutient.

Au début, tant pis si vous vous mentez. Même si vous n'y croyez pas, commencez par l'écrire. Dites-le à haute voix. L'astrologie peut, à tout le moins, vous convaincre que vous êtes un humain, un être spirituel incarné. Vous appartenez au club de ceux que j'appelle les spermatozoïdes chanceux. Vu le nombre initial de ceux-ci, toutes ces âmes qui auraient voulu s'incarner et ne l'ont pas pu, nous avons, vous et moi, une chance inimaginable d'être en vie, dans ce corps, avec cette « histoire idiote » (car nous avons tous une histoire idiote, c'est la condition humaine).

Je suis dans les temps. Je fais de mon mieux. La vie s'occupe de moi. On me soutient. Je suis en train d'apprendre exactement ce que je suis venu chercher ici. Répétez ces mots comme un disque rayé… et préparez-vous à un miracle.

4

Le fonctionnement de l'astrologie

ÉLÉMENTS, MODES ET SIGNES

« La normalité, c'est d'être différent. Chacun de nous est une personne différente. Et un jour ou l'autre, il faut prendre conscience de sa différence. Comprendre qu'on n'est pas comme les autres. C'est ça, être normal. »

ALEJANDRO JODOROWSKY, cinéaste

CE LIVRE N'A PAS POUR BUT de vous apprendre tout sur l'astrologie (j'ai une école pour ça). C'est un livre qui parle de votre âme, de votre observateur, et des outils qui donnent accès à votre moi profond. Pour cela, il y a un certain vocabulaire à acquérir. Dans les chapitres à venir, je vous présente le langage qui vous permet de comprendre les éléments fondamentaux de votre thème astral : les éléments, les modes, les signes, les planètes et les maisons. L'astrologie est la science des différences dans la nature humaine. Vous verrez pourquoi votre signe ne suffit jamais complètement à vous décrire.

Cela posé, gardez à l'esprit que ces chapitres proposent des explications rapides de phénomènes extrêmement complexes. Il ne s'agit pas d'un cours d'astrologie, simplement d'un glossaire qui vous permettra de voir, dans la deuxième partie, en quoi les informations s'appliquent à vous.

GÉNÉRER VOTRE THÈME ASTRAL

Commençons par établir votre thème astral. Pour cela, allez sur Astro.com, cliquez sur « Carte du ciel, calculs, données » puis « Carte du ciel et Ascendant ». Remplissez votre date et lieu de naissance, puis l'heure de naissance (si vous ne la connaissez pas, tapez 12:00). Voici un exemple de thème astral.

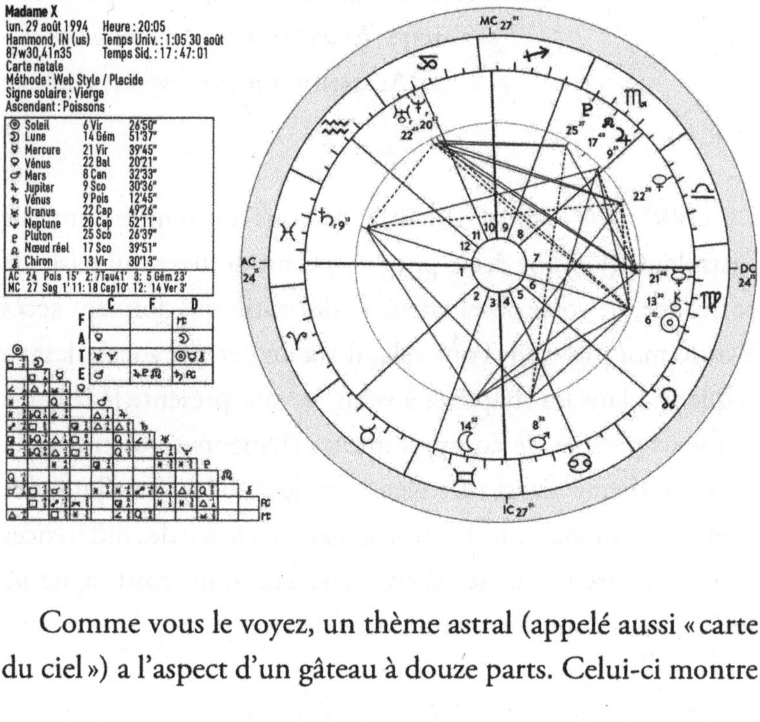

Comme vous le voyez, un thème astral (appelé aussi « carte du ciel ») a l'aspect d'un gâteau à douze parts. Celui-ci montre où se trouvaient les planètes, notées avec leur symbole égyptien, le jour de votre naissance. Cette carte du ciel est établie à l'aide des mathématiques, avec des formules fiables qui déterminent où se trouvait chaque planète au moment de votre naissance. C'est peut-être la première que vous voyez.

Ce diagramme est donc un instantané de l'état du ciel au moment de votre naissance. Vous pouvez imaginer que votre mère se situe au centre, au moment où elle vous donne naissance, et regarde le ciel. Les planètes qui se situent en haut du schéma étaient visibles, celles qui se trouvent en bas étaient cachées. Plus important, ce qui se trouve à l'est établit votre ascendant. Notez donc votre signe, votre Lune, votre ascendant, Mercure, Saturne, point nord et MC (*medium coeli*, ou milieu du ciel).

LES QUATRE ÉLÉMENTS

Les quatre éléments sont à la base de toute l'astrologie. Les connaître reste la meilleure façon pour débuter dans cette science. J'ai écrit tout un livre à ce sujet, *The Missing Element*, qui n'utilise pas d'autre point d'astrologie.

Chaque signe a son propre élément. Ils constituent un véritable aide-mémoire pour la pratique de l'astrologie. Douze signes, quatre éléments : on a logiquement trois signes par élément.

- ★ **EAU :** Cancer, Scorpion, Poissons
- ★ **AIR :** Gémeaux, Balance, Verseau
- ★ **TERRE :** Taureau, Vierge, Capricorne
- ★ **FEU :** Bélier, Lion, Sagittaire

Commençons par l'eau. Nous passons neuf mois *in utero* dans l'élément liquide, et notre destin, notre karma, notre génétique, la forme de notre corps, la couleur de nos cheveux et de nos yeux se déterminent dans le mystère (Poissons) de l'eau. C'est l'élément le plus abstrait, le moins linéaire. C'est l'élément du mystère ultime, celui dont relèvent votre lignée, votre psychologie, vos dons et vos défauts, celui qui, en somme, répond à la question « Pourquoi moi ? ».

Pensez cet élément comme celui du début de journée, ou de la vie. Nous commençons chaque jour en passant aux toilettes, en prenant une douche, en buvant une tasse de thé, en nous lavant le visage… C'est le cycle de l'eau, la porte d'entrée universelle.

Bienvenue dans l'espèce humaine. Nous avons tous une mère (Cancer). Même si nous n'en parlons pas, nous sommes tous là grâce à un orgasme – au moins celui d'une personne (Scorpion). Que nous la connaissions ou pas, nous avons une famille d'origine. C'est l'essence même de l'existence.

L'eau est l'élément prédominant sur Terre – en toute logique, notre planète bleue devrait s'appeler Eau. En astrologie, l'eau est l'élément poétique, mystique, qui apprécie le calme (Poissons). Elle décrit un type de personnalité sensible, intuitive, fascinée par la magie des choses. C'est un élément spirituel qui pose des questions comme « Dieu existe-t-il ? », « Pourquoi suis-je ici ? », « Comment raconter ce qui arrive après la mort ? ». L'eau est mystère et grandeur.

Quand un enfant naît, il commence par prendre son premier souffle. Bienvenue à l'élément air. Les énergies des étoiles sont gravées dans notre thème astral. On nous donne un nom, on entend nos premiers mots, la voix de notre mère, nous accédons à la conscience.

L'air est l'élément de l'esprit curieux, qui découvre la réalité. Il est rempli du désir de comprendre et de découvrir (Gémeaux). En entrant à l'école, nous apprenons l'alphabet, puis à lire, à écrire, à penser, à rencontrer les autres et à vivre avec eux (Balance). C'est une période qui peut durer de quatorze à vingt-cinq années. Dans sa pire expression, des pensées toutes faites et des préjugés sur la réalité deviennent la caractéristique d'une « tête pleine d'air », qui suit les diktats sociaux à la seule recherche de la conformité et de l'approbation des autres (Balance encore). Au mieux, l'air engendre l'esprit inquisiteur qui sculpte sa propre personnalité, explore les écrits et la pensée des grandes figures du passé, cultive des technologies avancées et de nouvelles valeurs sociales qui feront progresser l'espèce (Verseau).

Après la période d'apprentissage, nous entrons dans l'âge adulte, qui nous pousse à découvrir un côté pratique et « ancré dans le sol » – notre capacité à devenir des citoyens actifs, à chercher sécurité et bien-être (Taureau). Nous entamons une carrière professionnelle, et nous devenons responsables en matière d'argent, de sécurité, de travail et d'emploi du temps. C'est ainsi que naît le désir d'être parfaits et de tout réussir (Vierge). Notre tâche est désormais de nous comporter en adultes, d'être responsables financièrement, et de prouver notre valeur dans ce que nous apportons au monde (Capricorne). Il n'est pas rare que les personnalités de Terre aient l'impression de ne jamais en faire assez, qu'elles se sentent inadaptées ; en conséquence, elles jugent les autres et elles-mêmes en termes de succès ou d'échec.

Si vous réussissez, la dernière partie de votre vie vous offre la liberté de profiter de la vie et de votre création. C'est le cycle du feu, où le Bélier célèbre son amour de la vie et le partage joyeusement. Plus tard, dans ce même cycle, on peut s'installer en position d'enseignant pour transmettre notre sagesse et apprécier tout ce que la vie nous offre (Sagittaire). Vous avez vos hobbies, les petits-enfants viennent vous rendre visite, vous adorez la famille, les liens du sang et du cœur que vous avez créés (Lion). Vous profitez de la vie. Bien sûr, cela ne se déroule pas toujours comme ça ; mais on garde toujours la possibilité de célébrer l'esprit du cycle du feu – même quand nous ne sommes pas entièrement libres de faire ce qui nous chante.

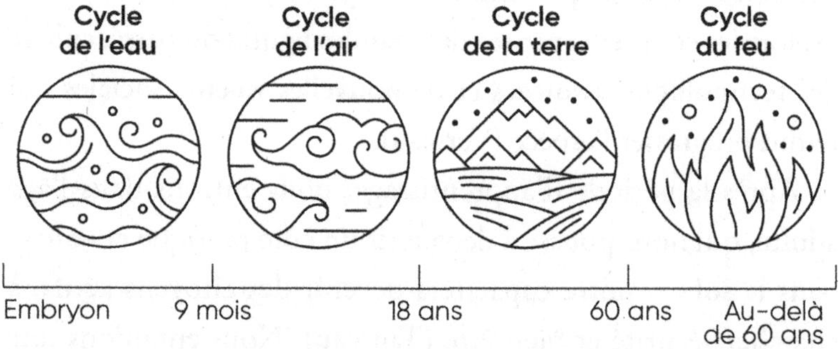

AIR ET FEU, EAU ET TERRE

La compatibilité est un des axes de l'astrologie ; elle constitue une sorte de danse des éléments. Par exemple, les signes d'air et les signes de feu s'entendent bien. Vous l'avez déjà constaté en soufflant sur des braises pour donner de la vigueur aux flammes.

De la même façon, eau et terre fonctionnent bien ensemble. C'est en arrosant le sol qu'on fait pousser des fleurs et des fruits.

En revanche, les autres combinaisons de ces éléments peuvent engendrer du conflit. L'eau éteint le feu, l'air assèche la terre. Étudiez les éléments de vos planètes les plus personnelles (Soleil, Lune, ascendant et Mercure). S'ils sont complémentaires, vous vous sentez en harmonie ; à l'inverse, des éléments en conflit peuvent engendrer confusion et malaise. Il n'y a pas de combinaison bonne ou mauvaise ; il s'agit seulement là d'éléments karmiques, mis en place par votre destinée.

LES MODES : FIXES, CARDINAUX OU MUTABLES

Chaque signe se caractérise par un mode : cardinal, fixe ou mutable, des catégories qui distinguent un autre trait de personnalité. Chaque mode comprend un signe de chaque élément.

- ★ **Les signes cardinaux** sont le Bélier, le Cancer, la Balance et le Capricorne. Ce sont des personnes qui ne peuvent pas suivre, seulement mener. Elles ne travaillent pas pour d'autres, mais se tiennent à la tête du cortège en lançant « Suivez-moi ! ». Leur défaut ? On peut les trouver autoritaires, dirigistes, et peu enclines à accepter les instructions de ceux qu'elles n'apprécient pas.
- ★ **Les signes mutables** sont les Gémeaux, la Vierge, le Sagittaire et les Poissons. Génies du multitâche, ils peuvent faire plein de choses en même temps, mais se reprochent souvent de mal s'y prendre, car ils souffrent d'un défaut d'attention. Capables de changer en un clin

d'œil, ils peuvent sembler versatiles ou insouciants. Leur défaut ? Ils n'arrivent pas à se fier à leur jugement ni à savoir ce qu'ils veulent. Ils se critiquent eux-mêmes et souffrent d'indécision.

★ **Les signes fixes** sont le Taureau, le Lion, le Scorpion et le Verseau. Très ancrés, stables, fiables, ils sont difficiles à convaincre ou à faire changer. Eux-mêmes se voient comme courant toujours le risque de rester coincés. En réalité, ils sont un point de stabilité et de réconfort pour les autres, mais pas pour eux-mêmes. Leur défaut réside dans cette impression de ne jamais en faire assez, ou de se reprocher leur côté inflexible et leurs difficultés à changer.

LES DOUZE SIGNES

Voici la table des dates associées aux signes du zodiaque, avec leurs éléments, modes et qualités de base, ainsi qu'un lien avec une partie du corps – on commence par le haut, avec le Bélier qui gère la tête, tandis que, tout en bas, les Poissons règnent sur les pieds.

(Notez qu'il manque la journée supplémentaire des années bissextiles, si bien que ces données ne sont pas toujours exactes – il faut calculer les dates de votre année de naissance pour être sûr.)

Signe	Dates	Élément/ Mode	Qualités	Corps
Bélier	21 mars - 19 avril	Feu/Cardinal	Indépendant, assuré, volontaire	Tête
Taureau	20 avril - 20 mai	Terre/Fixe	Loyal, sobre, terre à terre	Gorge
Gémeaux	21 mai - 20 juin	Air/Mutable	Sociable, curieux, distrait	Bras
Cancer	21 juin - 22 juillet	Eau/Cardinal	Intuitif, nostalgique, stable	Estomac
Lion	23 juillet - 22 août	Feu/Fixe	Passionné, talentueux, artiste	Cœur/dos
Vierge	23 août - 22 septembre	Terre/Mutable	Attirant, organisé, perfectionniste	Côlon
Balance	23 septembre - 22 octobre	Air/Cardinal	Romantique, créatif, conciliant	Reins
Scorpion	23 octobre - 21 novembre	Eau/Fixe	Nerveux, introverti, intense	Parties génitales
Sagittaire	22 novembre - 21 décembre	Feu/Mutable	Aventureux, optimiste, inspirant	Cuisses
Capricorne	22 décembre - 19 janvier	Terre/Cardinal	Ambitieux, routinier, astucieux	Genoux
Verseau	20 janvier - 18 février	Air/Fixe	Excentrique, intellectuel, futuriste	Chevilles
Poissons	19 février - 20 mars	Eau/Mutable	Empathique, rêveur, évitant	Pied

ASTROLOGIE ET TAROTS : UNE CONNEXION

J'ai beaucoup étudié les tarots, au point de tomber amoureuse de la philosophie et du message qui vient de cette ressource magique. George Bernard disait que, sur une île déserte, les seuls livres qu'il aimerait avoir avec lui seraient la Bible et un jeu de tarot. Le tarot retrace l'histoire entière de l'humanité. Prêt pour en apprendre plus ?

L'arcane majeur compte vingt-deux cartes. Au xve siècle, les astrologues réservaient une carte pour chacun des signes, et une pour chacune des dix planètes… alors même qu'à l'époque, on n'en connaissait que sept ! L'œil humain ne pouvant percevoir au-delà de Jupiter, Uranus a seulement été découvert en 1780, Neptune vers 1890, et Pluton, pas avant 1930. En d'autres termes, les astrologues du xve siècle gardaient des cartes pour des planètes inconnues à l'époque ! C'est réellement remarquable.

Oui, je suis bien en train de suggérer que le jeu de tarot a été créé avec la prescience qu'il existait douze signes et dix planètes. Mais, quoi qu'il en soit, l'étude de ces vingt-deux cartes est fascinante ; tous les mystiques vous diront que la sagesse ancienne du tarot est extrêmement puissante.

Les cartes de tarot racontent l'histoire de l'évolution humaine, depuis la première carte, le Fou (ou le Mat), jusqu'à la dernière, le Monde. Nous débutons par un acte de folie – le Fou qui se jette du haut de la falaise – et terminons par le Monde, où il trouve enfin sa place et qui symbolise l'harmonie et l'unité. Le jeu de tarot est une source de sagesse venue des temps anciens, un peu comme l'astrologie, et il mérite notre attention…, mais ce n'est pas le sujet de ce livre ! Poursuivons donc.

5

Les douze planètes

« En regardant en haut, je vois en bas. »
TYCHO BRAHE, astronome du XVIe siècle

LES TROIS COMPOSANTES DE BASE de l'astrologie sont les planètes, les signes et les maisons. On pourrait dire que les planètes sont le « quoi », le signe, le « comment », la maison, le « où ». Comme le pain, le beurre et la confiture, il faut les trois pour faire une tartine. Ces trois ingrédients influencent votre thème.

Commençons par le premier : les planètes.

Imaginez dix personnes rassemblées – par exemple, les dix membres du conseil d'administration de vous-même. Chacun a sa voix propre, et parle d'un certain domaine de votre vie – de votre façon d'être, de vos sentiments, de vos leçons de vie, de vos objectifs, et plus encore.

- ★ Le Soleil est votre ego, votre force de vie.
- ★ La Lune représente vos émotions et votre vie intérieure.

- ★ Mercure symbolise votre façon de penser et de communiquer.
- ★ Vénus est l'amour, ce que vous aimez et chérissez dans la vie.
- ★ Mars incarne l'énergie masculine et la volonté.
- ★ Jupiter, très agréable, parle de vos joies et de vos activités préférées.
- ★ Saturne enseigne les leçons de vie, il est la discipline, le karma.
- ★ Uranus, c'est la rébellion, l'excentricité, le génie.
- ★ Neptune est le rêveur, le mystique intérieur.
- ★ Pluton représente le pouvoir et la passion.

Notons toutefois qu'un Soleil en Balance n'est pas la même chose qu'avoir votre Lune ou votre Mercure en Balance. Il faut connaître la nature de chaque planète pour en distinguer les effets.

LES CONJONCTIONS : LA COMPLEXITÉ DE L'ASTROLOGIE

Avant l'aller plus loin, répétons que ce chapitre se contente de présenter les planètes de façon superficielle. N'allez pas croire que cela synthétise tout. L'astrologie ne se résume pas à un signe ou à une planète. Voilà pourquoi votre signe astrologique peut très mal vous décrire.

Par exemple, quand deux planètes sont très proches, on parle de conjonction. C'est comme si elles fonctionnaient ensemble, main dans la main. Reprenez votre carte du ciel et trouvez votre Soleil (un cercle avec un point au milieu). Se trouve-t-il une autre planète à moins de dix degrés de celui-ci ? Il y a de fortes chances que Mercure se trouve à proximité, dans la maison précédente ou suivante, car ces deux planètes voyagent ensemble – le Soleil, votre ego, et Mercure, votre esprit, toujours à son service. Ce sont les meilleurs amis du monde !

D'autres planètes proches de votre Soleil peuvent exercer une influence significative. C'est le cas, par exemple, lorsque Pluton est dans le même signe que le Soleil, ce qui ne se produit que dix jours par an : elle peut avoir davantage d'influence sur votre caractère que votre signe lui-même ! On en parle peu, car l'astrologie traditionnelle ne s'en préoccupe guère, mais, en tant que thérapeute, je considère qu'il s'agit d'une figure centrale dans le développement et l'expression de votre caractère. Pluton et le Soleil ne se trouvent dans le même degré qu'un seul jour par an. L'extraordinaire chanteuse India.Arie, par exemple, est Balance, avec Pluton en conjonction avec le Soleil. Elle présente une personnalité clairement plutonienne – puissante, stable et très influente en tant qu'artiste. Sa présence scénique est proprement saisissante, transformant à elle seule l'énergie du public.

L'astrologie est un puzzle. Il est impossible d'en isoler une pièce pour décrire une personnalité ou un destin. Dans le cas d'India, cette pièce particulière a sans conteste une influence déterminante ; pourtant, il faut considérer toutes les autres, sous peine de tomber dans l'astrologie de bazar. Et, après cinq décennies de pratique, je vous avoue que ce n'est pas mon habitude.

Il faut des années d'études et de pratique pour diriger un orchestre. C'est pour cela que, si vous cherchez une vraie lecture approfondie et capable de changer votre vie, il vous faut consulter un astrologue professionnel et expérimenté. C'est seulement ainsi que l'astrologie prend toute sa dimension. Ce livre ne pourra pas vous apprendre tous les aspects de l'astrologie. Sachez seulement que cette science vieille comme le monde est sans limites, et qu'il faut l'étudier sérieusement pour en tirer réellement profit.

LE SOLEIL : VOTRE FORCE DE VIE

Ce n'est pas par hasard que l'astrologie met le Soleil en avant. Son influence est primordiale sur nos vies ; en anglais, les signes du zodiaque sont appelés *sun signs*, signes solaires, et tout amateur d'astrologie connaît le sien. Même ma grand-mère sait qu'elle est Gémeaux !

La vie s'organise autour de ce feu géant. Sans le Soleil, nous n'existons pas. Nous lui obéissons, nous suivons le cycle des saisons et du climat. Est-ce que je mets un manteau, est-ce que je prends un parapluie ? Toutes les plantes de la Terre se tournent vers lui. Sans le Soleil, c'est toute notre réalité qui disparaîtrait !

Votre « signe solaire », ou signe zodiacal, est au centre de votre caractère. C'est l'expression de votre ego, ce que vous montrez au monde. Il guide vos réactions comme un instinct, comme un réflexe. Si votre Soleil est dans un signe d'eau, vous ne pouvez pas vous empêcher d'être sensible ; dans un signe d'air, vous êtes forcément cérébral, prompt à communiquer et à penser. Les signes de terre sont par nature pratiques et ancrés, qu'ils le veuillent ou non. Ceux dont le Soleil pointe sur un signe de feu sont passionnés, énergiques et bruyants. Certes, comme je viens de le dire, ce ne sont là que des généralités ; mais on peut aller plus loin.

Le signe solaire est constant, facile à identifier et prévisible. Si vous étiez une entreprise, le Soleil serait le P-DG, celui qui dirige le conseil d'administration, qui donne le ton et organise les débats. Le Soleil apporte lumière et chaleur, une énergie rayonnante. Votre P-DG a besoin d'attention, de remerciements et de louanges, il doit s'affirmer, sans quoi votre estime de soi en pâtit. Le P-DG de votre entreprise (le Soleil, donc) est celui qui détermine si celle-ci va se développer ou au contraire faire faillite.

Chaque signe est dirigé par une planète (y compris la Lune et les étoiles), et le Soleil règne sur le Lion.

POUR CHAQUE SIGNE, UN OPPOSÉ

Tout, en ce monde, a son contraire – yin et yang, mâle et femelle, Soleil et Lune, obscurité et lumière. On sait peu que chaque signe du zodiaque a son opposé, comme une ombre. Si, par exemple, vous êtes Verseau, il y a un petit Lion en vous – vous êtes ce scientifique pur et dur qui, en secret, adore chanter. Gémeaux, vous êtes accompagné d'un petit Sagittaire – l'accro aux informations, bavard et amical, rêve sans le dire de tout plaquer pour aller courir le monde. Chaque Balance porte son petit Bélier – un romantique pur jus, mais avec un tempérament volcanique. Vous verrez à quel point c'est vrai en appliquant ce principe à vos proches et à vous-même (utiliser pour cela le diagramme de la p. 68).

LA LUNE : VOS ÉMOTIONS ET VOS INSTINCTS

La Lune apparaît la nuit ; c'est pour cela qu'elle règne sur notre monde intérieur, notre part féminine, émotionnelle, psychique et intuitive. Elle influe sur l'inconscient qui se révèle dans les rêves. Les personnes qui interprètent les rêves parlent la langue de la Lune, qui peut pourtant sembler absurde, et s'en servent comme d'une ressource. Nombre de thérapeutes qui travaillent sur les rêves ont, vous pouvez me croire, une forte influence de la Lune et de l'eau dans leur thème astral (amis jungiens, bonjour !).

L'*Almanach perpétuel* indique les marées ou quand semer des graines ; il se base seulement sur les cycles lunaires. La Lune est la « planète » la plus mouvante de notre Système solaire, ce qui explique qu'on qualifie de « lunatique » quelqu'un à l'humeur changeante. Les humains sont essentiellement composés d'eau, et l'eau circule en permanence.

Une simple pensée ne peut pas faire changer d'humeur. À une personne émotive, on ne peut pas dire « Arrête de ressentir ! ». Il faut attendre que l'émotion suive son cours et passe. Les humeurs ne répondent pas à la logique. Dans sa voie basse, l'influence lunaire peut se traduire par une personnalité dépressive.

J'examine toujours la Lune pour déterminer votre type de réponse émotionnelle. À mes clients, je dis ceci : « La position de votre Lune déterminera votre réponse si je vous accule contre un mur. Si elle est dans un signe d'eau, vous allez vous taire, vous figer ; dans un signe d'air, vous allez tout intellectualiser et, logiquement, tenter d'exprimer vos sentiments. Une Lune en signe de terre vous poussera à une approche pratique : "Attendez un peu, essayons de trouver une solution, il nous faut un résultat", au risque de négliger vos émotions. Le signe de feu, lui, réagira par l'émotion, optant pour la colère et le drame. »

Au conseil d'administration de votre personnalité, la Lune est assise dans un coin, en silence ; elle prend note des émotions des uns et des autres. « Oh, je sens un changement d'énergie, je n'aime pas ça. » Elle a sans doute tiré une carte de tarot avant la réunion, et a pressenti qu'il y aurait un problème. Très maternelle, elle propose de l'eau et des cafés, des Kleenex et des huiles essentielles.

Pour la Lune, la voie haute passe par l'expression des émotions. Elle est digne de confiance, intuitive, sagace, connaît les saisons et les cycles ; elle croit en l'astrologie, elle est en lien avec les phases lunaires. La voie basse, c'est le côté lunatique, sensible à l'excès, insomniaque. « Je suis nerveux, effrayé, je ne peux pas dormir, quelque chose ne va pas, je dois avoir un problème ! » La Lune gouverne le signe du Cancer.

MERCURE : LA LUMIÈRE ET L'ESPRIT

Mercure représente la pensée, l'esprit cartésien, et sa capacité à fonctionner (ou pas). Il est parfois insaisissable. Dans la mythologie latine, c'est un messager ailé, capable de se déplacer à la vitesse de la lumière. Il influence les communications et ne s'arrête jamais. Parfois, il peut ressembler à une bande de singes jouant dans un arbre, parfois à un Pac-Man insatiable.

Dans la salle du conseil, il est en tête de table, juste à côté du P-DG Il a préparé un PowerPoint avec l'ordre du jour, il enregistre les débats, il s'assure que tout le monde reste attentif. C'est lui qui fait l'appel.

Il ne cesse de poser des questions, de vérifier les informations. Il demande aux autres de répéter pour s'assurer qu'il a bien compris, il fait noter leurs réponses au secrétaire de séance.

Au mieux, il est clair et organisé ; au pire, il est mal préparé, parce que trop rapide ; il ne parvient pas à prendre de décision, sollicite l'avis de tout le monde, se laisse distraire. Mercure règne sur les Gémeaux et la Vierge.

MERCURE RÉTROGRADE

On entend toujours se plaindre quand Mercure est en rétrograde. Cette planète a mauvaise réputation. Pourtant, il n'y a rien de mal à avoir Mercure en rétrograde. Quand c'est le cas (c'est-à-dire qu'il semble tourner dans le sens contraire de la Terre), il s'agit seulement de faire comme lui : reculer. C'est le moment de revenir sur ses pas, de reconsidérer nos actions. N'avons-nous pas oublié quelque chose en route ? Il peut être intéressant de repenser, revoir, revenir, reconsidérer.

J'ai acheté une maison alors que Mercure était rétrograde. J'avoue que j'étais un peu inquiète, vu que tous les astrologues que je connais me hurlaient « Ne fais pas ça ! ». Reste qu'il n'est pas facile de dire à un vendeur : « On va attendre trois semaines, à cause de Mercure, vous savez ? » Parfois, la vie présente des opportunités qu'il faut saisir sans attendre. J'ai fait extrêmement attention à tous les détails administratifs, relisant chaque document deux fois avant de le signer. Le plus drôle, c'est que j'ai revendu cette maison deux ans plus tard, avec un joli bénéfice. Tout s'est bien passé !

Mercure rétrograde ne cherche pas à vous induire en erreur. Il vous invite seulement à être méticuleux et conscient. On dit que les appareils électroniques ont tendance à planter plus souvent en Mercure rétrograde. N'est-ce pas le moment de faire une pause et de vérifier votre travail ? Le seul message de Mercure rétrograde, c'est de rester alerte et conscient.

VÉNUS : BEAUTÉ ET AMOUR

Vénus règne sur vos papilles et vos sens, vos goûts et vos envies, les choses que vous aimez le plus. Elle gère les histoires d'amour et les meilleurs moments de la vie. Elle est douceur, beauté, sens artistique. L'argent, la nourriture, les valeurs, la sécurité se rangent à elle. Vénus, c'est la douceur des draps, les parfums et les arômes, la bienveillance et la tendresse. Opposée à l'énergie masculine de Mars, Vénus représente traditionnellement l'énergie féminine.

Dans votre conseil d'administration intime, Vénus est la DRH. Quand elle arrive à la réunion dans son tailleur impeccable, elle voit tout de suite que personne n'a pensé à la pause déjeuner. Avec l'aide de Mercure, elle liste les préférences de toutes les personnes présentes et commande les repas, non sans rappeler qu'on aurait pu réserver dans un restaurant étoilé. Elle réfléchit à comment faire mieux la prochaine fois. Elle est sincère quand elle demande à chacun de ses nouvelles. Avant de venir, elle a vérifié les statuts de l'entreprise pour s'assurer qu'elle était éthique, bienveillante, que les employés aimaient leur travail, que leurs capacités étaient bien utilisées. Elle veut que tout aille bien pour tout le monde.

Pour Vénus, la voie haute se traduit par des relations solides et harmonieuses, par une bienveillance réelle. La voie basse, c'est d'accepter le manque d'harmonie, d'aimer les ragots, d'être dans le jugement et la vanité – de passer son temps à se regarder dans un miroir.

Vénus régit le Taureau et la Vierge.

MARS : POUVOIR ET ÉNERGIE

Mars, la planète rouge, règne sur les guerriers. Mars vous propose d'exercer votre pouvoir personnel, d'être direct, sans crainte ni concession, de vous affirmer. La position de Mars décrit comment vous allez utiliser votre énergie masculine, vos capacités physiques et athlétiques. C'est la planète « Lève-toi et marche ! ».

Mars débarque au conseil d'administration en héros, façon Superman, prêt à prendre les choses en main. Il cherche à canaliser l'énergie du groupe, à aller droit au but. C'est lui qui tient le marteau avec lequel il rappelle à l'ordre. « Tout le monde écoute ! clame-t-il. On se met au travail ! » Déterminé, toujours sur le qui-vive, il sait où il va, et il vit à fond.

La voie haute, pour Mars, c'est l'efficacité, la capacité à fixer une direction claire. Avec lui, tout se fait facilement. La voie basse, c'est de tout dramatiser, de se montrer insensible, dur, arrogant, d'ignorer les sentiments des autres. Il devient alors cet orateur insupportable qui coupe la parole à tout le monde sans se rendre compte qu'il se montre odieux. Mars est la planète du Bélier.

LES PLANÈTES EXTÉRIEURES

Parmi les plus puissantes influences sur une personnalité, et qui durent toute la vie, se trouve la présence d'une planète « extérieure », à proximité du Soleil. Par planète extérieure, on entend Jupiter, Uranus, Neptune et Pluton. Pour la plupart des gens, ce n'est pas le cas – il s'agit d'une exception, qui définit une particularité de cette personne tout au long de sa vie. Ne soyez pas fâché si ça ne vous concerne pas !

Dans mon école, nous passons beaucoup de temps sur ce sujet. Mais vous pouvez simplement vérifier, sur votre thème astral, si une planète extérieure se trouve proche du symbole du Soleil (un cercle avec un point au milieu).

La présence de planètes « personnelles » autour de celui-ci n'a pas de signification : Vénus et Mars voyagent souvent avec le Soleil. Ce qui compte, ce sont ces planètes lointaines, qui restent dans le même signe un an ou plus. Quand le Soleil les touche, il apporte une influence distincte et particulière, qui peut expliquer un trait marquant de votre personnalité. Prenez le temps de bien lire votre carte du ciel, car ce facteur permet une compréhension profonde de soi.

JUPITER : JOIE DE VIVRE ET MENUS PLAISIRS

Jupiter est une planète énorme, mille trois cents fois la Terre ; et, selon les derniers relevés, elle compterait quelque quatre-vingt-douze lunes. Rien d'étonnant, donc, à ce que Jupiter soit la planète qui fait les choses en grand. Je la compare souvent au père Noël – grande et grosse, distribuant les cadeaux avec un rire tonitruant. Jupiter aime dépenser l'argent, jouer et voyager. Si Jupiter se trouve en position favorable dans votre thème astral, vous avez bien de la chance : vous êtes né sous une bonne étoile ! Qu'est-ce qui vous anime, qu'est-ce que vous aimez d'instinct ? Jupiter sait que Dieu vous aime. Profitez de la vie !

Pendant le conseil d'administration, Jupiter est celui qui parle du séminaire d'été, du prochain gala d'entreprise. Il motive et inspire les troupes, fait rire tout le monde avec ses blagues – c'est le boute-en-train de la réunion.

En voie haute, Jupiter est drôle, ses répliques font mouche. Quand il suit sa voie basse, il se montre laxiste, il a des avis sur tout et ne sait pas se remettre en question – au point, parfois, de se montrer borné, répétant par exemple que seule la religion peut sauver de l'enfer. Jupiter est la planète des natifs du Sagittaire.

SATURNE : LE MAÎTRE DES TÂCHES

Saturne, toujours sérieux, arrive à l'heure, un chronomètre à la main et une expression d'agacement sur les traits. En astrologie, on l'appelle «le vieil homme». C'est lui qui détermine le but que vous devez accomplir, la promesse que vous devez tenir à votre âme.

Saturne fait respecter les règles de conduite. Si vous désobéissez, vous serez puni – et discuter ne sert à rien. Saturne ne transige pas, il est inflexible. Il s'occupe des faits, des attentes sociales, des choses solides et tangibles – il règne sur les montagnes, les immeubles et les dents, un royaume de décrets, de règlements et de lois. Avec Saturne, il n'y a pas de passe-droit!

Strict et austère, Saturne vous questionne sans cesse : que faites-vous de votre temps? Pourquoi êtes-vous sur Terre? Quel est votre but? Accomplissez-vous votre tâche? Suivez-vous les instructions ou cherchez-vous à fuir votre destin? Au pire, Saturne représente la dureté du karma : ne pas suivre les règles, c'est échouer à coup sûr. Saturne met votre force de caractère à l'épreuve. Êtes-vous assez fort, assez solide? Et avez-vous pensé à payer vos impôts?

J'insiste beaucoup, auprès de mes élèves et de mes clients, sur la nécessité de se pencher sur cette influence, qui est sans doute l'une des plus importantes du zodiaque. Dans mon école, on étudie avec soin l'élément, le signe et la maison où se trouve Saturne dans un thème.

Saturne est le contremaître ou, si on préfère, le directeur exécutif. Il arrive en réunion en costume et attaché-case, et prend immédiatement la direction des opérations. Il dit : « Nous avons des objectifs, un planning, des délais à tenir. » Il est prêt à faire tomber des têtes, ne laisse personne se défiler. « Je veux voir les rapports, les progrès, les projections. »

En voie haute, Saturne reprend le slogan de Nike, *Just do it*. Il se montre discipliné, responsable, ponctuel. La voie haute pour Saturne, c'est honorer ses engagements et savoir reconnaître les efforts. Le « boss » Saturne sait dire : « Cette entreprise marche du feu de Dieu, on a rempli nos objectifs, bravo, tout le monde ! »

En voie basse, Saturne est critique et irritable ; tel un grand-père grognon, rien ni personne ne trouve grâce à ses yeux. Vous aurez beau faire tous les efforts possibles, Saturne mal luné vous dira que ce n'est pas assez.

Accepter les leçons de Saturne, c'est réussir dans vos affaires, gagner de l'argent et de la reconnaissance. Nous reviendrons sur cette influence ésotérique au chapitre 7.

Saturne commande le Capricorne.

URANUS : VOTRE CÔTÉ EXCENTRIQUE

Uranus influence le côté unique, excentrique et… l'astrologie, car il faut être un peu excentrique pour croire à l'astrologie. Uranus pense clairement « hors de la boîte ». La planète a été découverte pendant la Révolution française, quand la bourgeoisie en a eu soudain assez d'être pauvre et s'est mis en tête de démanteler la noblesse. La Révolution fut radicale, les têtes ont roulé au sol. C'est à peu près au même moment que, par bateaux entiers, des hommes arrivèrent à Boston, cherchant une terre de liberté ; ils se rassemblèrent pour promouvoir de nouvelles idées – liberté d'expression, de conscience, de circulation. Ils jetèrent à l'eau le représentant du roi d'Angleterre et sa cargaison de thé. Cette autre révolution marqua la naissance d'un pays.

Un autre changement de paradigme marqué par l'influence d'Uranus fut l'invention de l'électricité, avec qui elle partage le côté littéralement « choquant ». C'est le facteur surprise, ce qu'on ne voit pas venir. Uranus dirige l'intuition – quand on sait que le téléphone va sonner dans la seconde ou qu'on entrevoit le futur. Vous pensez à une personne en particulier, et elle vient frapper à votre porte. C'est l'influence d'Uranus.

Uranus commande la rébellion, l'anticonformisme. Sous son influence, impossible de suivre le mouvement ! Vous pouvez par exemple vouloir devenir astrologue… Vous choisissez les chemins de traverse, refusez de marcher au pas de l'oie – vous n'avez pas le temps, vous êtes en train de changer le monde ! Ce type de personnalité se sent souvent différent du reste de l'humanité.

Quand Uranus se présente au conseil d'administration, c'est avec des vêtements dépareillés, des tatouages étonnants et une coiffure improbable (pensez à Einstein). Comme si elle marchait sur les mains – ou la tête –, la personne uranienne voit les choses de façon radicalement différente et peut ouvrir des perspectives insoupçonnées. Uranus se trouve au sommet de mon thème astral, ce qu'on nomme « le milieu du ciel », qui régit la vie professionnelle ; et en conséquence, j'ai une carrière fort peu linéaire. Je ne suis pas une astrologue au sens traditionnel du terme, pas plus qu'une thérapeute classique. Je romps avec les règles de ces deux catégories. Professionnellement, j'ai toujours eu ce côté rebelle. Pendant longtemps, je me suis sentie partagée, jusqu'à ce que je comprenne que c'était l'influence d'Uranus – un atout pour devenir un pionnier ou un explorateur !

La tendance sombre d'Uranus peut pousser à se projeter en permanence dans l'avenir, sans tenir compte des autres. Souvent à fleur de peau, les Uraniens risquent de se transformer en révoltés sans cause, juste mus par le désir d'être en contradiction. Anxiété, problèmes nerveux, TDAH relèvent souvent de cette énergie obscure d'Uranus. Impossible de se poser, d'arrêter ce tic nerveux, de rester assis.

La voie haute d'Uranus est une fascination pour la technologie et les idées novatrices qui rendent l'humanité meilleure. C'est un leader pas comme les autres, qui ne cherche pas le contrôle, qui fait asseoir les gens en rond plutôt que de leur donner des leçons depuis une estrade, qui refuse de perpétuer la hiérarchie traditionnelle. On reconnaît la voie haute d'Uranus chez les grands bienfaiteurs, les philanthropes et ceux qui savent fonctionner en équipe.

Uranus dirige le Verseau.

MILIEU DU CIEL ET CARRIÈRE PROFESSIONNELLE

•••••••••••••••••••

Le milieu du ciel (parfois abrégé en MC) se trouve tout en haut de votre thème astral. Identifiez le signe dans cette position, et demandez-vous s'il influe sur votre carrière. En plus d'Uranus, par exemple, j'ai le Cancer en milieu du ciel. Cancer est le signe de la mère et du soin. Avec mes clients, je suis effectivement une vraie mère juive, tâchant à chaque séance de réconforter et de faire du bien. Le signe qui marque votre milieu du ciel décrit vos plus hautes aspirations professionnelles.

NEPTUNE : L'AU-DELÀ EN VOUS

Neptune a été découverte au tournant du siècle, dans les années 1890, en même temps qu'on inventait l'anesthésie. Personne ne sait où elle nous emmène exactement : l'anesthésie fait taire la partie de notre cerveau qui enregistre la douleur, sans qu'on puisse expliquer tout à fait comment elle fonctionne. C'est très Neptune : comment expliquer l'inexplicable ?

Neptune influence les états de conscience modifiés, les expériences extracorporelles, et tout ce qui permet de s'extraire du monde matériel : la musique classique, la peinture, le ballet – bref, les beaux-arts ; il guide aussi l'alcool, la marijuana et les drogues, autant de moyens d'échapper au réel. Cette influence, lorsqu'elle est forte, entraîne une sensibilité particulière à ce que les yeux ne peuvent voir – le royaume de l'invisible, la transmission médiumnique, la présence des défunts, les autres dimensions, voire ce qu'on appelle aujourd'hui le « multivers ».

Les Neptuniens sont perméables aux énergies des autres ; sons et parfums subtils les affectent. Pensez cristaux, encens et bougies, temples et églises. Toutes les librairies new age s'inscrivent sous cette influence.

Au conseil d'administration, Neptune joue le rôle de directeur artistique. C'est le genre de personne à créer des univers qui vont au-delà de l'imagination commune ; c'est l'énergie qui engendre les films. Pensez au *Magicien d'Oz*, avec Dorothy et ses amis, qui nous semblent si réels. On s'inquiète pour Toto. On admire la façon dont le cheval change de couleur. On retient son souffle quand la sorcière fond. Captifs de l'aventure, on consent à cette suspension de réalité, on s'envole pour un autre monde. Bouclez votre ceinture : nous voici dans le territoire de Neptune ! Quand on revient à la triste réalité, l'atterrissage est rude – on a perdu ce sentiment libre et aérien. Les lumières se rallument et l'on se dit : « Est-ce que c'est vraiment arrivé ? »

En voie haute, Neptune est un visionnaire, et même un voyant, qui aime créer, quel que soit le support. Il inspire les plus grands artistes et réalisateurs qui accouchent de scènes frappantes, ou les musiciens qui déclenchent des émotions puissantes sans un mot. Les personnalités marquées par Neptune ont une approche unique de la vie.

La voie basse de Neptune est confusion, illusion, ambivalence. Il peut se traduire par un manque d'ambition, du laxisme, une tendance à l'addiction ou à l'étourderie. Le versant sombre de Neptune n'aime pas cette réalité, et lui préfère les paradis artificiels. Au pire, il s'enferme dans sa chambre, sombre dans la paranoïa ou devient un artiste de la fuite.

Neptune guide les Poissons.

PLUTON : VOTRE INCONSCIENT

Nous voici à la dernière planète – et ne vous avisez pas, comme certains astronomes, de nier que c'en est une ! Pluton règne sur les ombres de l'humanité, sur le pays des gremlins. Nous avons tendance à éviter l'ombre – collectivement, nous la redoutons. Nier son influence ne fait que prouver sa puissance…

Comme objet céleste, Pluton est si lointaine que les scientifiques ne l'ont découverte qu'en 1930, à l'observatoire Lowell de Flagstaff, dans l'Arizona. En premier lieu, ils ont déduit sa présence de son seul champ électromagnétique. Ils ont su qu'il y avait là quelque chose qu'ils ne pouvaient pas voir – la métaphore parfaite, de mon point de vue, de l'influence de Pluton. Qu'on ne la voie pas ne change rien à son étendue…

Pluton représente le pouvoir de l'inconscient, lui-même découvert à une époque où Hitler, Freud et Einstein se débattaient avec des forces invisibles. Il n'existait pas de mot pour ce pouvoir caché jusqu'à ce que Freud crée le terme « inconscient », dans les années 1930. C'est lui qui a introduit la notion selon laquelle quelque chose d'invisible peut construire – ou briser – notre psyché. Hitler a pris en otage un continent entier en manipulant le côté le plus sombre de la nature humaine. Einstein a découvert que les particules les plus infinitésimales, invisibles à l'œil humain, pouvaient créer ou détruire, avec la puissance nucléaire. Tout cela relève de mondes cachés. Pour le meilleur ou pour le pire, Pluton vit dans l'obscurité.

On peut imaginer Pluton comme cet administrateur d'origine italienne, qui débarque avec ses verres fumés, sa chemise ouverte sur un torse velu où brille une chaîne en or. Il reste assis là sans rien dire. Il fait un peu peur, et, en même temps, son intensité le rend attirant. Que fait-il au conseil d'administration ? Personne ne le sait vraiment, et nul n'ose lui poser la question. C'est peut-être ce qu'on appelle un « associé silencieux »...

Les Plutoniens sont de constitution robuste, de vraies machines. Pluton est terriblement lointaine, minuscule et glaciale, mais son pouvoir est immense. On peut le canaliser pour agir sur la santé, la créativité et les objectifs, ou bien s'en servir de façon destructrice, sombre et violente. Je crois que je pourrais consacrer un livre à l'énergie plutonienne et à la façon de l'utiliser. Elle change la vie des gens ; sa position dans votre ciel révèle votre passion. Devinez où se trouve mon Pluton. Dans la maison de l'astrologie !

Le Plutonien de la voie haute est un leader puissant qui se consacre entièrement au bien commun. Il est charismatique, fort, capable de soigner – c'est le chirurgien qui retire une tumeur. « Ça va faire mal, mais vous me direz merci quand ce sera fini. » En voie basse, il devient le *control freak* mutique qui ne veut rien entendre et décide de tout, tout seul, sans considération pour les autres, qu'ils jugent en permanence – ce qu'on sent bien, même sans un mot de sa part.

Pluton règne sur les natifs du Scorpion.

C'étaient les planètes, telles que les voit l'astrologie. Passons maintenant aux maisons.

6

Les douze maisons

« Les maisons sont en lien avec tout ce qui est matériel et concert ; avec l'esprit objectif et l'environnement réel. »
LLEWELLYN GEORGE, *The A to Z Horoscope Maker and Delineator,* 1910

C'EST LÀ QUE L'ASTROLOGIE COMMENCE à se compliquer un peu. À chaque cours que je donne sur les maisons, les débutants ont l'air perplexes. Mon but est de vous faire comprendre en quoi les maisons influencent votre thème astral, en particulier par rapport à la position de votre Soleil. Mais je ne veux pas vous plonger dans la confusion. Pour simplifier : la maison de votre signe astrologique donne le thème de votre vie – un thème permanent, qui ne change jamais. Pour mieux me faire comprendre, je vais prendre mon propre exemple.

Pendant une bonne partie de mon existence, j'ai été quelqu'un de très enjoué et sociable, toujours de bonne humeur – des qualités souvent associées aux Gémeaux. Cet aspect de ma personnalité menait la barque. Je suis très forte en relations sociales. Mais, en réalité, ça m'a toujours demandé un gros effort. Au lycée, je regardais qui riait à mes blagues, parce qu'il m'était plus facile de rester la « bonne copine marrante » si je connaissais mon public. Dans mon mariage, avec mes enfants, j'ai gardé mon entrain et le sourire. La *cheerleader* et Miss Bonne Humeur n'étaient jamais loin.

Pourtant, au fil du temps, mon secret m'a usée. C'est épuisant de cacher et de repousser sa nature profonde – au bout du compte, ça peut ouvrir la voie à une dépression. Je gardais mon masque plaisant, qui me permettait de me montrer partout à mon aise, de jouer les extraverties ; mais, par moments, parler avec les gens me demandait un effort énorme, et les conversations mondaines m'évoquaient le bruit d'ongles sur un tableau noir.

Quand, enfin, j'ai vu un thérapeute, j'ai lâché d'emblée ce qui me tourmentait : je n'étais pas aussi heureuse que j'en donnais l'impression, et mon énergie n'était parfois que de façade. En réalité, il y avait en moi une tristesse profonde, encombrante, loin de la légèreté que je montrais au grand jour, et comme imperméable à celle-ci.

Quand j'ai découvert que mon Soleil se trouvait dans la maison VIII, dirigée par le Scorpion, qui est celle de l'introversion, tout est devenu clair. J'avais besoin de quelqu'un pour m'écouter vraiment, pour garder mes secrets et me montrer comment guérir. J'étais un Scorpion déguisé. J'ai suivi une thérapie, puis je suis devenue thérapeute. Les qualités du Scorpion sont fort utiles pour les soignants, médecins, chirurgiens et autres aidants. Au départ, néanmoins, les personnes en maison VIII ont souvent besoin elles-mêmes de guérir.

Un autre aspect de ce Soleil en maison VIII – c'est-à-dire de mes tendances Scorpion – est ma fascination, depuis toujours, pour la mort. Or, c'est un sujet peu adapté à Miss Boute-en-train, à celle qui fait tout pour remonter le moral des autres. J'aime discuter à cœur ouvert avec les gens, et j'en retire énormément de positif ; j'aime parler de ce dont on ne parle pas en général – la douleur, l'amour, le sexe, l'argent. Ma spécialité est d'aider les gens à gérer leurs secrets, les choses qu'ils veulent cacher, y compris à eux-mêmes.

Quels Gémeaux feraient ça ? Seulement ceux qui ont le Soleil en maison VIII. Je peux suivre n'importe qui dans les abîmes de sa douleur – et ça, sans ôter mes pompons de *cheerleader* !

L'heure de naissance établit la position des maisons dans votre thème astral. Découvrez dans quelle maison se trouvait votre Soleil à votre naissance (c'est écrit sur la carte, comme celle de la p. 368), vous saurez comment fonctionne votre signe.

MAISON I

La première maison est celle du Bélier. C'est la maison de la personnalité. Pour vous, ce qui compte, c'est l'apparence, la force de vie, l'ego. Comprendre et accepter que le thème de votre vie est d'être centré sur vous-même peut vous soulager d'un grand poids, tant on se sent parfois coupable d'égoïsme. Même en étant un adorable Cancer pour qui la famille passe avant tout, si votre signe se trouve dans la première maison, il vous faut du temps pour vous. S'occuper des autres, faire des compromis est dans votre nature de Cancer, mais la première maison modifie cela. Vous devez prendre soin de vous-même.

Une autre qualité de cette maison est sa tendance à l'activité. Vous avez besoin de bouger. Le mouvement est votre drogue. Taureau, vous aimez avant tout rester à la maison pour préparer des cookies ? Si vous êtes en maison I, vous danserez en attendant qu'ils cuisent ! La maison I est aussi celle des gens indépendants et autonomes – celles des personnes qui répondent souvent (et plutôt avec virulence) à leur partenaire : « Ne me dis pas ce que j'ai à faire ! »

Même vous, Capricorne respectueux des traditions, vous ne goûtez guère aux opinions des autres. La maison I offre une énergie affirmée, presque agressive, athlétique. Une telle personnalité a quelque chose de libérateur : les personnes dont le signe se trouve dans cette maison aiment diriger plus que suivre ; mais elles ne regardent pas derrière elle, si bien qu'on les traite parfois d'égoïstes. La vérité, tout simplement, c'est qu'elles n'ont pas besoin des autres pour trouver leur identité – c'est même tout l'inverse. Leur mission est de se distinguer des autres par leur personnalité indépendante.

Avoir son signe zodiacal en première maison, c'est pouvoir se libérer de la culpabilité de ne pas suivre les autres. Vous avez besoin d'être vous-même, sans équivoque ni compromis. Vous avez le droit de vous demander : qui suis-je ? Comment rester fidèle à moi-même ? Pourquoi me conformer aux attentes des autres ? Que puis-je faire pour exprimer mon énergie physique, athlétique, confiante et directe, sans subir d'influence extérieure ?

S'il s'agissait d'une vraie maison, on y trouverait un grand miroir, des gants de boxe et un sac de frappe, des livres de développement personnel, des équipements de musculation, une raquette et des chaussures de tennis, ainsi qu'un vélo.

Si vous avez trois planètes ou plus dans la première maison, je sais que vous êtes ici pour ressentir souveraineté et indépendance. Vous dirigez le navire, vous n'êtes pas en vie pour autre chose que découvrir votre propre volonté ; et si cela peut paraître égoïste, il n'en reste pas moins que c'est la promesse que vous avez faite – vous distinguer des autres et y prendre plaisir, sans culpabilité.

MAISON II

C'est la maison du Taureau ; elle en est lien avec les biens matériels, l'argent, les investissements, les activités pragmatiques – tout ce qui est terre à terre, ancré, lourd et concret. Le signe en maison II vous pousse à apprécier les valeurs traditionnelles ; vous aimez collectionner, et posséder des choses vous réconforte. Pas besoin d'un ordinateur dernier cri quand on aime les antiquités et les pièces d'héritage. Vous vous souciez moins de réussite que de stabilité, de durée, de survie.

Avoir son signe en maison II apporte un côté pratique, casanier, paisible. Vous avez peut-être hérité de votre mère une bague que vous aimez porter tous les jours. L'énergie de cette maison est terrestre, tribale – on suit un rythme régulier et puissant, on aime écouter les mêmes chansons en boucle, se repasser les mêmes films, on aime sa routine. Certes, on garde un côté un peu désordonné, mais c'est très bien comme ça. On apprécie les plats roboratifs, on se sent plus en sécurité avec un compte en banque bien fourni, des fleurs fraîches dans un vase et beaucoup de coussins. Stables, routiniers, les « deuxième maison » apportent aux autres un sentiment de sécurité, toujours au même rythme.

Même vous, Gémeaux versatile qui n'aimez que le changement, votre signe en maison II vous poussera vers les vieux livres et les bibliothèques poussiéreuses. Un Scorpion pourra devenir agent d'assurances ou banquier, où il se servira de l'argent pour rassurer les autres. Un Bélier autoritaire dirigera une maison de retraite où il s'occupera du bien-être de tous. Capricorne en maison II, vous êtes d'une solidité et d'une stabilité à toute épreuve – le pilier de la famille. Verseau, vous vous passionnez peut-être pour les cryptomonnaies : un futuriste qui s'intéresse à l'argent. Le Cancer deuxième maison fera des gâteaux pour toute la famille.

Les « maison II » ont un système, ils sont ancrés, répétitifs. Ils font les choses lentement, mais sûrement.

J'ai connu une Poissons en maison II. Elle travaillait avec des personnes âgées et parlait souvent de ses parents disparus. Elle leur imaginait même toute une vie dans l'au-delà, et elle a écrit un livre relatant ce qu'ils lui disaient. En bonne Poissons, elle vivait dans son monde fantastique ; et, à cause de sa maison, ses rêves allaient vers ses ancêtres et le sentiment de sécurité qu'ils lui procuraient – elle ne voulait pas les oublier.

Dans la deuxième maison symbolique, on trouverait un tambour pour marquer le rythme, des piles de pièces de monnaie, des chéquiers et des livres de comptes ; des meubles lourds et confortables ; des bijoux ; et, bien sûr, des chocolats. Aussi, il y sentirait toujours très bon !

Si vous avez trois planètes ou plus dans la maison II, vous êtes venu apprendre des choses sur les valeurs, la stabilité, une spiritualité très ancrée dans la nature. Le jardinage et la musique vous sont essentiels.

MAISON III

Gémeaux règne sur la troisième maison. C'est celle du marchand, du communicant, de l'influenceur. Les personnes qui en relèvent font de grands journalistes et nouvellistes (pas des romanciers, ça demande trop de temps). Les personnes qui ont leur signe en maison III aiment apprendre, elles sont passionnées par la pensée, l'intellect, elles se nourrissent d'information. Elles parlent vite et discutent avec tout le monde, amis ou non. Très attachées à leur fratrie, elles aiment raconter des anecdotes sur leur famille. Elles apprécient la technologie, le marketing, et sont toujours à la recherche de nouvelles façons, plus rapides, de faire les choses. Adeptes des réseaux, elles bénéficient de l'énergie vive, intelligente et volubile de cette maison.

J'ai une amie avec Scorpion en troisième maison. Elle prétend ne pas aimer les gens (en bonne Scorpion), mais son téléphone sonne du matin au soir et elle connaît absolument tout le monde dans notre ville. Le Capricorne en maison III peut par exemple travailler pour une entreprise de téléphonie, ou dans la communication – à moins qu'il ne devienne éditeur ou responsable marketing, ou encore ne fasse fortune sur Internet. Les Poissons en troisième maison peuvent choisir la poésie, le slam, ou écrire des documentaires scientifiques – cette maison est celle du théâtre, qui fait sortir le timide et poétique Poissons de sa coquille. Les Bélier qui en relèvent sont capables d'inventer de nouveaux outils de communication ou un nouveau réseau social. Quand ils racontent une histoire, c'est souvent en l'embellissant, en vivant leur récit – ils peuvent devenir présentateurs à la télévision. Un Sagittaire de la troisième maison peut écrire des livres sur les religions du monde pour tout transmettre de ses recherches, ou bien devenir une figure du développement personnel.

Le petit souci avec les personnes en maison III, c'est que s'ils n'appartiennent pas à un signe de terre ou au Scorpion, ils ont du mal à aller au fond des choses. Quand ils parlent, on n'est jamais vraiment sûrs qu'ils maîtrisent vraiment leur sujet – ils ont pu se contenter de feuilleter un livre qui en parle. Quoi qu'il en soit, ils savent se faire des amis, où qu'ils aillent – et ils traitent leurs amis comme des frères et sœurs.

L'ameublement de la troisième maison ? Un ordinateur, des mots croisés, des magazines, une carte de bibliothèque, des manuels scolaires, des documentaires, de quoi écrire, et un épais carnet d'adresses.

Si vous avez trois planètes ou plus en maison III, je peux vous dire que vous êtes venu apprendre à communiquer avec les autres, et à rester proche de vos frères et sœurs, qu'ils soient de sang ou non.

MAISON IV

La quatrième maison est celle du Cancer. C'est la maison de la famille, des traditions, des ancêtres et de la lignée. Les personnes qui en relèvent sont des soignants par excellence. Même les natifs du Bélier vont rendre visite à leurs grands-parents chaque semaine, prendre soin de leur mère, rester chez eux quand les enfants sont malades… et ils adorent ça ! Très attachés à leur univers domestique, les « maison IV » préfèrent qu'on vienne chez eux plutôt que d'aller chez les autres. Ils prennent soin de vous, vous proposent des médicaments, vous prodiguent des conseils sur votre alimentation, et ils vous cuisinent un petit plat à emporter quand vous repartez. Plutôt introvertis, ils conservent des objets qui les rendent nostalgiques et leur rappellent des moments en famille. Ce sont les archivistes de l'histoire familiale, souvent férus de généalogie ; on compte également dans leurs rangs des historiens et des psychologues.

Un ami, Capricorne en maison IV, est un célèbre thérapeute diplômé. Dans ses ateliers de développement personnel, il pose cette question : « Ce problème vient-il de cette vie, ou d'une vie antérieure ? » Il explore en effet les motivations inconscientes (qu'il baptise parfois karma) héritées de la famille. Il pense que parvenir à briser un schéma négatif hérité permet de ne pas souffrir du même problème dans une vie prochaine.

En quatrième maison, la famille est très importante. Les Gémeaux aiment la compagnie des autres, mais les Gémeaux de la maison IV préfèrent les gens qui portent le même nom qu'eux. Un Capricorne en quatrième maison bâtira, par exemple, des habitations. Si un Sagittaire s'y trouve, il aimera sans doute *l'idée* de voyager – il lira des guides, se renseignera sur les valises dernier cri –, mais, dans la réalité, ne bougera de chez lui que dans les cas où il peut emmener toute sa famille. Avec la Balance en quatrième maison, on peut devenir avocat spécialisé dans les divorces ou le droit des familles, ou bien un médiateur réputé.

Cette maison serait décorée de vieilles photos de famille, de livres de cuisine ; il y aurait toujours une boîte de Kleenex près des coussins et des plaids, sur les meubles de famille ; on y trouverait un classeur de recherches généalogiques, des livres sur la psychologie des archétypes, la mythologie et l'astrologie.

Il y aurait toujours un plat délicieux qui mijoterait en cuisine et le repas à peine terminé, on penserait au suivant.

Vous avez trois planètes ou plus en quatrième maison IV ? Je sais que vous êtes sur Terre pour étudier la psychologie de la nature humaine, et pour faire la paix avec votre dynamique familiale.

MAISON V

La cinquième maison appartient au Lion. C'est celle de la romance, de l'art, du drame, des jeux et des enfants. Les personnes qui en relèvent sont exubérantes, voire exaltées. Toujours à fond, très intenses et pleines d'énergie, elles adorent l'attention et sont incapables de se poser. Quel que soit votre signe, s'il se trouve en cinquième maison, vous aurez une attitude un peu plus dramatique, extravertie et passionnée dans tous les domaines.

Mon frère est doublement Scorpion (signe solaire et signe lunaire), avec ces deux planètes en cinquième maison. Dès qu'il croise une nouvelle personne, il déballe sa vie – comment il a été accro à l'héroïne, et comment son père a fait de la prison. Un Scorpion normal devrait garder cela secret ! Mais le fait que ses signes se trouvent en maison V l'emporte sur sa tendance à la dissimulation. Il veut partager son histoire avec tout le monde. Quels Scorpion iraient raconter les affaires de famille ? Ceux qui ont besoin d'attention et aiment divertir les autres.

En cinquième maison, même un Taureau vous parlera de sa grand-mère qu'il adorait – enjolivant au passage l'histoire réelle pour la rendre plus dramatique et vivante. Un Cancer parlera fort, il sera à la fois très drôle et un peu crâneur. Le

Gémeaux, lui, sera doué pour l'écriture ou le théâtre – il a besoin de beaucoup d'attention et trouve facilement des idées. C'est toujours la fête en maison V !

Dans cette maison hypothétique, on trouverait de quoi faire un karaoké et des enfants qui courent partout. Un placard renfermerait des costumes multicolores et des chapeaux. L'atmosphère serait bruyante, théâtrale ; tout le monde aurait quelque chose à fêter, on y tomberait amoureux en permanence. Dans la cinquième maison, on ne s'ennuie jamais !

Les gens qui ont trois planètes ou plus dans la cinquième maison sont là pour profiter pleinement de la joie et du mystère d'être en vie dans ce corps, sur cette terre.

MAISON VI

La sixième maison est dirigée par la Vierge. C'est la maison de la santé, du soin, des détails et des chiffres. Les personnes de la maison VI aiment organiser et tenir les choses en ordre. J'adore faire appel à elles comme employés ! Elles ont la capacité de créer des systèmes et de les mettre en place. Ma comptable du moment, par exemple, est Taureau en sixième maison. C'est une reine du tableau Excel et de l'organisation, qui me soulage de tout mon travail administratif… parce que c'est une vraie passion pour elle !

Dans cette maison, il s'agit de mettre de l'ordre dans le chaos. Vous y avez plusieurs planètes ? Vous êtes sans doute très concerné par la santé et le bien-être. Les « maison VI » aiment les régimes et les jeûnes, et se montrent parfois un peu hypocondriaques. Du jour au lendemain, elles décident de ne plus consommer que des algues et du riz brun, ou bien des boissons non lactées. Elles sont fans de technologies anti-âge et de ce qu'on appelle biohacking. On en trouve un grand nombre chez les administrateurs et les comptables.

C'est la maison des herbes et des plantes médicinales. Je connais un Sagittaire sixième maison qui a exploré le monde à la recherche de plantes exotiques, dont il fait des huiles essentielles qu'il vend sur Internet. Un Capricorne en maison VI peut gagner sa vie (très bien !) dans le domaine de la santé. Le Gémeaux sera plutôt coach de vie, ou donnera des conférences sur les remèdes naturels. Bélier de la sixième maison, vous explorez de nouvelles voies de guérison et de soin. Terence McKenna – auteur et ethnobotaniste qui a découvert entre autres les pouvoirs curatifs de la psilocybine – avait son Scorpion dans la maison VI.

La sixième maison serait remplie d'appareils de mesure pour la santé ; dans les placards, on trouverait des vitamines et des remèdes à base de plantes, des crayons bien taillés et des feuilles à carreaux. Il y aurait pléthore d'étagères et de boîtes pour tout ranger et organiser, des listes et des programmes… et des plantes partout.

Si vous avez trois planètes ou plus en sixième maison, vous êtes ici pour apprendre à prendre soin de votre santé et de celle des autres.

MAISON VII

La Balance règne sur la septième maison. C'est celle de l'harmonie, de la concorde, de la relation. Les personnes qui en relèvent tombent amoureuses à tout bout de champ, que ce soit de leurs collègues, de leurs amis ou de leur prochain compagnon de vie. Pour eux, on n'avance qu'en tandem.

Les « maison VII » racontent des histoires. Ils exagèrent. Quand ma copine, dont le signe zodiacal est en septième maison, narre une anecdote qui nous est arrivée à toutes les deux, je me demande toujours si nous avons vécu la même chose, tant sa version diffère de ce qu'il me semble avoir vécu. Les personnes en septième maison enjolivent et idéalisent toujours.

La beauté de leur environnement compte beaucoup pour elles, leur conférant un sens esthétique indiscutable qui fait souvent d'elles des stylistes ou des designers. Un Verseau en maison VII est capable de marier des choses qui semblaient tout à fait disparates au premier coup d'œil ; un Capricorne peut être un artiste qui gagne bien sa vie grâce à son activité – chez lui, on trouvera des meubles aussi coûteux que splendides.

Les personnes dont le signe est en septième maison ont un talent pour la communication, et peuvent travailler dans le domaine du droit, de la justice ou de la médiation. Capables d'écouter aussi bien que de parler, toujours à la recherche d'harmonie, ce sont de grands conseillers matrimoniaux. Ils constituent aussi de très bons collaborateurs, pour qui travailler en partenariat est primordial – puisque, quel que soit leur signe zodiacal, ils restent des Balance en puissance.

Dans la septième maison, on trouverait un marteau de juge, des livres de droit, des manuels de développement personnel qui parlent de relations, des romances et une belle collection de cœurs.

Si vous avez trois planètes ou plus en septième maison, je sais que vous êtes ici pour apprendre à avoir des relations saines.

MAISON VIII

La huitième maison est dirigée par le Scorpion. C'est celle du changement, de la transformation, de la naissance et de la mort, du sexe et de l'argent – une maison forte, intense et secrète, celle des sujets dont on ne veut pas parler (comme les impôts ou la maladie).

Avec un signe en huitième maison, vous pouvez développer une fascination pour les enquêtes criminelles ou les psychopathologies. L'argent vous tombe parfois du ciel – c'est la maison des héritages, des fortunes familiales et de la démesure financière. C'est aussi celle des thérapeutes : la maison VIII aime creuser dans les tréfonds de l'âme.

Il y règne une véritable force magnétique, presque un vortex ; elle traite de tout ce qui est tabou : le mal, la déviance, le paranormal, les secrets, la violence, l'addiction, les ténèbres. La huitième maison est un peu la quatrième dimension – effrayante juste comme on l'aime. On préfère ne pas dire qu'on y habite ; de fait, les personnes concernées se cachent souvent des choses à elles-mêmes. Je me souviens d'avoir vu le procès d'un *serial killer* qui refusait d'écouter les témoignages sur ses crimes, « trop dérangeants » selon lui. C'est du huitième maison pur jus.

Dans le salon de cette maison, on trouverait des thrillers psychologiques, des romans fantastiques, de gros livres de philosophie (tout Nietzsche, par exemple), un jeu de ouija, une collection d'armes anciennes, et peut-être quelques sex-toys au fond d'un tiroir. La huitième maison serait pleine de passages secrets, de bibliothèques qui tournent pour découvrir des pièces cachées. C'est une maison qui fait un peu peur… et qui donne aussi envie !

Si vous avez trois planètes ou plus en maison VIII, je sais que vous êtes ici pour ramener à la lumière des personnes bloquées dans les ténèbres.

MAISON IX

La neuvième maison est celle du Sagittaire. Elle concerne les objectifs de vie, la philosophie, la rationalité, la recherche de la vérité à travers la religion, la contemplation, le voyage, la quête du savoir. J'ai toujours l'impression que les gens qui y appartiennent ont un mégaphone avec eux, pour donner aux autres les dernières nouvelles de Jésus, de Mahomet ou de Bouddha. Grands voyageurs devant l'éternel, ils aiment sentir l'énergie circuler dans leur corps – le Kundalini est leur forme de yoga préférée.

C'est la maison de la publication – mon agent, par exemple, présente une maison IX très forte. Ces personnes aiment partager l'information, la propager dans plusieurs pays et plusieurs langues. Les « neuvième maison » vont souvent faire leurs études à l'étranger. Tout ce qui est multiculturel les attire, ces personnes apprennent facilement les langues étrangères.

Si votre Soleil est en neuvième maison, vous êtes un chercheur d'âmes ; vous aimez les voyages, et vous dites la vérité même quand vous feriez mieux de vous taire. Sous son influence, même le timide et taciturne Taureau peut se montrer direct, voire abrupt, quand il prend la parole.

Tous les signes de terre en maison IX apprécient le voyage, du moins sous sa forme concrète et terre à terre – ils aimeront le *woofing* et les séjours en coopération. Carlos Castaneda, sociologue qui s'est passionné avant tout le monde pour les pratiques chamaniques, était Capricorne en neuvième maison. Le goût des voyages associé à cette maison peut poser des problèmes au Cancer qui voudra rester chez lui, mais ressentira en même temps le désir compulsif de s'enfuir.

Les accessoires de la neuvième maison ? Un sac de voyage, un passeport, des ouvrages de philosophie et d'histoire des religions, un tapis de yoga, des films documentaires sur les civilisations lointaines, une appli de méditation.

Si vous avez trois planètes ou plus dans cette maison, je sais que vous êtes sur Terre pour chercher la vérité, quitte à la traquer à l'autre bout du monde.

MAISON X

Le Capricorne règne sur la dixième maison. C'est celle du statut social, de l'ambition, du succès et de la reconnaissance. Les personnes qui en relèvent se consacrent à leur carrière et atteignent des objectifs élevés. « Que dois-je accomplir ici-bas ? » C'est la question qui résonne dans la dixième maison.

Les « maison X » sont des meneurs nés. Beaucoup de présidents et de P-DG ont leur signe en dixième maison. Ces personnalités ont besoin de réussir, de devenir célèbres ; dès le plus jeune âge, elles montrent des qualités exceptionnelles, et cherchent à toujours donner le meilleur. Cela peut expliquer qu'elles se brûlent parfois les ailes avant de faire un retour remarqué. Donald Trump, pour ne citer que lui, après sa carrière à la télévision, a disparu un temps des écrans… pour faire le retour que l'on sait.

Les personnes de cette maison sont souvent conservatrices, accro au travail, et aiment connaître les règles du jeu. Il n'est pas rare qu'elles aient une enfance difficile, qu'elles parviennent à surmonter pour atteindre le succès. Même le malicieux Gémeaux, dans cette maison, se montrera ambitieux et exigeant.

Dans cette maison, on trouverait des costumes tout droit sortis du pressing, un attaché-case de prix, un ordinateur dernier cri, des *pass* VIP, les clés d'une Porsche et un business plan détaillé. Les personnes en maison X veulent ce qu'il y a de meilleur et ne tolèrent pas la médiocrité.

Si vous avez trois planètes ou plus en dixième maison, je peux vous dire que vous êtes venu apprendre à travailler dur et à être récompensé.

MAISON XI

La onzième maison est celle du Verseau. Elle est marquée par le sens de la communauté, de l'amitié, le goût de l'activisme, l'humanité. Les personnes qui en relèvent ne peuvent pas suivre la foule ; elles tracent leur propre chemin. La maison XI s'intéresse aux techniques qui relient les hommes et distribuent l'information. Je ne doute pas que les pionniers des réseaux sociaux s'y trouvaient.

Si votre Soleil est en onzième maison, vous pouvez collectionner les amis excentriques. Vous accordez moins d'importance à l'argent et aux biens matériels qu'aux modes de vie d'avenir – communautés, permaculture, agriculture régénérative… Vous militez peut-être pour l'écologie, vous êtes vegan ; ou bien, scientifique, vous œuvrez pour un avenir plus sain.

Les personnes de la maison XI se préoccupent avant tout du bien commun, du collectif. Leurs aspirations humanitaires les poussent à aider les autres. Je connais une femme Cancer en onzième maison qui a adopté des enfants polyhandicapés. Mon fils, lui, a son Bélier en maison XI. Il y a quelques années, par un hiver très froid, il est parti acheter des chaussettes en laine qu'il a distribuées à des SDF de notre quartier. Sous cette influence, une Balance deviendra un de ces scientifiques dont les découvertes font avancer et rassemblent l'humanité.

Dans la onzième maison, on trouverait de la technologie de pointe, un emploi du temps rempli de réunions d'associations, des tracts, des vêtements colorés ; il y aurait des plats végétariens au frigo, et peut-être une carte portant la date d'un rendez-vous chez le tatoueur.

Si vous avez trois planètes ou davantage en maison XI, vous êtes ici, je le sais, pour penser autrement, pour changer le monde par votre engagement pour l'humanité.

MAISON XII

C'est la maison des Poissons, celle du mysticisme, de l'inconscient, de la créativité, des émotions, de tout ce qui se trame sous la surface. Difficile de comprendre les « douzième maison ». Si votre signe zodiacal s'y trouve, ça explique pourquoi il ne correspond pas vraiment à votre caractère. Toujours un peu mal à l'aise ici-bas, vous pouvez avoir des affinités avec d'autres mondes – vous parlez aux morts ou aux anges, vous percevez des vibrations que les autres ignorent. C'est la maison des réalités alternatives, où le temps ne compte pas.

Un de mes meilleurs élèves astrologues est Sagittaire en maison XII. Là où les Sagittaire classiques adorent voyager, la douzième maison peut les pousser à ne pas sortir de chez eux, pour peu qu'ils aient un abonnement Netflix et un stock de livres traitant de spiritualité. Gare à celui qui viendrait les chercher pour faire quelque chose ! Les « douzième maison » peuvent présenter des tendances à la dépendance, car l'alcool ou les drogues leur permettent d'échapper au bien nommé « monde réel ».

Je connais un Capricorne dont le Soleil est en douzième maison. Entrepreneur en bâtiment accompli, il est capable, à ses dires, de sentir l'histoire et l'aura des gens qu'il rencontre. Un jour, il a ainsi annoncé à un de ses clients que son grand-père se trouvait avec eux dans une maison. Les signes d'eau sont tout à leur aise en douzième maison, tandis que les autres éléments y sont désorientés et déconcertés. Le volubile Gémeaux aura envie de se taire ; la Vierge, toujours responsable, ressentira la pulsion troublante de tout planter et de s'enfuir. Le Lion, qui aime tant l'attention, fuira soudain les feux de la rampe.

Une de mes clientes est doublement Vierge, avec son Soleil en douzième maison ; elle ne se trouve rien de commun avec les Vierge typiques, car cette maison efface l'influence de son signe solaire. Elle a longtemps eu l'impression de vivre dans un rêve dont elle ne parvenait pas à sortir. La douzième maison insuffle cette créativité distraite, rêveuse. C'est la maison de toutes les musiques, y compris celle des sphères. Les plus grands photographes et réalisateurs en relèvent souvent, comme toutes les personnes que les couleurs, la musique et la beauté inspirent et émeuvent. C'est une maison idéale pour un astrologue, parce qu'elle n'exige aucune preuve pour accepter, croire et même ressentir les vérités mystiques. Les personnes de la douzième maison ont de l'empathie pour les autres – parfois au point de percevoir ce qu'ils ressentent.

Les accessoires de cette douzième maison seraient de l'encens, un jeu de tarot, des livres de magie, un manuel d'interprétation des rêves, des étoiles au plafond, de la poésie, des films d'amour, du bon vin, et sans doute la collection complète des *Harry Potter*.

Si vous avez trois planètes ou plus en maison XII, je sais que vous êtes ici pour explorer et découvrir ce qui se trouve au-delà des limites de ce bas monde.

FAIRE LE POINT

Pour comprendre l'ensemble de ces influences, souvenez-vous :

- ★ **Les planètes vous disent *quoi*.** Quelle est cette énergie ? Est-ce l'énergie vitale de votre Soleil, l'énergie émotionnelle de votre Lune, l'énergie intellectuelle de votre Mercure, ou la tendance à l'austérité de votre Saturne ?
- ★ **Le signe vous dit *comment*.** Comment cette énergie va-t-elle se manifester ? Votre énergie solaire apparaîtra-t-elle dans votre caractère aérien de Gémeaux ? Cette énergie de Lune fera-t-elle de vous un Bélier impétueux ?
- ★ **La maison vous dit *où*.** C'est presque une maison au sens strict, une adresse où vous trouver. Dans quel domaine va se manifester cette énergie ? Êtes-vous dans le secteur de la communication, des rêves, du travail, de l'amour ?

Il n'est pas simple d'interpréter l'ensemble de ces influences (c'est tout le travail des astrologues professionnels !), mais l'étude de votre thème astral vous permet de saisir en partie les subtiles influences qui tissent la personnalité complexe que vous êtes.

LES STELLIUMS

En astrologie, lorsque trois planètes ou plus se trouvent soit dans le même signe, soit dans la même maison, on parle de « stellium » ; il constitue pour vous un thème qui vous définit particulièrement. Si vous avez trois planètes en Capricorne, votre énergie de Capricorne sera particulièrement puissante – peut-être figurerez-vous parmi les cinq cents P-DG les plus influents du monde ! Trois planètes ou plus dans la première maison vous donnent une énergie de Bélier, puisqu'il régit cette maison. Serez-vous athlète de haut niveau, leader ? Bon à savoir : on peut avoir des stelliums dans une ou plusieurs maisons et dans un ou plusieurs signes. Votre vie peut présenter plusieurs thèmes, en harmonie ou en conflit entre eux.

7

L'astrologie ésotérique

SATURNE ET LE SIGNE ASCENDANT

« La valeur de l'astrologie, donc, n'est pas qu'elle peut prédire ce que les dieux réservent aux humains, mais de révéler les pouvoirs quasi divins qui sommeillent en chaque être humain. »

Glenn Perry, astrologue et psychothérapeute

CE CHAPITRE S'ÉLOIGNE UN PEU de l'astrologie traditionnelle pour examiner deux indicateurs qui relèvent davantage de son versant ésotérique : le signe ascendant et Saturne. C'est là où mon modèle astrologique diffère des autres. Voilà près de cinq décennies que j'exerce comme astrologue. Cette expérience m'a appris comment toucher mes clients au cœur, comment passer sous le vernis mondain pour révéler ce qui se trouve sous le masque de la *persona*. Je me concentre sur les gremlins, j'aide à canaliser l'observateur, et je propose à l'âme les remèdes qu'elle attend impatiemment depuis les coulisses.

La plupart des manuels d'astrologie se fondent sur l'exotérique – ce qui est public, profane, qui ne concerne que le monde extérieur.

Elle s'adresse à votre ego, lequel a pour tâche de vous aider à remplir les attentes sociales, à devenir un adulte, à rechercher la sécurité et la stabilité ; à trouver un partenaire de vie et à fonder une famille pour atteindre un certain succès. Le but premier de l'ego, c'est de vous pousser à accumuler des doses massives d'approbation sociale. Il cherche à cocher les cases, à répondre aux obligations de la personne que vous êtes censé être, tout en développant une estime de soi suffisamment puissante pour vous convaincre que vous êtes une bonne personne. « Tout va très bien. Mes objectifs, c'est d'avoir de l'argent, de briller, d'entretenir une relation à long terme et, si j'ai beaucoup de chance, d'obtenir une certaine réputation ou de la reconnaissance ». Voilà l'ego.

L'astrologie ésotérique se concentre sur tout à fait autre chose. L'astrologie ésotérique (terme proposé par Alice Bailey) s'occupe de la connexion à son propre monde intérieur. C'est une philosophie qui vous pousse à écouter la voix apaisante qui vous murmure à l'oreille – la voix de votre âme.

Dans l'astrologie populaire, l'ascendant décrit l'apparence, la façon dont les gens vous voient. En astrologie ésotérique, le corps représente votre âme. En d'autres termes, votre corps ne ment pas. Vous avez un instinct, des réactions épidermiques. Toute la différence est là. En astrologie ésotérique, l'ascendant vous permet d'accéder à votre âme. Comme son nom l'indique, il est en rapport avec une élévation – ce qui vous permet d'aller vers la voie haute, les régions supérieures de votre être. Dans mon système, l'ascendant représente l'objectif ultime.

J'insiste aussi sur l'influence de Saturne. En astrologie ésotérique, Saturne est le maître d'œuvre, celui qui se charge des enseignements que vous êtes venu chercher ici-bas. Il vous faudra de la discipline, ce dont il est le spécialiste. Le mot « discipline » et le mot « disciple » ont la même racine ; or, un disciple, c'est quelqu'un qui sert Dieu, car il l'aime de tout son être.

J'adore Saturne. Je n'ai pas de difficulté à rester disciplinée parce que je sais pour qui je travaille. C'est, du point de vue spirituel, ce qu'Alice Bailey appelle la hiérarchie, « le groupe de créatures spirituelles des dimensions intérieures, forces intelligentes de la nature qui contrôlent les processus d'évolution ». Mon âme et moi pratiquons un sport d'équipe, et Saturne est notre coach. C'est cette variable à elle seule qui a changé ma vie, m'a poussée à tomber amoureuse de mon destin et a libéré mon âme. Je ne vous souhaite rien d'autre, et c'est pourquoi ce chapitre est consacré à l'astrologie ésotérique.

En tant qu'astrologue et psychothérapeute, je cherche à vous diriger vers ce que votre carte du ciel vous réserve de plus élevé – et qui est décrit par votre ascendant et la position de votre Saturne ainsi que son élément. C'est pour cela que je parle souvent de « voie haute » et de « voie basse », de bon et de mauvais versant. Personnellement, je vise toujours la voie haute. Bien entendu, j'utilise la carte du ciel dans toute sa complexité, mais ces deux ingrédients sont des guides primordiaux pour accéder directement à notre âme.

Toute ma pratique se fonde sur ces questions : quel est l'objectif pour lequel a signé cette âme-là ? Qu'est-ce qui vous hante ? Qu'est-ce que la vie cherche à vous apprendre ? L'astrologie vous aide à brancher l'observateur. L'astrologue vous regarde à distance, avec neutralité et objectivité. C'est pour cela que la science des étoiles réduit les réactions émotionnelles et la négativité, apaise les gremlins pour vous permettre d'entendre la voix de votre âme.

Mon moment préféré, dans la lecture d'un thème astral – et il se produit souvent –, c'est quand mes clients se sentent véritablement regardés. Il n'est pas rare qu'ils se mettent à pleurer. Je deviens la voix de leur moi supérieur (ou observateur), qui les contemple avec amour. Toutefois, il me faut parfois aussi les rappeler à l'ordre. « Faites taire cette impulsion égotiste, vous n'êtes pas censé voyager en permanence pour vous cacher de vous-même. Posez-vous, trouvez un ancrage ! » Ou bien, il m'arrive de dire le contraire : « Quittez ce travail tout de suite ! La sécurité n'est pas la promesse que vous avez faite à votre âme. Vous êtes censé agir en esprit libre, en bougeant sans cesse. »

Comment sais-je cela ? Selon la position de Saturne et/ou de l'ascendant. Ce sont les deux clés qui permettent d'entendre les réponses du moi supérieur. Le signe ascendant se fait l'écho de la voix de votre âme, celle qui vous guide. Toute l'astrologie décrit l'ego, c'est sa fonction. Ne vous y trompez pas : l'astrologie ésotérique est le chemin d'accès à votre âme.

L'ASTROLOGIE ÉSOTÉRIQUE, QU'EST-CE QUE C'EST ?

Alice Bailey a écrit une véritable somme intitulée *Astrologie ésotérique*, et une autre baptisée *Psychologie ésotérique*. Ses vingt-quatre ouvrages nous préparent à un âge d'or, qu'elle appelle ère du Verseau. C'est elle qui a inventé le terme new age. Chaque ère, selon elle, dure environ deux mille cent ans. Nous sommes passés très récemment de l'ère des Poissons à celle du Verseau. Difficile de dire quand celle-ci a commencé exactement. J'estime que ça a pu se situer au tournant des années 1960, quand les valeurs du monde ont été radicalement bouleversées.

Dès les années 1920, néanmoins, Alice Bailey nous annonçait l'imminence de ce changement – un véritable seuil à l'échelle planétaire, qui marquerait le début d'une nouvelle version de l'humanité. Ses livres se faisaient l'écho de cet avertissement, et nous préparaient à identifier notre rôle personnel grâce à l'astrologie et aux lois ésotériques.

Selon elle, l'ère du Verseau débuterait quand la science rencontrerait la métaphysique. C'est ce qui montrerait l'entrée dans le nouvel âge... et qui se produit actuellement. Nous y sommes. La science actuelle prouve énormément de choses qui nous semblaient mystiques ou surnaturelles, qu'il s'agisse de physique quantique, de théorie des cordes ou de l'existence d'autres planètes. On nous dit, et je ne crois pas qu'il s'agisse de coïncidences, que des êtres extraterrestres communiquent avec nous depuis des années. (En tant qu'astrologue, ça ne me choque guère, puisque je parle de planètes à longueur de journée.) Ses prédictions sont en train de se réaliser.

En tant que médium, Alice Bailey a déclaré que le but de l'ère du Verseau était de détruire la matrice de la société actuelle, bien trop préoccupée par l'ego et la cupidité, pour la remplacer par un modèle nouveau fondé sur les valeurs spirituelles. Sommes-nous prêts à abandonner notre bûcher des vanités ?

Au cours de l'ère des Poissons, Bouddha, Jésus et Mahomet sont apparus, avec pour mission d'enseigner l'amour et l'ouverture du cœur. Mais il semble que cette ambition ait échoué. Il suffit de regarder autour de nous pour comprendre que notre réalité ne se fonde pas sur le détachement et l'amour. On dirait même que l'humanité ne fonctionne que sur la crainte et l'avidité.

Les gremlins se nourrissent de peur, c'est leur plat préféré. Notre ego nous répète que nous devrions accomplir quelque chose, nous montrer productifs, réussir financièrement, être reconnus. Bref, l'âge des Poissons n'a pas super bien marché. Tant pis. Voyons si l'ère du Verseau fonctionne mieux.

Alice Bailey dit que, dans ce nouvel âge, les valeurs clés seront l'entraide et l'amour, sans le besoin de reconnaissance, la cupidité ou le goût des apparences. Dans son monde, l'amour est au centre de tout. Les réussites ésotériques ne se mesurent pas sur le plan extérieur, mais à l'aune de notre monde intérieur. Selon elle, une personne qui souffre se met au service de l'humanité en prenant pour elle la douleur collective. La souffrance n'est pas un signe d'échec – comme le prouvent les trajectoires de Nelson Mandela, de Mère Teresa, de Martin Luther King ou du Dalaï-Lama. Ils assument notre karma collectif sans ciller.

Ces êtres spirituels ont notre reconnaissance, car ils donnent librement, se mettent au service des autres en oubliant leur ego et leurs besoins. C'est peut-être également votre cas, même si vous ne vous en rendez pas compte. Si vous avez mal à votre vie, si vous êtes à plat, si vous croyez avoir tout raté, réfléchissez un instant. Dans la perspective de l'âme, tout cela est entièrement faux. Mesurer sa vie avec une règle extérieure, ou avec les critères de la société, n'est pas ce que propose l'ésotérisme. Trop souvent, les gens n'ont pas idée de l'ampleur de leur contribution ; il faut apprendre à se voir à travers l'œil de Dieu.

À mes débuts en tant qu'astrologue, je passais beaucoup de temps sur les cartes du ciel des autres, étudiant en détail ce qu'ils étaient venus apprendre dans cette vie. Nombre d'entre eux avaient une vie très difficile, souffrant d'abus, de privations, de troubles mentaux, d'addictions. Ces personnes sont les héros inconnus, ceux qui portent le poids de la condition humaine, sans le savoir.

Toby est Poissons. Il a été marié quatorze ans avant que son épouse meure d'une longue maladie, diagnostiquée peu après leur mariage. Il s'est occupé d'elle jusqu'à son dernier souffle. Quand tout a été fini, il est parti vivre en ermite dans une cabane en Colombie-Britannique. Il y est encore, en paix et souriant. Il tient la promesse de son ascendant Cancer et celle de son Soleil en Poissons. C'est un double signe d'eau, destiné à vivre pour les autres, et à l'aise avec une vie de calme et de solitude. Son existence est pleine d'âme – Alice Bailey approuverait !

Trop souvent, les solitaires et les timides sont accusés d'être inactifs ou inutiles. Pour l'âme, c'est à des années-lumière de la vérité. Ces personnes prennent la charge du karma collectif, pour le bénéfice de tous. Toby mène une existence spirituelle. C'est un être très évolué sous l'apparence d'un homme timide, qui n'a d'autre ambition que d'être lui-même, en toute sincérité. Il suit l'appel de son âme. C'est le but de chaque existence.

Il y a fort à parier que vous n'êtes pas conscient du karma que vous portez, lié à votre famille, à votre partenaire de vie, à vos amis proches, voire à votre animal de compagnie. Il y a des dettes ignorées à payer, des leçons secrètes à apprendre, et votre âme y est préparée. Vos crises et vos combats sont autre chose que des obstacles à surmonter : ce sont des domaines où appliquer des principes spirituels. Aux yeux de votre âme, vous êtes un héros, au même titre que les plus grands. Nous sommes tous ensemble, unis et semblables. Cela semble peut-être emphatique, mais c'est vrai.

Votre âme vous a enrôlé au service du collectif avec, selon votre thème astral, des particularités que, peut-être, vous n'aimez pas ou comprenez mal. La crise que vous vivez, le trauma avec lequel vous avez grandi et même la relation toxique que vous entretenez existent pour vous apprendre comment réparer un cœur ravagé. C'est ainsi que nous contribuons tous à l'évolution de l'espèce. L'âme ne se lasse jamais des déchirures. Pour elle, un cœur qui se brise, c'est un cœur qui s'ouvre, et c'est là le but : ceux qui l'emportent sont ceux qui parviennent à conserver l'amour le plus longtemps. C'est pour cela que j'ai traité l'âme d'aventurière – elle accepte toutes les douleurs, sans la moindre résistance.

Il nous faut apprendre à recadrer notre ego en fonction de la mission de notre âme, pour que celle-ci nous apporte enfin paix, calme et soulagement. Toutes les choses, alors, seront en ordre.

On ne peut être astrologue sans déclarer, avec Einstein, que Dieu ne joue pas aux dés. L'astrologie est aussi fiable que le lever du soleil chaque matin, que les mouvements parfaitement prévisibles de la lune dans le ciel. Je crois sincèrement (et je l'ai lu dans de nombreux livres) que notre thème astral explique pourquoi nous sommes là et ce que nous devons y apprendre. Plus précisément, l'étude de votre Saturne et la connaissance de la voie haute de votre ascendant vous offrent cette sagesse.

SATURNE : L'EXÉCUTEUR (OU LE FLIC, LE CONTREMAÎTRE, LE DIRECTEUR)

Tous ceux qui me connaissent savent combien je fais preuve de discipline. J'ai longtemps ignoré ce qui me poussait à faire les choses sérieusement, moi, la toujours primesautière Gémeaux. Mais, en étudiant, j'ai découvert l'influence de Saturne dans mon thème astral. Cela explique pourquoi je déteste être en retard, pourquoi je ne peux absolument pas ignorer un SMS et que je dois absolument y répondre dans la demi-heure, pourquoi je choisis mes mots avec soin, et pourquoi je tiens mes promesses, quoi qu'il m'en coûte – même, et surtout, quand je n'en ai pas envie. J'ai appris à aimer Saturne. Mon succès, je crois que je le dois avant tout à ce vieil homme.

Saturne dirige les règles. En fait, c'est lui qui les écrit ! Je n'ai pas compris que c'était la clé même du succès avant de connaître mon deuxième retour de Saturne (voir p. 95). À cette époque, j'ai ouvert mon académie d'astrologie, devenant du même coup une véritable entrepreneuse. J'ai suivi des études de gestion, appliquant des valeurs saturniennes à ma façon de gérer mon entreprise. J'ai appris à lire des feuilles de tableurs, à calculer pertes et marges de profit. Chaque jour, mon assistante m'envoie un planning que je dois suivre. Bienvenue sous l'influence de Saturne !

Quand j'enseigne celle-ci, je constate que les gens n'aiment pas toujours apprendre ce qu'ils sont venus faire ici. Souvent, on me dit que cette leçon-là n'est pas agréable. J'aimerais que ce ne soit pas vrai. Mais il y a un vrai mérite spirituel à accepter des leçons rébarbatives. C'est exactement ce qui contribue à l'évolution de l'humanité, et tout un chacun a une tâche qui lui est assignée. Vous pensez que ce serait facile ? C'est un de nos défauts de base. Comme l'écrit M. Scott Peck dans l'incipit de *Le Chemin le moins fréquenté* : « La vie est dure. »

Mise en garde : les gremlins pleurnicheurs qui vous serinent que vous n'arrivez à rien sont toujours proches de Saturne ;

car qui aimerait apprendre des leçons à la dure, *via* la maladie mentale, les peines de cœur, la faillite, la trahison, l'addiction ou pire ? Saturne semble cruel. Me croiriez-vous si je vous dis que c'est pour votre bien ? Tout ce qu'il demande, c'est que vous acceptiez votre destin, jouiez le jeu de la vie selon les règles, avec considération, bienveillance et amour. Quand vous doutez, faites ce qui est juste – voilà comment Saturne peut devenir un ami. Désolée. C'est dur, mais c'est comme ça.

Alors, quelles sont les règles ?

Pour commencer, il s'agit d'être ponctuel. On se lève tôt, on fait du sport. On se discipline. On paie ses dettes et ses impôts. On garde ses reçus. On nettoie sa voiture. On a une alimentation saine, on mange des produits non transformés. Soyez simple, partagez, pardonnez, buvez de l'eau fraîche. Faites, en réalité, tout ce qui demande des efforts (sauf pour vous, Capricorne, ou si Saturne a un aspect positif dans votre thème astral). Les règles de Saturne, c'est qu'une fois que vous vous serez acquitté de vos obligations, une fois que la régularité vous aura permis de vous améliorer (car Saturne n'aime que la régularité), vous serez récompensé. Travaillez dur, que vous en ayez envie ou non – en particulier quand vous n'en avez pas envie. C'est la clé.

En lisant le paragraphe qui précède, vous sentirez peut-être une résistance – 95 % des gens avec qui je travaille me disent « Je n'ai aucune discipline » (ce qui, d'ailleurs, est faux : se lever le matin, se brosser les dents et se lancer dans notre réalité complexe est en soi une preuve de discipline). Personne ne le dit, mais on a de bonnes raisons de se sentir déprimés, épuisés, inquiets. Saturne régit les os, les dents, les gouvernements, les bâtiments – tous les secteurs substantiels, pesants, de l'existence. Notre planète entière est sous la coupe de Saturne, qui pèse sur nous et nous demande en permanence de travailler.

Voilà la dure réalité, les lois immuables qu'impose Saturne par son inflexible surveillance. Pas besoin de les consigner. Chacun sait en quoi elles consistent : manger sainement, faire du sport, éviter les relations toxiques... Rappelez-vous : au début de mes études, je me demandais « Pourquoi ne faisons-nous pas ce qui est bon pour nous ? » La réponse : parce que nous n'avons pas une bonne relation avec Saturne.

Un exemple très clair : Sting a Saturne en Soleil (souvenez-vous, nous avons dit que la planète qui se trouve près du Soleil est plus forte que le signe solaire). Je ne connais personne de plus discipliné que lui. Bassiste, il répète avec une grande régularité, pendant de longues heures. Avant chacun de ses concerts, il pratique des exercices d'échauffement de voix, sans jamais déroger – ce qui lui permet de chanter avec autant d'éclat qu'il y a quatre décennies. C'est l'incarnation même d'une âme ancienne qui, en se conformant aux exigences de Saturne, a atteint un succès à la fois intérieur et extérieur, grâce à l'assiduité et à la méditation, en suivant son appel intime.

Peu importe si vous ne remplissez pas votre promesse dans cette vie-ci – vous le ferez la prochaine fois. Telle est l'astrologie du karma. Notre relation avec Saturne nous suit d'une vie à l'autre.

Saturne peut exaspérer certaines personnes. Si vous avez l'impression d'être toujours en défaut, de ne pas en faire assez, ce n'est pas vrai. C'est juste son côté extrémiste – l'influence de Saturne ne connaît pas la modération. Obéir à Saturne est tout aussi inconfortable que lui désobéir (les conséquences en moins). Trouvez rapidement votre signe saturnien en consultant la liste des années de naissance en p. 379.

L'élément de votre Saturne donne des indications sur ce que vous êtes venu apprendre dans cette vie.

Si Saturne est dans un signe d'eau (Cancer, Scorpion, Poissons), vous êtes ici pour apprendre à accepter vos sentiments, à poser des limites, à être vulnérable. Après les tempêtes et les ruptures, Saturne vous pousse à vous relever et à essayer encore, pour éviter que votre royaume intérieur ne se transforme en glace. Saturne exige que vous retrouviez la foi en l'amour, quoi qu'il vous soit arrivé.

Quand Saturne est dans l'air (Gémeaux, Balance, Verseau), votre leçon de vie tourne autour des relations et de la communication. Les rapports humains peuvent vous sembler compliqués, vous pouvez résister au fait d'entrer en relation, vous en avez trop ou trop peu, elles s'avèrent dysfonctionnelles, si bien que votre esprit juge constamment les personnes avec qui vous vous trouvez ou trouve des raisons intellectuelles pour vous pousser à partir. À votre meilleur, vous êtes une personne faite pour construire des relations solides, des amitiés, des liens de communauté et des rapports à l'autre.

Quand Saturne est en terre (Taureau, Vierge, Capricorne), l'argent, les ressources ou la sécurité peuvent constituer votre leçon de vie. Vous aviez de l'argent et vous l'avez perdu, ou vous n'avez connu que l'insécurité financière et vous avez l'impression d'être en échec permanent. Relevez la tête : notre âme n'a que faire de l'argent, qui ne détermine pas notre réussite. La vraie question est : respectez-vous le royaume matériel ? Prenez-vous soin de l'argent ? De votre corps ? Êtes-vous prêt à accepter sans broncher ce que la société considère comme un emploi subalterne, et ce, pour offrir la sécurité à votre famille et à vos proches ? Êtes-vous prêt à rencontrer le succès, à reconnaître vos capacités ?

Si Saturne est en feu (Bélier, Lion, Sagittaire), vous êtes ici pour être vu. Vous présentez un tempérament soit retenu, soit incontrôlable. Vous avez peut-être connu jadis la honte sur les planches (littéralement ou métaphoriquement), et vous avez désormais peur de vous brûler aux feux de la rampe. Votre leçon de vie est : levez-vous et faites-vous remarquer. Osez. Dites ce qu'on ne dit pas. Si vous avez renoncé à vos passions parce que vous n'avez pas obtenu les lauriers attendus, ne baissez pas les bras. Faites ce que vous aimez, non pas en guettant l'approbation extérieure, mais parce que vous aimez cela.

Les gens avec qui je travaille parlent souvent de mon éthique de travail, qu'ils jugent très intense. Je leur réponds que je suis sur Terre pour préparer l'ère du Verseau. Je respecte Saturne. J'aimerais vraiment dire à Alice Bailey en personne que j'ai entendu tout ce qu'elle a dit.

SATURNE RÉTROGRADE

Dans la poche de son vieux gilet, Saturne a une montre à gousset. Tous les sept ans exactement, il fait son retour pour vous demander de changer quelque chose dans votre vie. Si vous êtes d'accord, le changement sera facile. Si vous résistez… gare aux conséquences ! Voilà le cœur de ce phénomène astrologique qu'on appelle Saturne rétrograde.

La première fois que Saturne s'est trouvé à 90 degrés par rapport à sa position le jour de votre naissance, vous aviez sept ans. Ce fut votre premier pas vers l'individualisation. Vous êtes entré à « l'école des grands », vous avez appris à lire et écrire, vous avez commencé à vous conformer aux attentes extérieures.

Tous les sept ans, Saturne imprime sa marque. Il revient pour nos quatorze ans. L'année de votre quatorzième anniversaire a-t-elle été compliquée ? Bien sûr ! Personne n'échappe au tourbillon de l'adolescence.

Saturne frappe encore entre vingt et vingt-deux ans (un astrologue pourra déterminer avec exactitude quand les transits de Saturne vous affectent). C'est le moment où la plupart des gens se confrontent au monde, soit pour achever leurs études, soit pour se lancer dans la vie active. C'est souvent aussi le moment où le destin frappe à notre porte pour la première fois. Alice Bailey le dit : si vous êtes destiné à un cheminement spirituel, le premier appel se fera sentir vers vingt et un ans. De nombreuses personnalités ont été découvertes à cet âge – celui d'India.Arie quand elle a débuté sur scène, celui de Barbra Streisand sans *Funny Girl*, qui a lancé sa carrière. J'ai un peu honte d'ajouter mon propre nom après celui de ces deux géantes, mais il n'en reste pas moins que j'avais moi-même vingt ans quand j'ai découvert l'œuvre d'Alice Bailey et entamé ma pratique spirituelle.

La destinée entre en marche au premier retour officiel de Saturne, c'est-à-dire lorsqu'il se retrouve exactement à l'endroit où il était le jour de votre naissance. Cela se produit entre vos vingt-huit et vos trente ans, pendant une période d'environ deux ans et demi. Avec Saturne rétrograde, le changement est imminent. Vous sentez son influence – c'est souvent le temps des mariages, des divorces, des naissances, de la perte d'un être cher, ou plusieurs de ces événements à la fois.

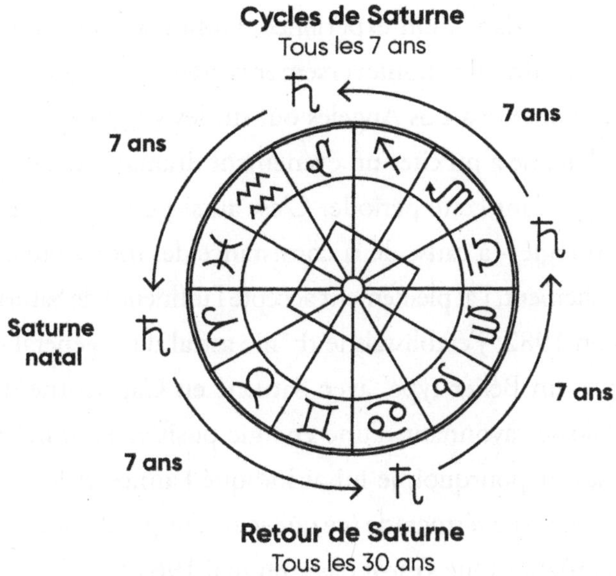

En voici une illustration. Un jeune homme se marie vers vingt ans à son amour de jeunesse. Il n'était pas follement amoureux, mais il l'affectionnait, et elle l'aimait en retour. Leur union était forte et douce, leur vie se déroulait comme ils l'attendaient; pourtant, il avait l'impression que tout était un peu trop facile. Sept ans se déroulèrent ainsi – tout allait bien, mais il se sentait sans repos et sans défis. Malgré tous ses efforts, il se dit qu'il ne pourrait pas rester éternellement dans ce mariage… jusqu'au retour de son Saturne. Au moment précis où celui-ci revint, il demanda le divorce. Il voyagea, étudia et, fidèle à son ascendant Gémeaux, il parvint à commencer une nouvelle vie.

Chaque fois que je demande à un de mes clients : « Que s'est-il passé dans votre vie entre vos vingt-huit et vos trente ans ? », ils ont une histoire extraordinaire à me raconter – et je passe pour une vraie magicienne. C'est un petit tour qui épate la galerie à peu de frais, car, dans mon expérience, l'influence de Saturne rétrograde entraîne des bouleversements dans 99 % des cas. J'ai fait un séminaire à Los Angeles où, sur les vingt personnes présentes, chacune a pu citer un événement dramatique qui lui était arrivé pendant cette période. C'est aussi pour cela que je crois à l'astrologie – à cause de la consistance des indicateurs.

Personnellement, j'ai pleinement accepté l'influence de Saturne rétrograde en 1982. J'établissais le thème astral d'un général de l'US Army – un Bélier type, avec Saturne en Capricorne, un véritable colosse rayonnant d'une énergie positive et affirmée. Sans bien savoir pourquoi, je lui ai indiqué l'année et le mois exact de son Saturne rétrograde (ce que je ne fais pas d'habitude) en lui demandant « Que s'est-il passé en mai 1961 ? »

Il a eu l'air estomaqué.

« En mai 1961, je suis revenu du Vietnam, choqué par ce que j'y avais vécu. Dans l'avion qui me ramenait, j'ai entendu cette pensée dans ma tête : "Comment bombarder Washington ?" J'ai voulu déserter. Je n'en pouvais plus de tuer. Quand l'avion s'est posé, je suis directement allé trouver un psychiatre, et je lui ai dit : "J'ai besoin d'aide." »

Avant cet épisode, cet homme ne croyait pas en l'astrologie – il était là parce que son épouse avait insisté. Ce jour-là, il a découvert ce que je savais déjà : que l'astrologie, ça marche !

Dans mon école, j'apprends aux gens à faire des lectures astrologiques qui comptent vraiment ; et si nous avons des résultats impressionnants, c'est parce que nous commençons toujours par les cycles de Saturne. Vous imaginez-vous l'impact que peut avoir une séance qui annonce d'entrée de jeu la naissance d'une entreprise, celle d'un enfant, la date d'un divorce… Des événements qui se produisent tous les sept ans.

Il y a un second retour de Saturne entre cinquante-huit et soixante ans. J'avais cinquante-huit ans quand une cliente nommée Destinee (je n'invente rien !) m'a dit :

« Vous avez déjà pensé à ouvrir une école en ligne ?

— Une quoi ? »

Nous avons lancé cette école ensemble. Pendant les cinq années qui ont suivi, j'avais littéralement, tous les lundis matin, rendez-vous avec ma Destinee. Cette rencontre, à l'orée de mon deuxième retour de Saturne, a changé ma vie. Des milliers d'étudiantes et étudiants nous ont fait confiance. J'ai reçu énormément de gratitude et de remerciements, pour avoir aidé des gens à tomber amoureux de leur personnalité et de leur destin.

Les cycles de Saturne indiquent les moments propices à la prise de risque, aux changements de direction – qu'il s'agisse de lâcher prise et de se libérer ou, au contraire, de s'ancrer dans quelque chose. Le deuxième retour de Saturne offre l'opportunité de regarder sa propre mortalité avec sagesse – en d'autres termes, d'apprendre à ne plus considérer la vieillesse comme une mauvaise chose. C'est pour cela, me semble-t-il, qu'on enregistre tant de décès entre cinquante-cinq et soixante ans. Il y a une logique à cela : on arrive à la fin d'une ère, on a rempli son objectif, c'est terminé ! Ou pas…

Saturne peut être un dictateur arrogant qui exige l'humilité. Il adore nous mettre à genoux, il veut qu'on le supplie. Si son retour vous blesse, vous choque, chamboule votre vie, sachez seulement qu'il tente de vous libérer d'une histoire désormais éculée : une relation qui a fait son temps, un travail sans plus de perspective, les parties de vous qui restaient bloquées.

Saturne vous malmène. Vous voulez l'affronter, lutter contre son influence ? Bonne chance à vous. Tenter de l'éviter ne sert à rien. Pourtant, on résiste souvent nettement plus à son deuxième retour. J'ai vu ce qui se passe quand on ne réussit pas à se débarrasser de son addiction, quand on pousse la relation au-delà de ses limites naturelles, quand on ne paie pas ses dettes. Saturne a un tempérament de feu. On l'écoute, on gagne ; on lui résiste, on perd. Pas étonnant qu'on trouve, en Inde, autant de temples qui lui sont dédiés – il faut apaiser cette instance cosmique, c'est aussi simple que ça.

PEUT-ON SE PRÉPARER AU RETOUR DE SATURNE ?

C'est une question que tout le monde me pose : « Puis-je préparer d'une quelconque façon mon retour de Saturne ? » J'en suis désolée, mais, dans le cas du premier, c'est tout simplement impossible. Vous êtes dans votre vingtaine, vous traversez le désert, votre esprit passe d'une chose à l'autre. Ça va arriver, quoi que vous fassiez. Vous verrez.

Si, en revanche, vous voyez arriver votre deuxième retour de Saturne, vous pouvez vous préparer à des changements – réorienter votre carrière, mettre un terme à des relations anciennes, modifier vos habitudes, découvrir un nouvel état d'esprit et un nouvel état physique. Vous avez cinquante-cinq ans, et Saturne rétrograde s'annonce ? Commencez dès aujourd'hui à prendre soin de votre corps. Les gens me disent souvent que je fais très jeune pour mon âge ; je réponds que c'est, à cent pour cent, parce que j'honore Saturne en prenant soin de ma santé. Je me purge, je fais de l'exercice tous les jours, je mange sain. Il y a là une décision qui dépend entièrement de vous : comment voulez-vous vieillir ?

L'ASCENDANT : L'APPEL DE VOTRE ÂME

Un autre aspect fondamental de l'astrologie ésotérique est l'ascendant, qui caractérise le cheminement de votre âme. Ce n'est pas ainsi, je le sais, que le décrit l'astrologie moderne – pour elle, le signe ascendant se résume à l'aspect, à l'apparence qu'on donne à voir aux autres. Les astrologues anciens associaient souvent des caractéristiques physiques à l'ascendant : l'ascendant Lion donne de beaux cheveux, l'ascendant Cancer, une forte poitrine, le Scorpion, des yeux perçants. Jadis, les astrologues devinaient l'ascendant de quelqu'un à la forme de son corps.

Tout n'est pas faux là-dedans. Le corps ne ment pas. On connaît tous la sensation au creux de notre ventre, ce malaise quand on sent que quelqu'un nous ment. L'impression négative est concrète, physique ; le corps crie sa vérité.

La constellation qui se trouve à l'est de l'horizon au moment de notre naissance détermine notre signe ascendant, appelé ascendant tout court. Je dis souvent que, pour garder l'essentiel de l'astrologie, on pourrait se contenter de suivre la voie haute de son ascendant, quitte à jeter le reste du thème astral. Étudiez votre ascendant et consacrez votre vie à comprendre sa pleine signification. L'âme est le centre d'intérêt de l'astrologie ésotérique. Elle se concentre sur l'évolution, votre relation avec Dieu (quel que soit le sens que vous attribuez à ce terme) et votre aptitude à trouver la paix.

C'est un chemin sacré. L'âme vous attire vers des livres comme celui-ci, vers des cours de méditation, vers l'étude des textes métaphysiques. L'âme aime l'amour – croyez-le ou non, votre âme est amoureuse de vous.

Les animaux possèdent une âme et pas d'ego. Pensez à votre animal de compagnie préféré, qui remue la queue avec une joie ineffable quand il vous voit. Il n'a que peu de besoins – de la nourriture, des câlins et des jeux. L'âme n'en diffère guère. Elle est attachée à vous comme une mère à ses enfants, comme un amant à son adorée. Et maintenant, voyons voir… qu'avez-vous fait de l'impulsion de votre âme ? Elle doit être là, quelque part, mais où ? Il n'est pas rare de se sentir éloigné d'un amour aussi fort.

Dans un monde parfait, votre âme dirait à votre ego :

« Est-ce que je peux prendre le volant ?

— Non, répondrait celui-ci. D'abord, tu ne m'emmènes jamais dans les bons magasins !

— Les magasins ? répète l'âme. Je voulais aller au temple, pour méditer. »

Or, quand l'ego conduit sans écouter l'âme, il fonce droit vers la crise – l'accident spirituel. Vous allez vous heurter à votre dépendance, à votre soif inextinguible d'approbation. Ne vous inquiétez pas. L'âme est patiente, elle veille toujours sur vous, sans chercher à s'imposer.

Dans mon école, au début du troisième module, je commence toujours par présenter, dans une méditation, une prière qui s'adresse directement à l'âme. « Que ma vie soit consacrée à ton service. Prends la direction. Je ne désire rien davantage que remplir ma mission ici. Je suis entièrement avec toi. » N'hésitez pas à modifier et réutiliser cette prière à votre convenance. En début de méditation, je vous encourage à prendre l'habitude d'inviter votre âme, de l'appeler à prendre les rênes.

Mon âme et moi avons un contrat – un contrat à vie. Ça n'a pas toujours été le cas. J'étais très déçue quand j'ai découvert que mon ascendant était la Balance (la plupart des gens n'aiment pas leur signe ascendant). Quand j'avais vingt ans, je m'en souviens, mon âme de Balance était en proie à toutes sortes de dépendances – j'incarnais parfaitement la voie basse de ce signe. Je m'amourachais de la moindre personne en détresse, et pas de façon saine – j'étais toujours dans le besoin. Puis, j'ai compris que je n'avais pas besoin d'une relation pour me sentir normale.

Puisse ce livre vous guider et vous éviter les épreuves que j'ai traversées.

Dès que vous aurez laissé les commandes à votre âme, vous vivrez une vie pleine de sens, facilitant l'entrée de la planète dans un nouvel âge. En le découvrant, vous pourrez remplir la mission de votre âme et découvrirez à quel point vos gremlins, votre ego et votre histoire ne sont que des distractions, le vent qui fait tourner votre moulin.

Pour la psychologie ésotérique, le rôle ultime des épreuves et des défis de la vie est de créer suffisamment d'angoisse et de douleur pour, au bout du compte, vous obliger à vous arrêter, à porter votre attention à votre ascendant pour choisir la voie haute, en acceptant pleinement et sereinement ce que ça signifie. Votre ego, lui, n'y parviendra jamais. Connaissez votre ascendant ! C'est un conseil tout simple, qui ne figure pas dans les manuels d'astrologie moderne. Quand une personne démontre des qualités qui relèvent davantage de son ascendant que de son signe astrologique, je sais qu'elle tente d'accomplir sa mission.

Une fois votre ascendant identifié, la question primordiale est : suivrez-vous la voie haute ou basse de ce signe ? L'ascendant Vierge devra résister à l'autocritique ; l'ascendant Capricorne luttera d'abord contre sa paresse, pour découvrir ensuite l'ambition et la volonté de réussite. Un ascendant Poissons résistera peut-être à son désir de se laisser flotter, à se cacher dans les profondeurs, avant de comprendre que c'est grâce à ce désir-là qu'il parviendra à trouver un accès artistique à d'autres mondes. Un ascendant Lion fuit les feux de la rampe jusqu'à ce qu'il ait acquis la conscience et la maturité de reconnaître son talent et la promesse qu'il s'est faite.

Je vous le dis tout net : vous tenterez toujours de résister à votre ascendant. Je n'ai rencontré personne qui n'ait lutté peu ou prou pour emprunter la voie haute du sien – c'est une démarche qui nous paraît étrangère, contre nature. Encore une fois, l'astrologie propose d'accueillir cette résistance, avec la conscience de l'ascendant et l'objectif qu'il propose, puis de se discipliner pour apprendre à le viser.

Si vous lisez ce livre, c'est que figure parmi vos valeurs la recherche de la sagesse. Soyons clairs : on apprend toujours à la dure. Pour accepter que l'âme prenne les commandes et laisser l'ego sur le siège passager, il faut qu'il y ait eu une crise ou une décision née dans la douleur. C'est la souffrance qui nous pousse vers la prière et la spiritualité. Malheureusement, nous sommes ainsi conçus que nous ne les recherchons pas de nous-même.

Une moitié de vous voudra prendre la voie de la facilité ; l'autre rêvera de la voie haute. Alice Bailey écrit que « l'initiation est un processus anormal. L'ego ne va pas vers l'âme sans une décision consciente de votre être supérieur ». Si vous ne parvenez pas à contacter ce « moi supérieur » pour prendre votre vie en charge, rien ne se produira. Pourquoi ? Parce que l'âme est douce et attend une invitation ; l'ego, lui, est odieux, il prend toute la place. Encore un de nos défauts de conception !

Imaginez seulement ce qui pourrait se produire si vous laissiez l'âme conduire, avec l'ego pour passager.

« C'est décidé, l'ego. Nous allons au temple pour prier.

— D'accord, dit l'ego. Passons un marché. Allons faire du shopping ; ensuite, on ira prier au temple et accomplir nos tâches pour faire plaisir à Saturne.

— Prions d'abord, et rendons grâce à Saturne ; ensuite, nous pourrons envisager le shopping.

— Bon, d'accord », dit l'ego.

Il faut commencer par le commencement, et identifier les leçons de vie proposées par Saturne.

Ensuite, découvrir la voie haute de notre ascendant.

Enfin, il faut laisser l'âme guider notre vie... et nous préparer aux miracles.

Dès que l'ego se met au service de l'âme, il devient possible de remplir la mission que vous avez choisie ici-bas. Einstein dit : « L'esprit intuitif est un don sacré et l'esprit rationnel est un serviteur fidèle. Nous avons créé une société qui honore le serviteur et a oublié le don. » Grâce à l'astrologie, vous pouvez remédier à cela.

LE NŒUD NORD : UN RACCOURCI VERS L'ILLUMINATION

Même s'il ne fait pas partie du système proposé par Alice Bailey, je considère le nœud nord comme une arme secrète – votre raccourci vers l'illumination. Le nœud nord n'est pas une planète ; c'est une coordonnée basée sur l'endroit où l'orbite de la Lune, quand elle se dirige vers l'hémisphère nord, entre en intersection avec la trajectoire de la Terre (l'endroit où elle croise celle-ci en allant vers l'hémisphère sud est appelé nœud sud). D'accord, tout ça est très jargonnant – inutile de le retenir. Il vous suffit d'en tirer les leçons pour votre vie. Sur votre carte du ciel, vous trouverez les coordonnées du « vrai nœud », qui se trouve dans un signe. Le nœud sud n'est pas inscrit – par définition, il se trouve à l'opposé de celui-ci.

Si vous avez besoin d'évoluer rapidement du point de vue spirituel, et qu'il vous faut la permission d'agir de façon complètement contraire au reste de votre thème astral, elle se trouve là. C'est l'ingrédient secret dont on ne parle jamais.

Le nœud nord n'est pas un trait de personnalité apparent ; c'est quelque chose à quoi on peut aspirer. C'est votre vrai nord, votre étoile du Berger. Si vous vous dirigez vers lui, il peut vous ouvrir votre futur. Il est toujours face à vous, une boussole qui vous dit :

« Si tu suis ce chemin, tu trouveras la bonne réponse en t'évitant bien des peines et des tracas. »

Le nœud sud, à cent quatre-vingts degrés exactement de celui-ci, représente l'endroit d'où vous venez. Il est bien plus confortable, comme une paire de pantoufles ou une maison d'enfance. Le nœud sud représente votre fonctionnement par défaut. Quand vous êtes perturbé, vous n'avez pas envie d'avancer, d'affronter la nouveauté ; vous y préférez le réconfort. Le nœud sud vous l'apporte.

Il décrit aussi les vies passées, les schémas répétitifs, ceux qui vous ont apporté le succès (mais pas forcément : parfois, l'échec lui-même est familier). Le nœud nord, lui, est la direction à suivre pour croître. Il vous mène droit à l'illumination. Sachant cela, vous découvrirez que votre ombre se trouve dans le nœud sud – qui vous distrait, vous retient en arrière, vous rappelle où se situe la voie de moindre résistance.

Il n'y a rien de mal à chercher le confort. Il est bon de savoir où le trouver, pour être capable de restaurer le calme. Cela fait, étudiez votre nœud nord et lancez-vous dans l'accomplissement de votre vraie mission. Trop de gens retournent vers leur nœud sud. Encore une fois, cela ne pose pas de problème tant qu'on garde à l'esprit que le but véritable est d'aller vers l'avenir.

DEUXIÈME PARTIE

Vous comprendre et comprendre les autres

Vous devez désormais être très curieux des particularités de votre signe astrologique... à moins que vous ayez déjà sauté des chapitres pour la lire directement ? (En tant que Gémeaux, c'est ce que j'aurais fait !) Si c'est le cas, ne vous arrêtez pas là. Rappelez-vous : vous ne vous résumez pas à votre signe solaire, vous possédez aussi en vous les qualités du signe opposé. La Lune, Mercure, Saturne et votre ascendant, votre nœud nord, voire un stellium (trois planètes ou plus dans un signe ou une maison) jouent chacun un rôle important. Il y a énormément de points à étudier. Peut-être vous retrouverez-vous dans les dilemmes d'un signe complètement différent du vôtre – et cela, pour des raisons que seul un astrologue professionnel peut vous expliquer.

Sur mon site (www.IDontBelieveInAstrology.com), vous trouverez une page où enregistrer vos signes dans chaque planète, ainsi que ceux de vos proches et des personnes qui comptent dans votre vie. Vous pouvez également noter ces informations ici, ou recopier ces informations pour d'autres personnes :

Mon signe astrologique est : ....

Mon signe astrologique se trouve dans l'élément
EAU – TERRE – AIR – FEU

Mon signe astrologique est…
FIXE – CARDINAL – MUTABLE

Mon signe astrologique se trouve dans la maison ....

L'opposé de mon signe astrologique est ....

Ma Lune se trouve dans le signe ....

Mon Mercure se trouve dans le signe ....

Mon ascendant se trouve dans le signe ....

Mon Saturne se trouve dans le signe ....

Mon nœud nord se trouve dans le signe ....

Particularités de mon thème astral : ....
....
....
....

8

La psychologie du Bélier : Je suis

Élément : Feu
Mode : Cardinal
Maison : I
Planète : Mars
Partie du corps : Tête (le Bélier est têtu)

Si vous saviez à quel point je suis animal, du moins en partie ! Je suis un être plein d'énergie, guidé par ma force. Je pousse beaucoup – de la fonte à mon gymnase, ou la voix quand je prends la parole. C'est comme ça. Souvenez-vous que je suis né au printemps, ce qui exige beaucoup d'énergie : j'ai traversé la saison froide pour éclore dans un monde de couleurs vives. Voilà ce que je suis : celui qui éclôt, qui apporte la force de vie. C'est quelque chose que j'aime chez moi.

Je parle fort. Quand le service est lent au restaurant, quand il y a des embouteillages ou, pire encore, quand une conversation politique s'enflamme, il faut quelqu'un pour dire « C'est faux ! » ou « Le feu est vert, avancez ». Je refuse l'injustice et la malhonnêteté, je ne peux pas rester assis sans rien faire.

Je serais ravi de vous apprendre à agir à ma manière. Mes connaissances sont claires et je les partage sans retenue. J'encourage, j'écoute, je mène. Mon impatience, mon tempérament emporté ? Ne le prenez pas mal, mais rien ne va les changer. Pas la peine de me dire de me calmer : ça ne fait que m'agacer encore plus.

Qui a dit que la colère était inutile ? De toute façon, je préfère le mot « passion ». Passionné, voilà ce que je suis. Je m'enflamme pour des tas de sujets. Si vous appréciez ce côté ardent, nous nous entendrons à merveille. En revanche, si vous manquez à votre parole ou traitez sans égard les personnes moins favorisées que vous, vous allez m'entendre. Je suis comme ça.

C'est simple : si vous n'êtes pas un signe de feu comme moi, tant pis. Je ne m'occuperai pas de vous, vous ne vous occuperez pas de moi. Le feu n'est pas tiède ; personnellement, je déteste tout ce qui est tiède. Je me consume, je vise l'excellence, j'adore la compétition. De mon point de vue, il n'y a pas de juste milieu : quoi que je fasse, je donne tout.

Le Bélier s'oppose, entre en compétition, et apprécie un bon débat. On le reconnaît sans peine dans une pièce – c'est celui avec la grosse voix, le leader né. Il pose les questions dont les autres ont peur. Capable d'écoute active, il pense en marchant. Son esprit ouvert lui confère un appétit pour les connaissances inédites. On le trouve souvent un livre à la main, analysant de nouvelles idées.

Le Bélier refuse de suivre aveuglément. Premier signe du zodiaque, le Bélier aime être en tête et prendre l'initiative : lancer une conversation, s'asseoir au premier rang… Rapide, parfois brusque, le Bélier se définit par les mots « Je suis ».

Bélier, votre esprit est actif, voire davantage. Vous n'hésitez pas à donner votre avis. On vous connaît pour votre passion ; il est rare que vous ne vous lanciez pas dans la défense des plus pauvres, dans la lutte contre les injustices, que ce soit dans le travail, dans vos activités ou pour le compte d'une personne chère. Quoi qu'il arrive, Bélier, vous êtes enthousiaste, parfois jusqu'à l'obsession : quand vous commencez quelque chose, vous ne vous arrêtez pas avant d'avoir fini.

On connaît le stéréotype du Bélier querelleur, parfois autoritaire, qui aime tout diriger. C'est bien souvent exact…, mais il existe aussi des Bélier moins extravertis, chez qui ces qualités n'apparaissent pas au premier regard. Pourtant, même sous des dehors calmes, ils ont des tas d'interrogations en tête, et ce n'est qu'une question de temps avant qu'ils les posent à haute voix. Ils ne craignent pas de s'opposer, de discuter et de prendre les choses en main. C'est un instinct chez eux. Les signes de feu utilisent le drame pour se réveiller (et nous réveiller au passage). Rien de subtil chez le Bélier !

Les enfants Bélier ont de l'énergie à revendre, si bien qu'on les considère fréquemment comme exceptionnels… ou insupportables. Ils sont souvent casse-cou.

Ma meilleure amie au lycée était Bélier. Elle a montré très jeune un talent certain pour les sports, en particulier le tennis. Bien entendu, quand elle ne gagnait pas, elle jetait sa raquette par terre et s'emportait sur le court ! Au jardin d'enfants, déjà, elle refusait tout net de faire la sieste. Les Bélier ne veulent rien rater. Ils sont incapables de se poser et de se détendre… jusqu'à ce que la vie leur donne une bonne leçon (souvent à la dure, par un accident ou un événement de cet ordre) qui les oblige à ralentir.

En grandissant, de nombreux Bélier sont contraints de se réprimer. Normal quand on entend en permanence des choses comme « Calme-toi », « Arrête d'insister », « Pourquoi parles-tu si fort ? » ou « Tu en fais trop »... Cette accusation d'être *trop ceci* ou *trop cela* les blesse, mais ils ne le montrent pas. Ils ne se rendent pas compte qu'ils parlent fort ou qu'ils se comportent en égoïstes ; il faut que quelqu'un le leur fasse remarquer. C'est ce qui explique que, malheureusement, les Bélier adultes ont parfois appris à museler leur personnalité véritable.

Bonne nouvelle néanmoins : les natifs du Bélier sont prompts à apprendre de leurs erreurs – erreurs qu'ils sont tout aussi prompts à commettre. L'école de la vie se charge de les éduquer à la dure, et ils sont au premier rang. Avec le temps, le Bélier agité et brillant peut devenir un adulte calme et déterminé ; il vieillit bien, sans jamais perdre tout à fait l'étincelle de sa jeunesse.

Ses capacités athlétiques font merveille. Vous souvenez-vous de l'âge tendre, quand nous étions toujours prêts à sauter, à danser, à courir après une balle, à plonger dans un lac ? Chez la plupart d'entre nous, ça passe avec le temps. Pas chez le Bélier, qui garde intacte la fougue joyeuse de son enfance.

L'exercice l'empêche de vieillir. J'encourage toujours les signes du Bélier à aller courir dans la nature ou à s'abonner à une salle de gym. Il faut que leur énergie circule. Même quand ils ne font pas de sport, ils ont l'air forts. Leur capacité à reprendre du muscle et à retrouver la forme même après une longue pause est impressionnante. Ils sont faits comme ça, voilà tout.

Bélier, votre présence affecte toute énergie, visible ou non. Vous n'avez rien de tiède, d'ennuyeux ou d'ambivalent. Votre caractère – que nul n'ignore – vous rend difficile à arrêter, quel que soit votre âge. Mais vous cachez un secret : vous souffrez d'insécurité. Nul ne le sait, parce que vous êtes trop fier pour l'avouer. Quand vous vous lancez dans un projet avec votre légendaire enthousiasme, vous redoutez par-devers vous qu'on vous accuse d'en faire trop. Vous aimeriez qu'on vous fasse des retours positifs, mais vous n'osez pas demander – et personne ne vous en fait tant vous semblez sûr de vous. Mais impossible de vous débarrasser du sentiment que, d'une minute à l'autre, vous allez vous attirer des problèmes. Vous pensez qu'on va vous rejeter parce que vous avez pris les choses en main. C'est parce que vous comprenez si bien la critique et le rejet que vous vous faites le protecteur des faibles. Vous n'avez aucun problème d'insécurité quand il s'agit de défendre quelqu'un d'autre !

Le mieux, pour un Bélier, est d'avoir un véritable ami qui sait l'encourager et écouter ses craintes sans l'interrompre. Les Bélier ont besoin qu'on leur dise qu'ils excellent dans tous les domaines. Il leur faut quelqu'un qui contrebalance leur insécurité et les rassure. Être ami avec un Bélier est très agréable – car le Bélier, naturellement, est protecteur.

Mon fils, doublement Bélier (signe solaire et lunaire), est un bon exemple de cette énergie. Un jour, quand il avait onze ans, il est rentré de l'école bouleversé.

— Maman, tu vas être fâchée ! a-t-il annoncé.

— Qu'est-ce qui se passe ?

— J'ai été convoqué par les professeurs parce que je me suis battu avec la brute de l'école…

Le Bélier en moi (j'ai ma Lune dans ce signe) a répondu :

— Bien joué! Qui d'autre qu'un double Bélier aurait osé se battre avec ce garçon? Personne n'en avait le courage, mais il fallait le faire.

— Vraiment? s'est étonné mon fils. Tu n'es pas en colère?

— Je serais en colère si je ne connaissais pas ton thème astral. Tu ne pouvais pas t'en empêcher.

Sans doute, Bélier, agacerez-vous des gens en disant tout haut ce que les autres se contentent de penser tout bas. Vous êtes celui qui parle vrai – et ce n'est pas toujours un rôle facile. Autour de vous, on n'a pas forcément envie de vous entendre crier à l'empereur qu'il est sans habit. Les gens préfèrent se taire et ne pas faire de vagues. « Tout le monde était au courant, pourquoi fallait-il que tu le dises? »

Quand le Bélier veut rompre les liens avec quelqu'un, ça ne lui pose guère de problème. Un mot lui suffit – merci, au revoir – et c'est terminé. Pour les autres signes, cette capacité de passer rapidement à autre chose semble trop facile. N'hésitez pas, Bélier, à ralentir un peu, à écouter les personnes que vous avez laissées en arrière. Prenez de leurs nouvelles pour leur montrer que, même si vous n'avez plus envie d'être avec elles, vous les respectez.

Vous est-il possible d'admettre que vous rêvez d'être en couple? D'entendre que tout le monde n'est pas aussi brut de décoffrage que vous? Pour les natifs du Bélier, les relations sont souvent difficiles. Comme son signe opposé la Balance, le Bélier peine à admettre qu'il a besoin de compagnons de route (même si c'est dans une grande liberté). Partenaires et amis peuvent s'agacer de l'indépendance d'esprit du Bélier. Celui-ci est capable de dire des choses comme « Si on allait faire de la muscu? Je veux qu'on n'y aille que tous les deux, sans les autres », « D'accord, on y va, mais on prend ma voiture », « OK pour un ciné, mais pas de comédie romantique. Ah, c'est justement ce que tu voulais voir ? Bon, on se retrouve ensuite, alors ».

Car aller seul au cinéma ne pose aucun problème au Bélier. Tant mieux pour lui... sauf que son indépendance peut donner à ses proches l'impression de n'être que des acteurs secondaires dans le film de sa vie. « Je ne crois pas que tu aies besoin de moi, tu te suffis très bien à toi-même. » C'est vrai, au fond. Le Bélier n'a pas besoin de vous : il vous *veut*. N'est-ce pas mieux ? Si ! En tout cas, selon lui.

Bélier, vous pouvez apprendre le pardon, pour vous-même et pour les autres. Sachez que vos propos impactent les gens, en particulier quand quelque chose vous a mis hors de vous et que vous perdez tout sens de la mesure. Vous êtes plus vigoureux et démonstratif que le reste des gens. Si une personne vous demande de ne pas crier, cela peut simplement signifier qu'elle est sensible au bruit ! Vous pouvez vous adapter. Ne le prenez pas personnellement. Vous savez être à l'écoute, et vous pouvez apprendre à considérer les sentiments des autres.

Merci, Bélier, pour votre bravoure et votre capacité à toujours faire ce qui est juste. Vous êtes né pour défendre les bonnes causes, pour débattre au nom des bonnes raisons. Vous luttez contre la réalité pour en donner une meilleure version. Trop souvent, les gens comprennent mal votre enthousiasme. Vous avez un tempérament impétueux, qui peut s'enflammer à tout moment. Nous avons besoin de votre passion pour ne pas oublier la nôtre. Nous sommes heureux que quelqu'un se dresse contre les tyrans, prenne la parole pour défendre les plus démunis. Merci de dire la vérité pour que tout le monde l'entende. Vous êtes ici pour changer l'ordre ancien. Continuez !

UN PROFIL DE BÉLIER

Un de mes meilleurs amis – je l'appellerai ici Carl – présente sept planètes en signe de feu, dont cinq en Bélier. Il a grandi dans un élevage de cochons au Canada. À cinq ans, selon la légende familiale, il conduisait le tracteur avec son père – et il disait à celui-ci : « N'aie pas peur, je sais ce que je fais. »

Carl a été marié plusieurs fois ; à chaque divorce, il a laissé à son ex une maison et une pension alimentaire substantielle. Meneur né, protecteur, engagé pour sa famille, il paraissait invincible ; même les difficultés financières ne semblaient pas l'affecter. En tout cas, il ne le montrait pas.

Il a rencontré un maître spirituel, qui lui a appris à méditer. Cet homme lui a demandé de mettre un costume et de le suivre aux toilettes, où il l'a fait asseoir en lui disant :

— Tu vas venir méditer ici chaque matin.

— Pourquoi donc ?

— Parce que tu es une merde, et que ta vie est merdique.

Il n'y avait qu'un maître spirituel qui puisse se permettre une telle conversation avec quelqu'un comme Carl.

LA VOIE BASSE DU BÉLIER

Sur la voie basse, le Bélier ignore qu'il peut blesser les autres. Il ne pense qu'à lui. Dans sa pire expression, il généralise et exagère tout, et son avis devient parole d'évangile :

« Les riches ont bousillé le monde. »

« Si quelqu'un me faisait ça, il le paierait cher. »

« C'est toi qui as un problème ! »

Il ne laisse aucune place aux autres points de vue et ignore tout reproche. Quand les natifs du Bélier sont bons, c'est génial…, mais il n'y a guère pire qu'un mauvais Bélier. C'est tout l'un ou tout l'autre.

Il croit savoir ce dont vous avez besoin, sans penser à vous le demander. Il commande. Quand le Bélier apprend à utiliser son observateur, à prêter attention à ce que disent les autres, cette conscience nouvelle adoucit son caractère.

L'OBSERVATEUR DU BÉLIER

L'observateur nous apprend à nous arrêter pour réfléchir. Pas facile pour vous, Bélier, qui avez du mal à contrôler vos impulsions. Vous ne parviendrez sans doute pas à contacter votre observateur dans le feu de l'instant ; il vous faudra plutôt vous entraîner au préalable, pendant un certain temps. Votre observateur peut vous montrer à quel moment il est nécessaire de dire « Je suis désolé », et en le pensant sincèrement.

L'observateur vous apprend également à accepter de détonner, de sortir du lot. Les gens reconnaissent votre énergie de meneur et ont envie que vous les dirigiez, en particulier quand vous leur montrez des égards. Votre observateur vous dit : « Tu es un enfant extraordinaire qui voit la vie avec enthousiasme, énergie et fraîcheur. » Rappelez-nous, Bélier, comment aimer la vie. Nous avons besoin de vous pour ça !

LA VOIE HAUTE BÉLIER

Tout le monde a besoin d'un meneur de troupes, d'une personne enthousiaste à ses côtés. On dit parfois de vous, Bélier – en particulier si vous êtes une femme – que vous êtes trop brusque et brut de décoffrage. Peut-être… et alors ? En voie haute, le Bélier entend cette remarque avec grâce, et demande pardon aux autres – « Désolé, je ne voulais pas prendre la main. »

Nombre de Bélier ne ressentent pas le besoin de demander pardon. Pensez-vous que des gens comme Lady Gaga, Elton John ou Céline Dion (tous Bélier, donc) s'excusent de leur personnalité ? Bien sûr que non. Ils nous inspirent et nous remplissent d'enthousiasme. D'accord, le Bélier n'est jamais subtil – mais il n'a aucune raison de demander pardon pour ça.

Néanmoins, bravo à celui ou celle qui sait dire, sincèrement, « Je suis désolé ». Pour un Bélier, des mots comme « J'avais tort », « J'ai besoin de toi » ou « S'il te plaît, aide-moi » sont quasiment impossibles à prononcer. Mais, quand il découvre en lui ce point de douceur (et je vous jure qu'il existe), le Bélier a atteint sa voie haute.

CE QUI EST BON POUR LE BÉLIER

Le meilleur remède pour le Bélier est le mouvement. Qu'il s'agisse de partir en randonnée, de tondre la pelouse, de jouer au tennis ou de courir, tout va bien tant qu'il bouge physiquement. On vous a dit que vous n'étiez pas doué pour le sport ? N'importe quoi. C'est juste que vous n'avez pas encore trouvé l'exercice qui vous convient (c'est peut-être simplement de longues promenades, écouteurs aux oreilles).

Chantez à pleins poumons, laissez sortir votre colère, exprimez vos sentiments. Chercher à étouffer votre feu intérieur ne peut que saper votre énergie, entraînant dépression et léthargie. Lâchez-vous !

LEÇON DE VIE POUR LE BÉLIER

Vous êtes ici pour apprendre l'humilité. Je sais : cette idée ne vous enchante guère. Vous avez du mal à comprendre pourquoi les gens se mettent en colère contre vous. Il n'y a rien de mal à admettre que vous vous êtes trompé. Pensez à demander aux autres ce qu'ils veulent. Faites attention à ceux qui vous entourent, révisez votre agenda, pensez à inclure les autres. « Tu aurais dû me demander avant de prendre cette décision ! » L'humilité vous libère de la honte. Bien sûr que vous vous êtes trompé ! C'est comme ça qu'on apprend. Il n'y a pas de honte.

LUNE EN BÉLIER

Vous êtes impulsif. Vous avez un tempérament ardent. Au pire, la Lune en Bélier peut faire de vous une petite brute ; au mieux, un leader inspiré. Quand vos émotions s'embrasent, rien ne peut les arrêter. Vous vous mettez en colère très vite et très fort… et vous redescendez tout aussi rapidement. Malheureusement, la personne sur qui vous avez crié est blessée. Comme tous les Bélier, une personne dont le signe lunaire est Bélier doit s'entraîner à dire, avec son observateur : « Je suis désolé, j'avais tort ». Mais vous ne manquez pas d'enthousiasme pour ceux que vous aimez ni d'énergie pour accomplir vos tâches. C'est toute la force d'une Lune en Bélier.

MERCURE EN BÉLIER

Votre esprit est vif et impulsif. Les gens ont du mal à vous suivre. Vous êtes un pionnier. Vous continuez là où les autres arrêtent. Vous repoussez les limites. Contrairement au reste du monde, vous refusez de vous contenter du *statu quo* ; vous ne craignez pas d'entraîner les autres dans vos explorations, pour le bien du collectif.

Vous auriez tout intérêt à apprendre à dire : « Pas la peine de discuter avec moi maintenant, je suis trop énervé ». Rien de pire, quand on a Mercure en Bélier, que d'entendre « Calme-toi » au milieu d'une discussion. Mais vous pouvez répondre : « J'ai le droit de dire ça ; désolé si ça sort de façon agressive. » Il est pratiquement impossible de faire taire un Mercure en Bélier – et mieux vaut éviter ! Il a besoin de ventiler, de balancer son feu. Inutile de discuter avec lui quand il est agacé.

C'est une personnalité de sprinter bien plus que de marathonien. Quand l'enthousiasme initial s'épuise, le Mercure en Bélier passe à autre chose. Sur le moment, néanmoins, il donne tout. Il ne doit pas s'en vouloir pour autant – c'est sa nature ! « Je vais monter une entreprise ! » « Je veux devenir astrologue ! » Il s'investit à fond… puis, d'une seconde à l'autre, il arrête les frais. J'ai eu des Mercure en Bélier comme élèves dans mon école d'astrologie ; ils assistent à quelques cours puis, en général, disparaissent. « Ah, j'ai changé d'avis, je m'intéresse au Reiki, maintenant. » Le feu brûle puis s'éteint, l'histoire recommence ailleurs.

ASCENDANT BÉLIER

Vous êtes un combattant. Pourquoi une âme se battrait-elle ? Dans votre cas, c'est pour nous rappeler que vivre cette vie est un privilège, pour l'amour et pour l'honneur. Si vous êtes autoritaire, c'est que c'est nécessaire. Vous essayez simplement d'entrer en contact avec les autres, de vous rapprocher de nous. Plus que tout, vous souhaitez nous garder éveillés, pour que nous ne rations pas notre vie. Ascendant Bélier, votre présence clame « Réveillez-vous ! Soyez à l'écoute ! Soyez vrai ! ».

Vous êtes né avec un corps naturellement fort, qui vous pousse à agir physiquement. À l'écoute de votre vraie nature, vous supportez mal de rester immobile. Il vous faut bouger. « Allez ! On y va ! »

Vous détestez qu'on vous dise ce que vous avez à faire : vous êtes bien trop rebelle pour suivre les conseils. Vous voir agir peut s'avérer épuisant. Ce n'est pas que vous en faites trop : vous êtes simplement vous-même.

Mais on résiste souvent à son ascendant, et les personnes concernées peuvent ressentir le besoin de restreindre cette énergie. Elles peuvent par exemple craindre de se montrer trop directes. L'âme n'aime pas s'imposer. « Est-ce que je prends trop de place ? » « J'ai encore pris les choses en main ? » « Les gens ont-ils l'impression que je les dirige ? » « Dois-je me montrer plus doux ? » Ascendant Bélier, n'oubliez pas que vous êtes censé inspirer les autres, les pousser à l'action. Votre âme a promis de guider, c'est la mission qu'elle a choisie.

Si votre ascendant est Bélier tandis que le reste de votre thème astral est davantage placé sous le signe de la docilité, j'en suis désolée pour vous. Votre âme a pour mission ici-bas de prendre des responsabilités, de pousser les gens. Cela peut vous sembler choquant. La dynamique qui s'établit entre un ascendant signe de feu et un signe astrologique d'un autre élément peut entraîner un conflit intérieur. Dans ce cas, vous avez un pied sur l'accélérateur et l'autre sur le frein.

Clairement, vous êtes très intense. Si ce n'est pas le cas, si vous vous sentez éloigné de l'appel de votre âme, j'aimerais vous pousser à changer. Ne pas exprimer votre feu comme le voudrait votre âme met en danger votre estime de soi et peut conduire à la dépression. La léthargie ou les accidents à répétition vous guettent. Vous n'êtes pas fait pour rester assis sans rien faire. Bougez-vous !

À votre summum, vous trouverez le courage de demander de l'aide à une personne qui comprend le feu et sait ouvrir les hostilités sans hésiter ; c'est ainsi que les Bélier parviennent souvent à accepter de s'exprimer pleinement. Le feu vous attend : c'est votre héritage divin.

SATURNE EN BÉLIER

Soyez un guerrier au grand cœur. Défendez-vous.

Pouvez-vous accepter le fait que vous êtes autoritaire, fougueux, directif ? Vous devez faire circuler l'énergie dans votre corps. À vous de comprendre que votre comportement agressif constitue votre façon à vous d'entrer en contact avec les gens. Si vous êtes passif, il est temps d'aller faire du sport. Si vous êtes trop agressif, vous pouvez apprendre à vous arrêter.

Saturne en Bélier est là pour vous apprendre une saine indépendance. Pensez par vous-même. Trouvez votre sens inné de l'autonomie, votre confiance et votre capacité d'action, sans pour autant cesser de tenir compte des autres.

Leçon de vie : Soyez indépendant et spontané. Luttez au nom de l'amour, en restant fidèle à vous-même. Si vous avez peur de votre propre pouvoir, augmentez celui-ci ; si vous avez tendance à l'utiliser à tort et à travers, cherchez à le canaliser.

MÉDITATION POUR LE BÉLIER

J'apprends à remarquer l'effet que je produis sur les gens. Je cultive la compassion afin de comprendre que la vérité peut blesser. Puissé-je trouver en moi le lieu de la sérénité, et m'y reposer sans me laisser distraire. Quand les gens me trouvent blessant, quand ils me rejettent ou réagissent, puissé-je apprendre à respirer en grand, à présenter mes excuses et à demander : « *Que s'est-il passé ?* » *Puissé-je ne jamais considérer que j'ai toutes les réponses. Je peux trouver l'humilité en moi. L'humilité est ma force.*

L'ESSENCE DU BÉLIER

Vous connaissez cette partie de vous qui s'enflamme quand vous voyez la personne que vous aimez, comme un chien se met à sauter sur place au retour de son maître, remuant la queue et jappant de joie ? C'est l'image même du Bélier – l'impulsion que nous avons tous de bouger, de faire, d'agir, de jouer, de chanter, de danser. C'est l'enfant en nous qui attend d'être éduqué, qui doit apprendre à écouter sa voix intérieure. Ne demandez pas son avis à un Bélier si vous n'êtes pas prêt à apprécier sa franchise ; ne lui proposez pas de se calmer ou d'oublier sa colère. Ça ne marche pas sur un Bélier furieux !

La voix du Bélier est claire ; nul besoin de se demander s'il dit ce qu'il pense ou quelle est son opinion. Vous saurez très vite s'il vous apprécie ou pas, et réciproquement. Ses goûts et dégoûts sont transparents comme du cristal. Avec lui, tout est tout noir ou tout blanc. Quand le Bélier en a assez de vous, il vous congédie – mais jamais sans une bonne raison. Nous aimerions tous nous montrer aussi clairs, afficher nos préférences et nous y tenir. Certains prennent cela pour de l'insensibilité, mais les Bélier ne le voient pas comme ça.

La version la plus évoluée du Bélier a envie de communiquer. Relativement conscients de l'effet qu'ils produisent sur les autres, en particulier quand ils changent d'avis, ces Bélier s'expliquent avec bienveillance et sagesse. Tout change, et les Bélier ne maintiendront pas que quelque chose est vrai quand ce n'est plus le cas. Si les Bélier peuvent accepter et aimer cet aspect de leur personnalité, et y ajouter beaucoup d'amour pour les autres, leur vérité nous libérera tous.

9

La psychologie du Taureau : J'ai

Élément : Terre
Mode : Fixe
Maison : II
Planète : Vénus
Corps : Gorge (le Taureau est doté d'une voix puissante)

Si vous saviez à quel point je me sens intimidé quand quelqu'un me regarde ou que je me trouve sous une pression quelconque ! Je suis tellement gêné que je me fige. J'aime prendre mon temps pour accomplir ma tâche avec soin. Par pitié, ne me pressez pas !

Je suis à mon meilleur niveau quand je sais ce qu'on attend de moi. Donnez-moi des instructions claires, et j'y arriverai, à mon rythme, avec le temps. J'apprendrai à faire, et je deviendrai même très bon. J'ai besoin de structure, d'un rôle bien défini, et d'un contrat écrit qui stipule que rien ne va changer. Une chose est sûre, j'aime travailler. Un de mes problèmes au quotidien, c'est que je dis souvent oui quand je pense non, si bien que je finis par être débordé par mes engagements. Une fois lancé, je ne laisse tomber aucun projet. J'ai besoin de terminer ce que j'ai commencé.

Dans la nature (mon décor favori), tout fonctionne par saisons ; je ne déroge pas à la règle. Par moments, par exemple, j'ai absolument besoin de faire du sport, et ça dure jusqu'à ce que j'aie épuisé mon énergie. Pour être honnête, j'ai parfois l'impression de manquer un peu de motivation, mais, en général, tout va bien – j'aime la façon dont s'enchaînent mes saisons.

J'apprécie de me sentir en sécurité. Pour peu que j'aie quelques économies à la banque, une maison propre, mon animal de compagnie et mes meilleurs amis à proximité, je suis au paradis. Vous me trouvez simple, voire simplet ? Peut-être. Je sais ce que j'aime, j'ai mes personnes et mes activités favorites, et ça me va très bien comme ça. Je préfère rester chez moi et je n'ai aucune envie de devoir le justifier. Si je vous y invite, sachez que c'est parce que je me sens proche de vous – et c'est rare ! Mais, lorsque vous faites partie de mon cercle restreint, vous pouvez compter sur moi en toutes circonstances.

Avec le temps, vous découvrirez à quel point je suis loyal. Notre lien durera toute la vie, je m'en assurerai. Dites-moi seulement de quoi vous avez besoin. Je serai ravi de vous aider, dès que j'aurai pu vous caser dans mon agenda. Mais ne me pressez pas, et n'en attendez pas trop tout de suite. Je ferai de mon mieux, toujours, pour vous soutenir. Faites-moi confiance : ma parole vaut tous les contrats. Avec mon goût pour les musiques anciennes, les bijoux et les objets qu'on se transmet de génération en génération, les photos de famille, j'incarne les valeurs simples. J'aime l'Histoire et les choses qui nous survivent.

Vous me trouvez vieux jeu ? Je prends ça pour un compliment.
Le Taureau recherche la sécurité, la stabilité financière et le confort. Il est capable de revoir son film préféré une fois par semaine, ou d'écouter en boucle sa chanson favorite, même si

ça rend tout le monde dingue. C'est l'énergie du Taureau, la partie de nous qui se montre simple et constante. On pourrait le comparer à Winnie l'Ourson – qui parle lentement et marche plus lentement encore, flânant dans les bois en pensant déjà à la fin de sa balade, quand il retrouvera ses copains pour partager un pot de miel.

Pour autant, le stéréotype du Taureau lent, ennuyeux ou têtu est injuste. Tous les natifs du Taureau n'avancent pas à la vitesse de la tortue. Ils peuvent s'avérer très efficaces ; et, même s'ils sont persuadés du contraire, ils ne sont pas paresseux, loin de là. Ce sont des travailleurs acharnés, qui ne renoncent jamais. Ils tiennent le cap. Quand il s'agit de se détendre, ils cherchent souvent le confort de leur foyer. Il n'en reste pas moins que les Taureau mettent du temps à changer d'avis. Il n'est pas rare qu'ils gardent le même emploi pendant des années ; même s'ils s'en plaignent, ils n'en changeront que sous la contrainte.

Le Taureau a le don de la patience. Quand on reproduit assez souvent quelque chose, d'abord lentement, puis de plus en plus vite, on peut devenir très bon. La répétition entraîne la réussite et la maîtrise ; de cela, le Taureau ne doute pas. Il est brillant à sa façon.

« Prends le temps de respirer le parfum des fleurs » est une phrase typiquement Taureau. Il aime savourer un croissant chaud avec un thé ou un café dans son mug préféré, confortablement installé dans son fauteuil avec ses charentaises. La nourriture l'enthousiasme. Taureau, avez-vous remarqué que vous prenez toujours le même plat au restaurant, et que ça vous agace quand on modifie le menu ? Vous vous demandez toujours pourquoi changer une équipe qui gagne. Il n'est pas rare que vous vous réveilliez en pensant à manger. Vous avez une relation un peu particulière à la notion de régime – vous êtes convaincu que vous *devriez* perdre du poids. Mais vous vous trompez. Vous avez le droit d'aimer votre corps tel qu'il est – il fait de vous ce que vous êtes.

Comme la tortue emporte sa carapace partout, le Taureau ne sort pas sans emporter un élément de sa maison. Une de mes amies d'enfance (nous nous connaissons depuis la maternelle – comme elle est Taureau, nous n'avons jamais perdu le contact) avait une mère Taureau, comme elle. Je passais dans leur maison chaque matin avant l'école. Il y avait toujours un gâteau ou un plat au four, et ça sentait tellement bon ! Contrairement à ma mère, qui ne cuisinait jamais, celle de mon amie était très confortable et apaisante. C'est une caractéristique du Taureau : il sait toujours comment rendre un intérieur accueillant, avec des objets anciens, des cadres et des plantes à profusion. On se sent bien chez les Taureau, qui adorent collectionner des choses, avec une grande minutie. Ils ne jettent rien – comme ce vieux pull et ces pantoufles qu'ils ne quittent jamais malgré les trous. De toute évidence, ils savent ce qu'ils aiment et ce qu'ils n'aiment pas… et ils n'apprécient pas les surprises. Ils préfèrent ce qui est prévisible. Pour réveiller un Taureau, vous pouvez faire appel à un Gémeaux ou à un Sagittaire – la rencontre est toujours très drôle !

Le Taureau a la main verte, il sait prendre soin des plantes et du jardin. Après tout, il est d'un signe de terre, bien ancré dans le sol. Il ne comprend pas les personnes volages ou volatiles, celles qui manquent de fiabilité. Il pense qu'il faut réussir du premier coup, et qu'il ne faut pas chercher à réparer quelque chose qui n'est pas cassé. Rien ne presse, et changer pour changer ne sert à rien. C'est tellement Taureau.

Le Taureau est doué de ses mains – des mains qui savent bricoler, caresser, étreindre ou arranger de sublimes bouquets. Les massages sont souvent sa spécialité. Au contraire, les ordinateurs et la technologie ne sont pas ses amis, surtout au début : ils lui donnent l'impression d'être à part, coupé du monde. Le Taureau préfère le contact direct aux réseaux sociaux, trop chronophages. Pourtant, comme il adore retrouver de vieux amis, il parviendra avec le temps à apprivoiser la technique… et toute autre forme de changement !

C'est peut-être le plus gentil de tous les signes – en tout cas, jusqu'à ce qu'il se mette en colère. Il en faut beaucoup pour que ça arrive. Il préfère de loin aller dehors, regarder son émission de télé préférée ou écouter sa musique que se disputer avec quelqu'un. Voilà pourquoi il est si rare de voir un Taureau en colère.

Malheureusement, le Taureau vit dans l'insécurité, avec l'impression constante de n'être pas *assez bien*. Il ne parvient pas à se débarrasser des gremlins qui le critiquent et qui, le poussant sans cesse à se comparer aux autres, lui donnent l'impression d'être toujours inférieur. Il lui est impossible de se voir objectivement. Le Taureau a du mal à accepter les compliments, en particulier s'ils portent sur son apparence ou son talent. Barbra Streisand est Taureau ; on dit qu'elle souffrait tellement de trac qu'elle vomissait chaque fois avant de monter sur scène. Comme si elle ignorait qu'elle est une des meilleures chanteuses au monde !

Pour chanter ou parler, les Taureau ont souvent une voix magnifique – comme Barbra Streisand, Cher et Adele sont Taureau. Et quand ils chantent faux, ils écoutent de la musique, une longue playlist accumulée depuis des années. Encore que :

il est rare qu'ils chantent faux, même s'ils le croient. Le Taureau fuit la lumière des projecteurs et a du mal à s'imaginer qu'il a du talent. « Je ne suis pas si doué que ça », prétend-il.

Ma suggestion, Taureau ? Écoutez cet ami ou ce proche qui vous rappelle à quel point on vous aime, à quel point on croit en vous. Nous percevons vos talents et vos extraordinaires qualités. Vous êtes un roc. C'est cette force tranquille qui permet aux autres de se reposer sur vous. Ah, et au fait : non, vous n'êtes pas ennuyeux, c'est juste votre impression. Si vous saviez à quel point votre stabilité rassure, vous accepteriez mieux ce que vous êtes.

On comprend, bien sûr, que certaines personnes (en particulier les amateurs de changement et de frisson) considèrent les Taureau comme vieux jeu et un peu rasoir. N'essayez pas de convaincre un Taureau de changer sans une bonne raison : c'est là que vous découvrirez son caractère entêté. Pour vous, Taureau, la modernité n'est pas argument. Qu'y a-t-il de mal à faire les choses à l'ancienne ? Si c'était assez bien pour vos grands-parents ou vos parents, c'est assez bien pour vous, point barre. Voilà pourquoi vous pouvez sembler buté. En réalité, vous savez juste ce que vous aimez.

Le fait de porter un bijou de famille ou une bague offerte par un ami vous donne l'impression d'être connecté au passé et aux gens que vous aimez. Le Taureau apprécie l'or – il évoque presque la caricature du vieux briscard qui mord une pièce pour s'assurer qu'elle est vraie : il ne veut que ce qui est authentique.

Je connais un Taureau qui, au fil du temps, s'est constitué un joli patrimoine. Il n'a plus de soucis financiers. Il est capable, quand il aime un produit, d'en acheter en grandes quantités, pour être sûr de ne pas en manquer. Je me suis moquée de lui quand il a acheté trois paires de tennis identiques – et de la même couleur. Dans son placard, il a de nombreux exemplaires de la même chemise, encore sous blister pour qu'elles ne s'abîment pas.

Comme chaque signe contient en germe son opposé, il y a un peu de Scorpion chez le Taureau, ce qui explique qu'il n'accorde que difficilement sa confiance. À l'instar du Scorpion, le Taureau doit se sentir aux commandes. Il peut sembler réservé, prudent, voire méfiant face aux nouvelles têtes. Mais, quand il aime quelqu'un, le Taureau se montre loyal à l'extrême, si bien que les ruptures, les disputes et les divorces le blessent terriblement. Quand il perd son sentiment de sécurité, le Taureau se fige. Quand il aime une personne, la voir partir lui donne l'impression de perdre un membre. La guérison est extrêmement longue.

De façon ironique, le Taureau, qui donne aux autres une telle impression de sécurité, se sent lui-même en danger. Il se demande si ses hanches ne sont pas trop larges ou son nez trop gros… Il se juge sévèrement. Ce qui nous plaît chez lui, il le voit comme un défaut. Récemment, j'ai travaillé avec une photographe qui était Taureau. C'était la plus belle femme que j'aie jamais vue. Mais, quand je le lui ai dit, elle a répondu : « Euh… Je ne crois pas, non. Mais merci quand même. »

Il n'y a rien de mal à être lent, posé, soigneux. Vous peinez à le croire ? Alors, je vous le redis : c'est très bien comme ça, Taureau ! Peut-être qu'à force de l'entendre, vous finirez par l'admettre. Si convaincant qu'il vous paraisse, le disque qui vous répète en boucle que vous n'êtes pas assez bien ne dit pas la vérité ; c'est juste une pensée mécanique, que vous pouvez modifier. Je suis sûre, Taureau, que vous avez déjà changé des habitudes dans votre vie : vous pouvez briser celle-là. Commençons ensemble par affirmer des choses positives à votre sujet : vous prenez soin des autres – vous êtes un vrai don du ciel pour votre famille et ceux que vous incluez dedans. Vous êtes souvent le ciment du groupe. On aime venir chez vous pour déguster vos petits plats mitonnés, entouré par vos adorables animaux de compagnie. Dans votre cuisine, il y a tout votre amour, et ça se sent.

Merci de savoir si bien nous aimer sans rien exiger en retour. J'espère que vous recevrez autant que vous donnez. Votre stabilité est un vrai réconfort pour nous, même si vous avez l'impression d'être lent. Cette lenteur vous permet d'ailleurs de vieillir en beauté, de vous améliorer avec l'âge. Restez à l'écoute : à la fin, les choses tourneront comme vous l'entendez.

UN PROFIL DE TAUREAU

Everett est le Taureau par excellence. Il adore manger et a une passion pour les bonbons. Il voue un culte à la série *The office*, qu'il a regardée en entier une bonne quinzaine de fois ; il cite les répliques de ses personnages, qu'il considère comme sa famille. Excellent chanteur – sa magnifique voix lui a permis de décrocher un prix du Conservatoire –, il reprend toujours les mêmes airs. Néanmoins, il n'aime pas trop la scène ; il lui préfère sa petite vie casanière, au risque parfois de sombrer dans la léthargie. C'est uniquement en transformant ses exercices en routine agréable qu'il parvient à entretenir sa voix ; mais, certains jours, il ne se sent pas la force de s'y consacrer, et il reste assis sans rien faire, incapable de trouver son énergie.

Dans sa famille, on le taquinait en disant que la gravité terrestre l'affectait particulièrement, car il restait comme collé au sol ; au contraire de son frère, très sportif, Everett était mal à l'aise sur un skate-board et s'avérait incapable de sauter. Il adorait en revanche aller à la piscine – le seul endroit où il se sentait libéré de la pesanteur. Dans l'eau, il se montre encore aujourd'hui rapide et gracieux, loin de la lourdeur qui l'affecte au sol. Sa mère disait de lui qu'il était le garçon le plus lent du monde. Il se demande parfois si son emploi de vendeur constitue un véritable accomplissement ; mais son charisme tranquille lui assure une vraie réussite, et il aide souvent les gens en difficulté.

Il aime son métier et travaille dur, mais tout le monde sait que ce qu'il préfère, c'est s'installer dans son canapé avec son fils pour regarder leur dessin animé préféré. Ce rituel est rassurant pour son fils – anxieux comme toute Vierge –, et Everett adore ça. Il crée un foyer pour eux.

LA VOIE BASSE DU TAUREAU

Le Taureau se retrouve sur sa voie basse quand il croit ce que lui disent les gremlins, augmentant sa peur et son insécurité. « Le ciel va nous tomber sur la tête, le pire est certain, sauve qui peut ; vite, retrouver la petite monnaie qu'on garde dans une soucoupe – c'est sûr, on va en avoir besoin ! » La perspective d'un événement imprévu devient une catastrophe, car, au fond de lui-même, le Taureau ne se sent jamais en sécurité. Il aime tant son confort qu'au final, il souhaiterait ne jamais sortir de son lit…

Difficile pour le Taureau de demander une augmentation ou une promotion : il s'autodéprécie en permanence, se fait payer moins qu'il devrait, et en particulier quand il suit sa mauvaise pente. Cela peut mener à la dépression, où il se sent terrassé par le poids des souvenirs – une de ses façons de rester coincé.

Il n'est pas toujours simple de repérer un Taureau en voie basse, parce qu'il continue à agir comme si de rien n'était – il est stable et tout le monde est content. Mais en secret, il se sent mal-aimé et irritable, il se reproche de ne jamais atteindre ses objectifs. C'est une des peurs du Taureau : « Je vais passer le reste de ma vie à regretter de n'avoir pas visé plus haut, de n'avoir pas rencontré plus de gens, fait plus de sport, trouvé plus d'amis. Même mon énergie, je n'arrive pas à la trouver ; je vais rester assis là, à me répéter que je n'atteins pas mon objectif de vie. »

L'OBSERVATEUR DU TAUREAU

Tout ce qu'il vous faut pour commencer à mettre votre observateur en place, Taureau, c'est une bonne dose de compassion pour vos vraies qualités : la bienveillance et la douceur. Certes, vous avez des problèmes d'insécurité. Vous n'êtes pas tout le temps motivé à 100 % – et alors ? Vous passerez à l'action quand vous serez prêt. Vous travaillez dur. Vous avez le droit, de temps en temps, de vous détendre un peu, de vous offrir une petite récompense. Votre observateur vous le confirme : votre don, c'est la stabilité.

Je sais que vous avez de l'argent de côté. Mieux vaut être économe que panier percé ! Et il n'y a aucun problème à profiter des plaisirs simples, à aimer faire et refaire toujours les mêmes choses. L'observateur peut vous y aider. Vous avez déjà vu ce film dix fois ? Et alors ? C'est parti pour une onzième ! Vous l'aimerez encore plus.

LA VOIE HAUTE DU TAUREAU

Pour comprendre le bon côté du Taureau, il faut penser à Bouddha – né avec sa pleine lune en Taureau. Issu d'une famille très riche, il est sorti de sa tour d'ivoire et a découvert les gens qui mouraient de faim dans les rues. Cette vision l'a tant troublé qu'il a abandonné ses privilèges pour aller méditer sous un arbre. C'est très Taureau : « J'ai une idée : je vais rester assis le plus longtemps possible pour trouver la paix ! »

Les moines bouddhistes portent les mêmes robes orange, mangent chaque jour du dal et du riz, chantent les mêmes chants au fil des années, lisent les mêmes livres depuis des millénaires. La foi des Juifs est également très Taureau – ils lisent et relisent les mêmes chapitres de la Torah, respectent le shabbat toutes les semaines. En fait, le Taureau régit toutes les religions – les rosaires, les paraboles, les règles de vie, les prières répétées, la foi qui ne pose pas de question, les traditions. La religion affectionne les rituels et les répétitions, exactement comme le Taureau.

Pourtant, Bouddha a évolué. L'illumination lui a permis de comprendre que toute souffrance vient de l'attachement. Ce n'est pas une coïncidence si l'un des traits par défaut du Taureau est précisément cet attachement. Car sa lutte interne est la suivante : pour se laisser aller, il doit se débarrasser des vieilles choses et se demander « Pourquoi je garde tout ça ? ».

Pour le Taureau (comme pour nous tous !), le lâcher-prise est le chemin de l'illumination.

Sur sa voie haute, le Taureau donne au lieu d'accumuler. Idéalisant ses partenaires et ses enfants, il subvient à tous leurs besoins. Le Taureau adore avoir des petits-enfants, qu'il peut gâter et choyer tout à loisir ! On lui reproche parfois de se donner trop de mal pour les autres, de leur consacrer trop de temps. Mais c'est dans sa nature vénusienne (Vénus règne sur le Taureau) de prendre soin de ceux qu'il aime. Il se montre remarquablement loyal envers sa famille, ses animaux de compagnie et tous ceux qu'il considère comme les siens.

Avec le temps, le Taureau peut apprendre à se libérer de l'attachement et à lâcher prise plus facilement. L'expérience lui apprend peu à peu à dire « Du calme, cela aussi passera ». C'est le Taureau mûr – détendu et facile à vivre. Votre vrai défi, Taureau, est de comprendre et d'accepter à quel point on vous aime. Accueillez cet amour dans votre cœur, espèce de grand sentimental !

CE QUI EST BON POUR LE TAUREAU

Taureau, le meilleur remède à vos maux est parfois de rester chez vous, sans culpabiliser. Vous aimez votre confort, alors pourquoi vous forcer à sortir, surtout si vous avez besoin de décompresser un peu après un moment de stress ?

L'art de la cuisine et un réfrigérateur plein sont vos médicaments préférés. Aider les autres vous fait du bien, et vous êtes une personne pleine d'attention.

Rappelez-vous que vous êtes un signe de terre. Sortez, faites votre jardin. Mais est-ce utile de vous le rappeler ? Votre instinct vous y pousse déjà.

Le sport vous fait énormément de bien, mais vous avez tendance à résister à cette impulsion. Préférez donc des exercices familiers, à votre rythme, chez vous ou en pleine nature : c'est ce qui vous va le mieux.

Vous appréciez également les entraînements structurés, ainsi que les cures nutritives (ne pas prononcer le mot « régime » devant vous !). Les aliments naturels, sortis de terre, vous mettent en grande forme.

Faites laver votre voiture. Achetez de nouveaux oreillers, un nouvel édredon. Vous n'aimez pas gaspiller votre argent, mais vous avez peut-être besoin de changer quelques petites choses. Il est bon de bouger votre mobilier, de jeter ce qui ne fait que prendre la poussière depuis des années. C'est juste une suggestion ! Je sais à quel point vous trouvez ça dur. Je ne vous demande pas de faire quelque chose dont vous n'avez pas envie – je ne veux surtout pas agiter ce genre de chiffon rouge devant vos yeux !

LEÇON DE VIE POUR LE TAUREAU

Votre leçon de vie, Taureau, est d'apprendre l'estime de soi et de reconnaître votre beauté physique ! Car vous êtes vraiment beau, comme la Terre est belle – même quand les feuilles tombent, même quand un orage la dérange, la Nature reste admirable.

Votre ego n'a rien d'envahissant, et c'est une bonne chose. N'oubliez pas, néanmoins, que l'ego fait partie de vous. Il est là, dedans, et il mérite d'être remercié pour toute la magie que vous apportez aux autres. Ne craignez pas de réviser vos tarifs à la hausse ou de demander une augmentation, aussi difficile que ça puisse vous sembler.

LUNE EN TAUREAU

C'est la position la plus exaltée. Pourquoi la Lune aime-t-elle être en Taureau ? À cause de sa stabilité. Les émotions qui vont et viennent sont si perturbantes… Une Lune en Taureau est stable, moins changeante. Les personnes concernées ne rompent jamais une relation à moins que la situation ne devienne extrême. Les rares fois où elles se fâchent, on peut s'attendre à des émotions puissantes, qui ont besoin d'être entendues. C'est alors que le Taureau se révèle. Loyales et solides, les personnes qui ont le Taureau en signe lunaire possèdent une sagesse psychologique qui fait toute leur force.

MERCURE EN TAUREAU

Cela concerne souvent une personne fiable et responsable, dont on a pu dans l'enfance considérer qu'elle souffrait d'un trouble de l'apprentissage – une autre façon de dire qu'elle était « lente ». Mercure en Taureau, vous fonctionnez effectivement à un rythme mesuré ; mais rien à voir avec votre intelligence : pondéré, vous ne parlez pas à tort et à travers, vous prenez votre temps pour réfléchir à ce que vous allez dire.

Vous apprenez par l'expérience, les mains dans le cambouis. Ce n'est pas votre faute si l'éducation traditionnelle ne valorise guère cela. La théorie ne vous intéresse pas, vous voulez agir par vous-même. Ne soyez pas gêné s'il vous faut plusieurs essais : une fois que vous avez compris, vous savez le faire. Vous avez une mémoire d'éléphant. Néanmoins, conséquence de votre insécurité d'enfant, vous passez beaucoup de temps à vérifier ce que vous avez fait. C'est ce qui peut faire de vous un excellent enseignant, qui organise son savoir de façon systématique et sait expliquer les grands concepts par petits morceaux.

Quand on parle à quelqu'un qui a son Mercure en Taureau, il peut s'avérer utile de le toucher. Prenez-lui la main pour dire « J'ai besoin que tu m'écoutes » : ainsi, vous aurez toute son attention.

ASCENDANT TAUREAU

Vous avez l'énergie d'un Bouddha. Où que vous alliez, le calme émane de vous, autant que votre force. Une partie de vous rêve de normalité, et en même temps, tel le Bouddha, vous cherchez le détachement et le bien-être. C'est un mélange détonant – fort et doux, libre et avide de sécurité. Voilà ce que cherche votre âme.

Vous apportez aux autres un sentiment de sécurité, alors même que vous avez l'impression d'en manquer. Mais vous êtes en sécurité : qu'est-ce qui vous a déjà fait défaut ? Même si tous vos rêves ne se sont pas réalisés, il vous est arrivé des choses qui allaient au-delà de vos attentes. Votre leitmotiv, quand tout va bien : « La vie prend soin de moi. » Vous le sentez au plus profond de vous-même. L'ascendant Taureau a le potentiel d'être confiant, calme et patient.

Votre corps aime la nourriture roborative ; pas étonnant que, avec l'âge, vous présentiez une certaine tendance à l'embonpoint – ça fait encore plus de surface de vous à câliner ! Vous avez souvent une encolure assez puissante, une voix apaisante et un physique agréable. Vous avez les épaules larges, physiquement et métaphoriquement – on peut compter sur vous pour endosser les responsabilités.

Marquée par cet ascendant, l'âme incline le Taureau à une vie pleine de douceur. Vous ne dévoilez guère votre jeu ; vous observez les autres avec l'impression d'être négligé ou incompris – souvent en silence, même si, au fond, il vous en faut très peu pour être heureux. Tout le monde n'est pas, comme vous, attentif aux autres.

De quoi une montagne ou un arbre ont-ils besoin ? D'eau et d'air. Pour vous, il est vital de trouver une connexion avec la nature, ainsi qu'avec les *happy few* que vous considérez comme votre vraie famille. Quand l'ascendant Taureau parvient à une vie simple faite de nature, de beauté et de confort, son âme se déploie pleinement.

SATURNE EN TAUREAU

Il n'y a pas problème à aller lentement.

Vous avez profondément besoin de votre confort, de vivre à votre façon, selon vos propres termes. La clé, c'est de comprendre que vous risquez de rester coincé dans ce confort, de vous enfermer dans vos habitudes.

Posez-vous la question : « Y a-t-il dans ma vie des comportements répétitifs que je pourrais changer sans trop d'effort ? » Sachez que vous avez besoin de constance et de simplicité pour atteindre le bonheur. Inutile de compliquer les choses. Votre leçon dans cette vie est de trouver la beauté dans la simplicité. Comme la tortue, avancez lentement, mais sûrement – c'est comme ça qu'on gagne les courses !

Leçon de vie : Ne vous précipitez pas. Le plaisir est votre droit. Profitez de la vie dans (et avec) tous les sens !

MÉDITATION POUR LE TAUREAU

Je suis bien dans ma peau. Je découvre ma propre valeur. J'ai travaillé dur, et j'accepte de le reconnaître. Même si mon esprit a du mal à l'admettre, je sais que mes efforts ont porté leurs fruits. J'accorde beaucoup d'importance à la loyauté. Je profite de toutes les opportunités d'incarner la simplicité et la stabilité. J'ai tout ce dont j'ai besoin.

L'ESSENCE DU TAUREAU

Qui a dit que le calme et la tranquillité étaient ennuyeux ? Le Taureau garde précieusement une photo de ses parents, parce que ça lui rappelle de bons souvenirs. Il repense à l'époque bénie où toute la famille vivait sous le même toit, à cette enfance durant laquelle il aimait si souvent entendre Mary Poppins chanter « Supercalifragilisticexpialidocious », tant que les paroles sont aujourd'hui encore gravées dans sa mémoire…

Le Taureau aime la constance ; il aime célébrer les mêmes choses encore et encore. La vie moderne est compliquée. Les réseaux sociaux nous bombardent d'information. Les ordinateurs ont remplacé les bons vieux carnets, les promenades au parc et le téléphone à l'ancienne. N'est-ce pas harassant ? Le Taureau risque d'en perdre son dynamisme, de sombrer dans l'épuisement. La fatigue est-elle l'apanage du grand âge, quand l'énergie s'évapore et que la gravité prend le dessus ? Le Taureau se pose souvent la question.

Ne pas rester coincé, certes ; mais c'est à tort que le Taureau se reproche ses manières, rêvant d'être plus mobile ou de mieux réussir. Cette pensée peut lui gâcher complètement la vie. En revanche, quand il se tourne vers la nature pour y puiser des exemples d'évolution et d'acceptation, il se sent parfaitement bien : les arbres, la mer, les montagnes croissent et changent sans cesse, sans juger les saisons qu'ils traversent.

Le Taureau a une pièce préférée dans la maison, ou un fauteuil favori. Il n'aime rien tant que câliner son chat ou son chien, téléphone coupé. On peut le traiter de paresseux, mais c'est faux – il cherche le calme, voilà tout. Le Taureau est travailleur ! Il aime, en fin de journée, profiter du calme et de la paix ; le dimanche et les jours fériés, rien ne le tente plus que son canapé. Qu'y a-t-il de mal à ça ? Si seulement tout le monde savait en faire autant, ça changerait la face du monde…

10

La psychologie du Gémeaux : Je pense

Élément : Air
Mode : Mutable
Maison : III
Planète : Mercure
Corps : Poumons, bras et mains (l'excitation coupe le souffle du Gémeaux, il parle avec les mains)

Si vous saviez ce que c'est d'avoir la bougeotte et de pouvoir rendre drôle la moindre chose… À tout moment, je peux décider de partir acheter quelque chose qui manque, de me passionner pour une star des médias, de commencer une émission au milieu avant de repartir au début. J'ai des piles de livres à lire, des podcasts qui m'attendent, et si peu de temps à y consacrer, perdu que je suis dans le flot magique des informations ! Est-ce que je peux faire tout ça ? En tout cas, je vais essayer.

J'aime écouter, apprendre, me lancer dans de nouveaux sujets – j'ai même du mal à me cantonner à un seul. Je suis toujours ravi de bouger mon corps. Je saute dans ma voiture au moindre prétexte, même sans savoir où je vais ; je fonce au supermarché pour racheter quelque chose que j'ai perdu, chez mon libraire pour un livre dont j'ignorais tout dix minutes plus tôt. Quelqu'un a besoin que je le prenne en stop ? Il est le bienvenu. Que puis-je faire pour vous ? Tenir votre téléphone pendant que vous chargez vos courses ? Charger vos courses pendant que vous téléphonez ? Je peux tout faire, et même davantage.

Une partie de moi pense que personne ne comprendra jamais ce que ça fait d'être moi. Qui peut s'intéresser à autant d'idées et de nouveautés ? Je suis en multitâche vingt-quatre heures sur vingt-quatre. J'ai de l'énergie à revendre, je m'occupe de tout et je change de plans en un clin d'œil. La volte-face est ma spécialité.

Je danse ma vie, résolvant un problème après l'autre. Êtes-vous capable de vous remaquiller au feu rouge, dans le rétroviseur, tout en chantant à tue-tête la dernière chanson d'Adele (dont vous inventez les paroles au fur et à mesure), sans pour autant cesser de planifier votre journée, en pleine discussion avec votre meilleur ami au téléphone ? Moi, oui. Alors, tant pis si je suis en retard, ou si j'oublie la recette du gâteau que je suis censé cuisiner ce soir alors que je dois aussi finir mon travail, charger le lave-vaisselle, donner sa gamelle au chien et aider le petit dernier à faire ses devoirs de maths. Je peux tout arranger d'un seul texto – zut, où ai-je mis mon téléphone ?

Si des idées vous traversaient l'esprit en permanence, vous vous mettriez vous aussi à rire de façon intempestive. Je viens d'imaginer un poème…, mais je ne l'ai pas noté ! Ah, voilà mon téléphone ! Une seconde, je me gare, le temps d'écrire un petit mémo. Je peux tout faire en un clin d'œil. Si les changements constants et l'agitation vous agacent, gardez vos distances ! Sincèrement, je suis toujours prêt à faire la fête. Essayez de vous amuser avec moi ! Vous avez besoin de moi pour vous dérider, pour faire souffler un vent de folie sur votre vie. Je suis toujours à la recherche d'un partenaire qui puisse danser à mon rythme. Serait-ce vous ?

Le Gémeaux est curieux, il s'intéresse à tout. Il a une soif inextinguible de nouvelles connaissances. Il aime parler, sait tout de l'actualité... et possède la concentration d'un poisson rouge. Personne ne se passionne comme lui pour les gens. Il est capable de s'absorber complètement dans les réseaux sociaux, de s'oublier dans les *stories*, *feeds* et autres *reels* ; Internet a été inventé pour les Gémeaux. Avoir accès à tout en un clin d'œil, pouvoir tout oublier en une seconde, quitte à y revenir plus tard : les réseaux sociaux constituent le QG du Gémeaux.

Le stéréotype veut que le Gémeaux parle plus qu'il n'écoute. Même si c'est souvent vrai, il peut apprendre à changer. Il arrive parfois que le Gémeaux soit calme, voire timide ou introverti ; mais quand personne ne le regarde, il parle tout seul. Et pourquoi pas ? Après tout, c'est une personne passionnante ! Les SMS du Gémeaux sont cryptiques, il faut parfois un interprète ; mais peu importe, de toute façon, il vous rappellera dans cinq minutes pour tout vous expliquer.

Le Gémeaux a également la réputation d'être étourdi et capricieux ; en réalité, c'est un intellectuel, même si ça ne se voit pas. Enfant, il adorait l'école ; plus tard, au lycée, il a découvert comment sécher les cours sans que sa moyenne baisse. Depuis, il a gardé cette attitude, pour devenir l'attachant rat de bibliothèque, le prof passionnant ou le politicien élusif qui répond toujours à côté de la question. Il a toujours dix pas d'avance sur tout le monde – au point qu'on l'accuse souvent de souffrir d'un TDAH ou d'être trop distrait.

Si le symbole du Gémeaux est une paire de jumeaux, il n'y a pourtant pas deux Gémeaux semblables ; chacun d'eux présente des aspects multiples, la binarité n'est pas leur truc. Ils peuvent être ambidextres ou *gender fluid*, montrant tour à tour leur côté masculin et féminin, ou aucun des deux, ou les deux ensemble. On croit les cerner ? Ils changent d'un seul coup. La mutabilité et le changement sont leur don naturel.

Si on pouvait écouter ce qui se passe dans leur tête, on entendrait le générique d'une émission pour enfants, le brouhaha d'une classe de maternelle, des comptines... Gémeaux, vous avez la nature d'un enfant de six ans. Non que vous soyez immature (encore que, soyons honnêtes, ça vous arrive souvent), mais vous avez un esprit joyeux et juvénile qui ravit même les plus aigris.

Grandir ? Non, ça ne vous viendrait pas à l'esprit. On vous reproche d'avoir posé un lapin à quelqu'un, de ne même pas l'avoir appelé. Oups ! Vous aviez un autre rendez-vous en même temps. Ce n'est pas de la duplicité de votre part, en tout cas pas de façon consciente : c'est juste que vous avez du mal à ordonner toutes vos pensées et vos objectifs, à vous occuper de toutes les personnes que vous appréciez. Si quelqu'un entendait vos critiques intérieurs – les gremlins –, il saurait qu'il y a dans votre tête un « sale gosse », ou en tout cas un enfant qui, à force de s'attirer des ennuis, s'est persuadé qu'il en était un.

Si la spontanéité fait de vous un sale gosse, alors, vous plaidez coupable ! Vous vous sentez sollicité en permanence – acheter un magazine, lire la quatrième de couverture d'un livre, savoir de quoi est fait le nouvel emballage du papier toilette... votre esprit est si curieux que rien ne parvient à étancher sa soif. Vous ne pouvez tout simplement pas le mettre en pause.

Aussi confiants qu'ils puissent paraître, les Gémeaux se demandent en secret s'ils en savent vraiment autant qu'ils le disent. « Honnêtement, je ne suis pas vraiment un expert dans mon domaine. Est-ce que je me souviens de tous les détails ? Je crois. J'espère. Et si je me trompais ? Bon, peut-être que personne ne verra la différence. Si ? Zut, je m'ennuie. Allez, je passe à autre chose. Est-ce que je ne peux pas me concentrer sur un seul sujet, à la fin ? »

Il y a aussi le Gémeaux *vraiment bon* à ce qu'il fait. C'est votre cas ? Alors, vous vous en voulez parfois de vous sentir plus intelligent et plus rapide que les autres. Vous êtes à part parce que, même sans le vouloir, vous faites cinquante choses à la fois – et vous les faites si bien que les autres vous imitent. C'est souvent le lot des Gémeaux : les autres les imitent. Comment font-ils pour être si drôles et si malins, pour trouver des surnoms géniaux pour tout le monde ? Ils sont légers, rapides et charismatiques à la fois.

Le sommeil est souvent un problème pour les Gémeaux, à cause de ce discours intérieur envahissant et incessant : leur système nerveux fonctionne en permanence, ils tournent à une fréquence plus haute que les autres. Voilà pourquoi, Gémeaux, la méditation vous paraît si difficile. C'est simple : vous gigotez tout le temps. Faute de résultats immédiats, vous devenez impatient.

Votre moteur s'emballe, vous allez trop vite. Vous avez toujours l'impression d'être en retard, même si au fond ça vous est égal – de toute façon, vous vous en tirerez au charme ! Votre sourire et votre humour font fondre tout le monde. Vous lancez des idées passionnantes, vous racontez des histoires comme personne. Nous rions à vos anecdotes. Vous allégez l'ambiance, et on se sent mieux à vos côtés.

Vous êtes inconstant : et alors ? En tant qu'astrologue, je vous en donne la permission. Il vous arrivera d'être en retard, et parfois d'être ponctuel. Il vous arrivera d'oublier des choses, mais aussi de vous rappeler les détails les plus saugrenus. D'accord, vous êtes distrait, mais voyez tout le bien que vous faites aux autres, à votre famille, à vos amis. Vous êtes si drôle !

Votre promesse dans cette vie, c'est de montrer la curiosité et l'innocence d'un esprit plein de fraîcheur, qui ne méprise jamais les plaisirs simples. Même si ça vous pousse à vous montrer plus excité que les autres, vous êtes juste vous-même, et c'est la promesse de tout bon Gémeaux.

Merci pour votre esprit léger et drôle. Quand vous parvenez à vous extraire de vos pensées, vous savez rire et faire rire, écouter les autres et apporter de la légèreté dans tout ce que vous faites. Il n'y a rien de mal à être un éternel étudiant – ça signifie juste que vous ne cessez jamais d'apprendre. Le monde se porte mieux grâce à votre présence.

UN PROFIL DE GÉMEAUX

Jennifer a grandi dans une ferme du sud des États-Unis. Ses parents ont très vite compris que rien ne pouvait l'arrêter. Elle jouait au tennis, chantait dans une chorale, jouait dans un groupe – elle voulait tout faire à la fois. Passionnée par tout, toujours occupée, elle donnait parfois à ses parents l'impression d'être incontrôlable.

Dès qu'elle a pu, elle est partie pour la Californie pour suivre des études de marketing. Elle a découvert l'Esalen Institute, un des premiers centres de soins holistiques, célèbre dans les années 1970 pour avoir abrité le Human Potential Movement, et qui accueille aujourd'hui toutes sortes de créatifs – bref, un projet 100 % Gémeaux. Dans cette « communauté de chercheurs », Jennifer s'est pleinement épanouie.

Elle a couché avec un peu tout le monde – garçons, filles, peu importe. Elle était pleine d'amour. Enfin, elle a rencontré un homme qui, au premier regard, lui a déclaré : « Je serai ton mari »… et c'est bien ce qui s'est produit. Ils ont aujourd'hui trois enfants, qu'elle éduque elle-même, dans le Colorado.

Tous les samedis matin, Jennifer invite un groupe de femmes chez elle pour chanter les chansons qu'elle écrit, en s'accompagnant de percussions. Elle adore ces moments où elle sent l'attention et la présence de gens qu'elle aime. Jennifer chante à la moindre occasion, y compris à table. Comme un vrai Gémeaux, elle est toujours en mode multitâche, cuisinant un gâteau à la banane tout en faisant répéter à son fils un exercice de diction, tandis que, sur son ordinateur, tournent les photos incroyables de son dernier voyage – puis elle fonce enfiler sa tenue de danse avant son cours. On dirait une déesse à cent bras ! Et c'est comme ça en permanence.

Jennifer resplendit, pleine d'une énergie charmante et sexy. Toujours le sourire aux lèvres, elle irradie ; elle met l'ambiance partout où elle va. C'est l'archétype du Gémeaux – impossible de la quitter des yeux ou de ne pas l'écouter. Le Gémeaux s'agite et gigote et parle et saute partout – il nous rend heureux d'être en vie. Sa joie est contagieuse.

LA VOIE BASSE DU GÉMEAUX

Le mauvais penchant du Gémeaux, c'est de se montrer éparpillé, distrait, anxieux, et de trop réfléchir. Le sommeil lui échappe, ce qui le déconnecte encore plus. Il se tient à distance, au point parfois de s'avérer incapable de partager son intimité. Malgré son côté « papillon social », il reste détaché. Les Gémeaux peuvent devenir irritants (y compris pour eux-mêmes) à force de bavardage et de précipitation. Qui apprécie la compagnie d'une personne qui a toujours trois temps d'avance et qui ne se tait jamais ? Sous son pire aspect, le Gémeaux déblatère sans tenir compte des personnes qui l'entourent. Je suis sortie avec un Gémeaux et, au bout d'un moment, j'ai dû lui dire « Pardon, M. Gémeaux, mais ce serait bien que tu me poses au moins une ou deux questions sur *moi*. Fais comme si ça t'intéressait ! »

Vous pouvez blesser des gens, Gémeaux – parce que vous avez démissionné d'un travail sans dire au revoir, parce que vous avez abandonné vos vieux amis pour de nouveaux. Vous n'êtes pas là pour voir les réactions des personnes que vous avez délaissées, vous êtes passé à autre chose. Avez-vous pris le temps d'écouter ?

Bref, quand le Gémeaux est sur sa voie basse, il vit dans sa petite réalité ; il peut se montrer imprécis et négligent. Il joue avec les autres, juste pour s'amuser, puis les plante sans prévenir, au risque de briser des cœurs. Ce que redoute le plus le Gémeaux, c'est de se dire : « Personne ne me connaît vraiment. Je joue un rôle, je ne suis pas vraiment moi – je n'ai pas accès à qui je suis. Je fais semblant, et nul ne le sait ».

L'OBSERVATEUR DU GÉMEAUX

L'observateur dit : « C'est vrai, tu parles tout le temps, et sans cesse tu varies. Tu es multitâche, tu t'agites comme un beau diable. Mais c'est drôle, n'est-ce pas ? » Quand l'observateur du Gémeaux intervient, il lui montre avec bienveillance qu'il est en pilotage automatique, en particulier dans ses relations. Dès lors, le discours intérieur peut se transformer. « D'accord, j'ai un temps d'attention limité, et c'est très bien. Ça ne changera pas. J'ai juste besoin de ralentir un peu mon rythme. » L'observateur vous permet de sourire de votre comportement, de le trouver attachant. « Pourquoi est-ce que je tourne tout en plaisanterie ? Si j'essayais d'être patient ? Quand la situation l'exige, puis-je ne pas faire intervenir mon enfant intérieur ? »

Rappelez-vous que la parole est votre don. Mais n'oubliez pas d'écouter – vous devez apprendre à le faire. L'observateur peut vous aider à ne pas terminer les phrases des autres, à ne pas vous exprimer à leur place. Si vous parvenez à vous observer sans jugement, cela peut changer l'équilibre de votre turbulent système nerveux. Pratiquer quotidiennement cinq minutes de méditation peut changer votre vie.

Votre observateur vous taquine ; c'est là que votre humour peut jouer un rôle essentiel, vous aider à ne pas prendre les choses personnellement, à ne pas fuir. Les Gémeaux aiment rire, y compris d'eux-mêmes.

LA VOIE HAUTE DU GÉMEAUX

Dans sa meilleure expression, en particulier quand il maîtrise son ego, le Gémeaux fait preuve d'une bienheureuse désinvolture. Apte à changer et à lâcher prise, il n'a guère de difficultés à se détacher des relations toxiques. « Si les anges peuvent voler, c'est parce qu'ils savent prendre la vie avec légèreté. » Voilà la définition du Gémeaux, capable, grâce à son humour, de changer de point de vue en un clin d'œil. Le Gémeaux sur sa voie haute continue à faire preuve d'inconstance, peut être en retard ou oublier des choses, mais il a conscience de ses défauts et peut y remédier quand c'est nécessaire. Il a appris à écouter, à être aussi attentif aux autres qu'à lui-même.

À son meilleur, le Gémeaux est enseignant, écrivain, chercheur. Il trouve sa voie dès qu'il a compris qu'il était un orateur hors pair, un maître des mots. Assumez d'être brillant, Gémeaux, au lieu de laisser défiler vos pensées. Nous bénéficierons tous de vos découvertes.

CE QUI EST BON POUR LE GÉMEAUX

Qu'ils le veuillent ou non, les Gémeaux ont besoin de parler. Vous ne trouvez pas d'auditeurs ? Tenez un journal – pensez juste à le lire à haute voix ! Le problème du Gémeaux, en effet, c'est qu'il est capable d'écrire des pages et des pages sans jamais écouter sa propre voix. Il se contente de ranger ses carnets dans un coin. Alors, pour que la réalité entre bien dans votre tête, pour entendre comment fonctionne votre esprit perpétuellement affairé, relisez-vous ! Ensuite, vous pourrez soit sourire et accepter, soit décider de changer les choses. Si la même question revient dix fois de suite, c'est sans conteste que vous évitez quelque chose. Le reconnaître vous aidera à mieux comprendre comment fonctionne votre esprit.

La méditation est bénéfique au Gémeaux, même si elle ne lui est pas naturelle. Il s'y met puis abandonne, prétend qu'il « médite tout le temps ». *Même pas vrai !* Mais la méditation en mouvement est un bon choix – essayez la marche, la danse ou le yoga. Pas besoin de méditer pendant des heures pour en tirer des bénéfices. En tant que Gémeaux moi-même, je suis incapable de méditer plus d'un quart d'heure. J'ai une amie qui fait des retraites où elle ne parle pas pendant dix jours ou plus. Pour un Gémeaux, c'est le comble de l'horreur. De ne rien faire *exprès* ? Se taire pendant *combien de temps* ? Sans aller jusque-là, il suffit d'apprendre à apaiser l'ego/les gremlins, au moins pendant quelques minutes ; cela diminue la charge de travail d'un système nerveux sous tension constante.

Le sport vous fait du bien. Vous remarquerez que, après vos exercices, vous êtes plus créatif encore. Il est important de décharger votre esprit de temps à autre.

Une suggestion : essayez la musique, pour faire taire les bruits dans votre tête.

Pour les Gémeaux, l'amitié est un remède à tout. Une chose est sûre : vous avez besoin de quelqu'un à qui parler ! J'ai une amie, la même depuis trente ans, on s'appelle presque tous les soirs. Elle me sauve la vie : quand je ne lui parle pas, j'ai l'impression de perdre pied. Elle dit que ça l'aide aussi – elle est également Gémeaux !

Pour vous sentir moins éparpillé et tête en l'air, pratiquez des exercices d'ancrage – marchez pieds nus, collectionnez les pierres et portez-les dans vos proches, cuisinez, établissez un emploi du temps… et, éventuellement, suivez-le !

LEÇON DE VIE POUR LE GÉMEAUX

Vous êtes ici pour apprendre à apaiser votre esprit. Cela peut vous sembler impossible, jusqu'à ce que vous développiez la capacité à écouter. Je rappelle souvent à mes clients Gémeaux que, en anglais, *silent* (silence) est l'anagramme de *listen* (écoute). À réfléchir : pour écouter, il faut se taire… Il s'agit de couper son discours intérieur pour entendre ce que l'autre a à dire, sans y ajouter son avis ou sa propre histoire (« Oh, ça me rappelle que… » ou « Ne m'en parle pas, je connais ça ! »). Quand le silence intérieur est profond, la communication peut s'épanouir. J'ai appris à écouter, à y consacrer du temps. J'ai même le mot « écoute » tatoué sur le bras.

Impossible d'accéder à l'âme quand l'ego est aux commandes. Tout ce bavardage dans la tête du Gémeaux, c'est l'ego qui fait le malin. Soumettre celui-ci à l'influence de l'âme peut sembler une tâche herculéenne. C'est votre leçon de vie, et l'apprendre vous offrira une liberté inconnue jusque-là. D'ailleurs, en parlant de défauts de fabrication : tous les humains sur cette Terre ont dans la tête cette source de bruit permanent qui, en l'absence de sagesse et de conscience, peut les mener à leur perte. C'est ce qui nous détruit. Quand le mental parvient à rester assis, à écouter l'appel de l'âme, nous pouvons agir dans la bienveillance, la compassion et l'amour. Essayez : vous allez adorer !

LUNE EN GÉMEAUX

Vous ne pleurez pas facilement, si bien que vous semblez parfois détaché. Au pire, vous pouvez souffrir de troubles de l'attachement – vous vous dissociez dès qu'il est question de tendresse et de sentiments. « Je n'aime pas parler de ça », dites-vous. Pourquoi ? Pourquoi refuser d'aborder la maladie de votre mère, le problème de votre chien ? Vous préférez changer de sujet, parler du temps qu'il fait, de votre dernier repas au restaurant ; vous vous perdez dans les détails pour tenter d'effacer votre tension interne. Vous parlez, mais pas de ça.

Exprimez vos sentiments à haute et intelligible voix. Une thérapie peut vous faire du bien – quelqu'un est là pour vous entendre. Il vous faut parler, mettre des mots sur ce que vous sentez, sur votre confusion interne ; sans quoi, vous allez vous couper de votre ressenti, devenir rigide, distant et mal à l'aise. Vous êtes doué pour intellectualiser les émotions… et moins pour les vivre. Il peut vous arriver de pleurer, mais c'est pour d'autres personnes que vous, ou bien au cinéma. Cette déconnexion émotionnelle vous empêche de créer des relations saines.

Le détachement de la Lune en Gémeaux peut surprendre les gens. Vous entendez une personne dont la Lune est en Gémeaux exprimer sa peur ou sa tristesse ? Sachez que vous venez d'assister à un événement rare…

MERCURE EN GÉMEAUX

Mercure adore être en Gémeaux – c'est la planète qui les régit. Mercure en Gémeaux, vous possédez l'art de la conversation.

Votre mémoire infaillible vous permet de collecter les informations, que vous classez minutieusement ; vous retenez les statistiques avec précision, et vous vous en servez pour appuyer votre raisonnement. C'est naturellement que vous communiquez *via* les réseaux sociaux. Vous exprimez très clairement votre pensée. Vous avez un sens inné des relations humaines… et du mal à faire taire votre mental.

ASCENDANT GÉMEAUX

Votre âme ne rêve que de faire parler la voix de votre cœur. Si vous apprenez à vider votre mental et à chercher la paix, vous deviendrez une de ces personnes capables de tracer une carte pour tous les autres, vous serez un guide pour trouver le calme de l'esprit. Sous la tutelle de votre âme, vous pouvez devenir un enseignant, un modèle spirituel, ou vivre une histoire qui inspirera tout le monde.

Canal entre la Terre et le Ciel, vous êtes un grand écrivain, même si ce don peut vous paraître galvaudé ou peu enviable. En effet, écrire peut vous sembler déplaisant – ça prend trop de temps, et vous êtes pressé ! Mais quand ce n'est pas le cas, il n'est pas rare que l'ascendant Gémeaux trouve le succès en partageant sa vérité. Vous avez la capacité de court-circuiter le mental pour aller directement au cœur des choses, et c'est pourquoi vos mots nous touchent autant. À l'écrit comme à l'oral, ils sont magiques.

Vous êtes à l'aise dans votre corps, vif et agile. Vous êtes doué pour la randonnée, la danse ou le yoga – tout ce qui est physique.

En résistant à l'appel de votre âme, vous deviendrez indécis, changeant sans cesse d'avis. Votre tâche dans cette vie est de vous connecter à la voix de votre âme, non pas de sombrer dans l'hésitation. C'est le risque, la voie basse de l'ascendant Gémeaux : ne pas rester assez longtemps au contact de ce qu'il doit apprendre ou enseigner. La voie haute, c'est trouver le domaine dans lequel vous excellez, et vous y consacrer.

SATURNE EN GÉMEAUX

La communication est votre don et/ou votre défi.

Vous devez apprendre à maîtriser votre esprit. Votre mental risque de l'emporter à tout moment. Dès que vous comprenez que ce n'est qu'une voix dans votre tête, vous pouvez trouver votre observateur. Cette position sera votre libération. Écoutez de la musique pour apaiser le bruit dans votre tête.

Vous êtes ici pour partager vos idées : parler, écrire, faire de la radio, tenir votre journal intime, enseigner. Acceptez de changer souvent. C'est votre leçon – cessez de juger la fréquence de vos changements.

Leçon de vie : Permettez-vous d'avoir des idées multiples, complexes et nuancées, et ce, sans vous juger. Vous êtes venu expérimenter la variation et accepter le changement. Qu'importe le nombre d'emplois que vous avez essayés !

MÉDITATION POUR LE GÉMEAUX

Je ne veux rien autant que devenir un enfant, de voir le monde avec un œil nouveau. Je suis ici pour être l'étincelle qui rappelle aux gens la véritable joie de vivre. Quand je sens une résistance parce que les autres trouvent que je parle trop, que je bouge trop vite, je suis capable de leur dire : « Je peux ralentir. Je comprends votre point de vue. » Plus je m'autorise à agir comme un enfant, mieux je me sens.

L'ESSENCE DU GÉMEAUX

Qui a dit que l'enfance devait se terminer un jour ? Il y a des enfants déguisés en adultes, qui jouent un rôle. Ce sont les Gémeaux, qui peuvent travailler en s'amusant. Un enfant en habit d'adulte peut être considéré comme dangereux, ou en tout cas avoir du mal à répondre aux exigences sociales. Mais tant qu'il reste curieux, qu'il nourrit son appétit pour la joie, peu importe le temps qu'il consacre à chercher des réponses à ses questions sans fin. L'amusant, c'est de les poser ! Le Gémeaux se spécialise en découvertes et en aventures, en science, en écriture et en lecture – et il fait tout ça très vite. Pas étonnant qu'il ait des problèmes ! Bien sûr que ses intérêts multiples font désordre, et bien sûr qu'il peut sembler superficiel. Mais c'est loin d'être le cas, ne nous y trompons pas.

« Soyez vous-même », nous propose le Gémeaux. « N'acceptez pas les normes de la société, ne vous laissez pas enfermer dans une boîte ! » Tout le monde sait que, dans une boîte, on ne peut pas respirer. Le Gémeaux en sort et s'en libère. Bien joué !

C'est la fascination qui pousse les Gémeaux à bouger si vite, à changer de tenue, de rôle, à laisser l'avenir décider pour eux. « Des plans ? Qui a besoin de ça ? » Les Gémeaux ont le don de la spontanéité, qui leur permet de conserver une énergie toujours flexible.

Leur conversation se nourrit du dernier livre qu'ils ont lu, du dernier podcast qu'ils ont entendu, du documentaire qu'ils viennent de regarder. Leur esprit reste juvénile et curieux, quel que soit leur âge. Grandir ? C'est surfait. Il n'est jamais trop tard pour avoir (ou revivre) une enfance heureuse. Pas pour le Gémeaux, en tout cas.

11

La psychologie du Cancer : Je sens

Élément : Eau
Mode : Cardinal
Maison : IV
Planète : Lune
Corps : Poitrine et estomac (c'est le signe de la mère, le Cancer a des réactions viscérales)

Si vous saviez ce que ça fait de ressentir l'énergie des gens avant même qu'ils parlent ! Je suis à la merci de la condition humaine, et elle est douloureuse. Trop d'énergie négative, et j'ai envie de rentrer chez moi. J'aime avant tout travailler dans mon petit espace – c'est mon endroit préféré. Je préfère décliner les invitations chez les uns ou chez les autres. Je ne suis pas intéressé, je suis mieux à la maison. Néanmoins, quand c'est professionnel ou obligatoire, je fais le nécessaire, peu importe où je dois aller ou qui je côtoie.

Je n'ai pas toujours su que j'étais ce qu'on appelle un « empathe », une personne qui ressent la souffrance des autres. Mais c'est bien le cas : je perçois physiquement la douleur des gens qui m'entourent.

Je fais toujours passer les autres avant moi, ce qui peut s'avérer épuisant. Désormais, j'ai davantage de compassion pour moi-même. Je n'ai jamais eu de mal à compatir aux soucis des autres, à prendre soin d'eux ; ma plus grande difficulté, c'est de tourner cette capacité vers moi.

Vous ne comprenez sans doute pas pourquoi mon cœur a autant besoin de protection. Je laisse entrer très peu de gens dans mon intimité, et même là, je me garde de m'ouvrir trop. Trop de souvenirs me l'interdisent : la disparition de mon animal de compagnie préféré quand j'étais enfant, mon divorce, le décès de mes parents et tant d'autres choses dont je ne veux pas parler. Je n'ai pas envie de partager ça – tout ce qui, potentiellement, me blesse. Avec le temps, néanmoins, j'apprends à panser ces plaies. C'est pour cela que j'accorde autant d'attention et de temps à ma santé, en particulier à travers mon alimentation. Je me suis entraîné à le faire, à prendre soin de mon bien-être.

Je n'oserais jamais le dire à voix haute, mais j'aurais énormément besoin qu'on me touche. J'aime le contact physique. Invitez-moi à une fête de famille (même si je dis non) et mon cœur se gonfle de joie. Mieux encore, venez me rendre visite, parlez-moi de mes enfants, de mes animaux, de mon vécu. J'aime tenir mes promesses et passer du temps avec les personnes qui comptent vraiment à mes yeux. Je voudrais que mon rôle d'hôte, de parent, de partenaire soit reconnu à sa juste valeur.

Notre société ne comprend pas la douleur d'être humain. Je pense que mon rôle est là. Des valeurs simples me guident : les enfants ont besoin de stabilité, d'un adulte sur lequel s'appuyer. Les relations doivent être entretenues pour ne pas s'y retrouver coincé et devoir faire semblant. L'honnêteté envers soi-même est une obligation. Et n'oublions pas l'importance d'une alimentation saine. D'autres questions ? Je conçois la vie simplement. Soin de soi, honnêteté, famille. Un point c'est tout.

Je vois au-delà des mensonges. J'aurais pu être thérapeute, même si je n'ai pas envie qu'on me raconte tous les jours des problèmes – ça m'est trop difficile. Je perçois les soucis des gens avant même qu'ils ouvrent la bouche. Parler me fatigue. Je préfère agir, travailler, me reposer, créer, cuisiner, coudre, peindre, jardiner, soigner, faire du sport ou juste bouger. Mon emploi du temps est trop plein, je n'ai pas le temps pour bavarder. C'est à travers mes actions, plus qu'avec mes mots, que vous saurez que je vous aime. Si vous avez la chance d'intégrer mon cercle rapproché, vous ne le quitterez sans doute jamais. La loyauté est mon point fort.

Le Cancer prend soin des autres, jusqu'à s'en faire mal. Il aime sa famille, où il peut jouer le rôle de ciment du groupe. Cela va au-delà des liens du sang – il peut s'occuper de la vieille dame du bout de la rue, d'un enfant adoptif ou d'un animal errant. Quand le Cancer voit un chat perdu, il le ramène chez lui, où l'attendent sept autres félins – et il se met à pleurer sur le sort des chats de gouttière. Il invite à dîner le gamin d'en face qui, une nouvelle fois, n'a pas eu son repas du soir : « Viens chez nous, on a trop à manger ! » Il représente la partie altruiste de nous, celle qui veut prendre soin des mal lotis et des oubliés.

Il existe bien des stéréotypes négatifs sur le Cancer : il joue les victimes, voire les martyrs, il pleure tout le temps, il est trop sensible… sans parler de la maladie dont il porte le nom. Mais la plupart du temps, vous ne verrez pas le Cancer exprimer sa douleur et ses émotions – il apprend à les gérer, avec le temps. D'abord vulnérable, il atteint peu à peu une vraie sagesse des émotions.

Autre stéréotype : le Cancer est maternel – puisque c'est le signe de la mère. Toutefois, cet aspect-là n'est pas forcément visible. Le cancer, tel le crabe, est protégé par une carapace. On ne débarque pas chez lui à l'improviste, sous peine de trouver porte close. Certains d'entre eux ne veulent pas d'enfants, et sont très mal à l'aise quand ils lisent que leur signe est celui de la fibre parentale. Mais ils ont pu s'occuper très tôt de leurs frères et sœurs ; ou bien ils sont enseignants, ou possèdent des animaux de compagnie, et ça leur suffit. Il y a toujours des exceptions au stéréotype.

Qu'on se le dise : le Cancer a la larme facile. Avec le temps, il apprend à protéger son cœur, tant les émotions qui ont traversé son enfance étaient puissantes. Ses eaux gèlent et se figent – il cesse de pleurer. C'est particulièrement vrai pour les hommes Cancer, à qui la société apprend à cacher leurs larmes. Ils se transforment en glace, ils rentrent dans leur carapace. Bien entendu, cela peut concerner les femmes Cancer, en particulier si elles ont subi une rupture difficile ou une enfance traumatique.

Mais il faut le dire et le redire : le Cancer *est* sensible, même s'il le cache, et il souffre pour les autres, qu'il le montre ou non. Que se passe-t-il vraiment sous la surface ? Cancer, vous êtes (ou vous pouvez devenir) un empathe, un voyant, tant votre ressenti est fort. Parvenez-vous à trouver cette part de vous-même ? Ne soyez pas surpris si toutes ces émotions vous prennent du temps et de l'espace mental. Le crabe s'accroche, il ne lâche rien – ses puissantes pinces l'en empêchent. Non, vous ne pouvez pas « lâcher prise » sur votre ressenti : vous le vivez à fond !

Un de vos pouvoirs magiques – et la raison pour laquelle tout le monde aime les natifs du Cancer – est la proximité de votre enfant intérieur. Il est facile de vous approcher, de se connecter à vous : vous voyez au-delà des apparences et vous vous adressez à notre sensibilité. C'est aussi pour cela que les enfants vous apprécient. Près d'un Cancer, on se sent en sécurité. Nous avons tous besoin de nous sentir en confiance, de savoir que notre famille pense à nous. Or, vous avez un torrent d'amour en vous et vous vous souciez sincèrement des autres. Ce qui compte pour vous, c'est d'apaiser nos peurs ; vous vous emparez de nos soucis comme si c'étaient les vôtres. Ce qui explique, d'ailleurs, pourquoi vous avez davantage de gremlins que le commun des mortels : vous vous souciez de tout le monde, tout le temps.

Le Cancer a souvent l'impression d'être une victime. « Pourquoi moi ? Pourquoi suis-je si sensible ? Quelque chose ne va pas. Je sens qu'il va m'arriver malheur. » Il ressent cette peur universelle face à ce qu'on ne peut pas contrôler, si bien qu'un sentiment de panique le suit partout, sans raison ni logique. C'est une vraie éponge – il prend les émotions, les peurs, les histoires des autres. Voilà pourquoi la nourriture compte autant pour lui : elle lui sert de réconfort.

Le Cancer n'invite que peu de gens chez lui. Il n'aime guère se trouver en présence de personnes qu'il connaît mal – c'est nettement trop stimulant. « Je ne viendrai pas demain ; au fait, la prochaine fois, n'emmène pas John, lui et moi ne nous sommes pas bien entendus. » Si vous êtes là quand un Cancer est de mauvaise humeur, rendez-lui service : laissez-le tranquille, sans dire un mot. Partez, au besoin. Ne le prenez pas personnellement. Il a besoin de temps pour se calmer – et il sera ravi que vous l'ayez compris.

Cela vous surprendra peut-être, mais le Cancer peut être une femme ou un homme d'affaires à succès, en particulier grâce à sa capacité à s'investir sans faillir – un autre de ses superpouvoirs. Quand le Cancer se lance dans quelque chose, son endurance, son sérieux et sa tolérance à la douleur font la différence. C'est le Capricorne (son signe opposé) en lui. Sa productivité, sa concentration et son incroyable sensibilité lui permettent d'être toujours à la hauteur. « Tiens, tu as oublié d'apporter le café pour notre réunion ; au fait, Tom ne se sent pas bien aujourd'hui. Et on m'a dit que ta mère était malade en ce moment, ça va mieux ? À part ça, tout va bien ? Allez, au travail ! » Il réussit à mener les tâches à bien sans se départir de la conscience aiguë de la situation et des besoins des autres – au risque, parfois, d'en oublier les siens.

Le Cancer est physiquement fort et résilient, bien plus que ne laisse supposer son apparence ; sa constitution est l'une des plus solides du zodiaque. Pourtant, il ne se sent pas toujours puissant. Beaucoup de culturistes sont Cancer. Une âme délicate dans un corps d'acier, voilà le Cancer ! Son seuil de résistance est largement supérieur à la moyenne : n'oublions pas, le Cancer est avant tout une mère, capable de porter neuf mois sa progéniture et d'enfanter dans la douleur, avant de se lever le jour suivant pour s'occuper du reste de la famille. Elle ne se repose pas pendant les vacances, bien au contraire : avant Noël, elle passe la nuit debout à emballer les cadeaux, à préparer le repas du réveillon, ou à tout nettoyer. Et personne ne pense à la remercier pour tout ce qu'elle fait !

Même si vous n'êtes ni une mère ni une femme, cette métaphore reste valable : le Cancer est enclin au sacrifice et au labeur – il a tendance à tout prendre en charge. Mais qu'on ne s'y trompe pas : quand il part en mission, ce signe n'a rien de faible ni de vulnérable.

Avez-vous déjà vu un crabe marcher ? Il avance latéralement, sans se presser ; il observe d'abord les alentours. Certains ont l'impression que le Cancer a un comportement évitant ; mais c'est plutôt de la prudence, du discernement. Il veut être certain qu'il n'y a pas de risque, il hésite jusqu'au moment où il se sent en sécurité pour passer à l'action. Il combine en quelque sorte détecteur de mensonges et sonnette d'alarme : « Bip, bip, bip... Stop ! »

Du point de vue des émotions, le Cancer peut passer en un clin d'œil du rire aux larmes. Comme le Capricorne, il a un côté extrémiste – c'est tout ou rien, il vous adore ou ne vous supporte pas. Soit il enchaîne fêtes et soirées, soit il ne sort pas de chez lui, même pour voir sa famille. Une simple pensée lui met les larmes aux yeux, et le rire d'un Cancer peut s'avérer fort contagieux.

On sait peu à quel point le Cancer est drôle – c'est un humoriste et un imitateur hors pair. Robin Williams était Cancer ascendant Scorpion, avec la Lune en Poissons – triple signe d'eau ! Il était si empathique qu'il captait l'énergie de ceux qu'il approchait. Même un Cancer en voie basse sait dissimuler sa souffrance sous le rire. Il entend le rire des enfants, il voit les pères câliner leur fils. Kinesthésique, il est apaisé par le contact physique, les bisous d'un enfant ou les papouilles d'un chien. En secret, tout Cancer rêve qu'on le prenne dans ses bras – même s'il ne l'avouera jamais.

Est-ce que le Cancer s'épuise ? Oui. Est-ce qu'il vous le dira ? Sans doute pas. « Pas la peine de m'aider, je m'occupe de tout », lance-t-il.

Demander de l'aide, Cancer, vous est difficile ; y parvenir constitue chez vous un signe de maturité. Quand vous étiez plus jeune, je parie que vous aviez une relation privilégiée avec un frère ou une sœur, un grand-parent ou un ami intime qui vous protégeait et vous connaissait vraiment. Dans le cas contraire, vous avez pu vous refermer, en ruminant : « Personne ne s'occupe de moi. Je suis seul, et je ne trouverai jamais de soutien. Pas de problème, je peux tout faire tout seul ! » Ce préjugé négatif, ancré dans l'enfance, peut vous coller à la peau.

Si vous avez tendance à collectionner les mauvais souvenirs (et c'est certainement le cas), ceux-ci peuvent rendre votre personnalité triste – vous vous identifiez à l'histoire tragique que vous racontez sans cesse, à vous et aux autres. Et comme vous aimez la ressasser, dans ses détails les plus sordides ! Vous vous repassez le film de votre vie, toujours en négatif. Sauf qu'à force de souvenirs, vous risquez de créer une peur du présent. « Oh non, je me souviens de ça – ça me rappelle une autre fois où... Non, je ne veux pas que ça recommence. » C'est un mécanisme de protection, une carapace que vous portez inconsciemment ; les souvenirs vous empêchent de changer, d'être heureux ici et maintenant.

Bien sûr, Cancer, vous n'avez pas tort. Il s'est passé des choses tristes. Mais, si vous apprenez à revenir au présent, à l'ici et maintenant, plutôt qu'à remâcher le passé, vous trouverez la clé de la vraie liberté, et une nouvelle chance de connaître la joie. L'observateur vous aidera à voir que, zut ! vous revoilà coincé dans le passé ! Et il vous montrera comment en sortir.

Le Cancer incarne la tendresse. Contrairement à d'autres signes qui peuvent fuir leurs émotions et ignorer ce qui est arrivé, le Cancer n'oublie jamais. Si sa maman est morte, chaque année, pour son anniversaire, il pleure sur elle, il a le cœur brisé

– sa douleur est sincère. Quand ce signe vous aime vraiment, il ne vous oublie jamais. Si vous avez la chance d'appartenir au cercle intime d'un Cancer, il vous ouvrira son cœur et son esprit. Mais n'en parlez à personne – c'est un lieu sacré !

Merci pour votre bienveillance, Cancer. Vous êtes une belle âme, même si ça reste un secret. En comprenant que les émotions sont un don plutôt qu'une malédiction, vous découvrez la beauté de la douceur, qui constitue la réponse à l'appel de votre âme.

UN PROFIL DE CANCER

Linda, une de mes meilleures amies, est Cancer. À soixante-dix ans passés, elle a fini par apprendre à gérer ses émotions. Ça a eu un effet physique sur elle : grande, forte et belle, elle a progressé comme jamais au tennis. Elle s'épanouit depuis qu'elle a embrassé les plus hautes valeurs du Cancer.

Elle a connu une enfance difficile, avec un père alcoolique et violent. Son frère est mort à dix-sept ans dans un accident de voiture qui a ravagé la famille. Instinctivement, pour protéger sa mère, elle a absorbé la douleur des autres. Très belle, elle est devenue un mannequin international ; elle est tombée enceinte sans être mariée, avant de rencontrer un homme qui l'a épousée et avec qui elle a eu six enfants. Supermaman, c'était elle ! Son époux a été relativement riche, avant de tout perdre. Alors, elle s'est lancée dans les affaires. Rien de pire que l'instabilité quand on dépend de quelqu'un d'autre, surtout quand on est mère. Vu son enfance et sa famille, elle a repris le fardeau, l'histoire selon laquelle « elle s'occupait de tout toute seule ».

De l'extérieur, tout semblait en ordre. Mais elle m'a confié que, pendant ces années, il lui arrivait souvent de s'enfermer dans les toilettes et de se mordre les phalanges jusqu'au sang pour ne pas hurler, pour ne pas dire à quel point son mariage était difficile.

Enfin, elle a compris qu'elle fuyait la douleur – elle cachait ses émotions, les isolait ; depuis toute petite, c'était sa façon d'absorber les chocs. Elle a suivi une thérapie, avant de demander le divorce. Courageusement, elle s'est réinventée en mère solo (avec sept enfants !), tout en devenant photographe pour un magazine jeunesse – typiquement Cancer ! Elle travaillait la nuit, tirant elle-même ses photos pendant que la maisonnée dormait. Le Cancer est industrieux…

Elle est restée longtemps célibataire avant de rouvrir son cœur à l'amour. Mais, il faut le dire, le nouveau prétendant a dû faire ses preuves ! En bonne Cancer, Linda refusait de lui accorder sa confiance. Pendant des années, il a tout donné et tout enduré pour elle, jusqu'à ce qu'elle accepte de lâcher prise, de dépasser la profonde méfiance qu'elle avait conçue envers les pères de ses enfants (et le sien !). Avec le temps, elle a compris qu'elle était en sécurité.

Est-ce que ses enfants sont là chaque dimanche soir pour le dîner en famille ? Oui. Est-ce que leurs vacances sont une extravagante réunion d'enfants et de petits-enfants ? Oui encore. Est-ce qu'elle accepte que son compagnon depuis dix ans habite chez elle ? Non. Elle refuse qu'ils vivent ensemble, parce qu'elle sait qu'elle a besoin de pouvoir être seule pour se ressourcer. Consciente de ses faiblesses, Linda a appris à poser ses limites. Elle est heureuse, en paix, et tout lui réussit. Elle offre tout son amour et sa compassion aux gens qu'elle a choisis dans sa vie.

Et, parce que les Cancer sont physiquement très costauds, elle est encore plus forte au tennis que dans sa jeunesse ! Comme le Capricorne, le Cancer a besoin d'être le meilleur.

LA VOIE BASSE DU CANCER

Dans son côté obscur, le Cancer est en proie à de nombreux maux physiques. Le ressentiment l'habite, lui, le martyr, l'agneau sacrificiel, l'oublié ; et il le déverse en longues plaintes ou, pire, en maladies à répétition. « C'est vraiment trop injuste », voilà le refrain de son disque rayé.

Je pense à cette Cancer qui ne supporte pas sa belle-mère ; voilà des décennies qu'elle se sent mal à l'aise à table avec elle aux dîners de famille. Rien d'étonnant, dès lors, à ce qu'elle tombe malade juste à la veille des fêtes...

Le problème, c'est que, quand quelqu'un lui demande « Qu'est-ce qui ne va pas ? », le Cancer répond « Rien du tout » ou « Je préfère ne pas en parler ». Comme une éponge, le Cancer sur sa voie basse garde toute la négativité en lui ; elle se transforme au fil du temps en symptômes physiques. « Je ne suis pas d'humeur. Je suis fatigué. Je n'en ai pas très envie. » Autant de façons de dire : « Je me suis perdu. Je ne veux pas le faire. J'ai besoin d'être seul. »

Une autre version du Cancer en voie basse, c'est la machine, la bête d'endurance qui se tue à la tâche sans jamais rien dire. En secret, il décharge ses tensions avec un verre de vin volé, une cigarette quand personne ne le voit, ou des aliments qui, il en est conscient, ne lui font pas du bien.

Dans ses pires moments, le signe d'eau se transforme en glace – le Cancer est gelé, il ne ressent plus rien. Quand on bloque ainsi le flot vital, la maladie n'est pas loin : la santé, la vitalité, c'est la capacité même à garder le corps et l'esprit mobiles. Tous les maux physiques sont des émotions non traitées ; et, parmi tous les signes, le Cancer en voie basse est sans doute le moins enclin à agir sur ses émotions.

L'OBSERVATEUR DU CANCER

De la même façon, il est peut-être plus difficile pour le Cancer que pour tout autre signe de trouver l'observateur. Il est par trop distrait par son corps et ses douleurs physiques. Tout le blesse, au point qu'il sombre parfois dans l'engourdissement. Or, l'observateur nous presse d'accepter notre vulnérabilité. Il s'agit donc de l'activer en pensant « Zut, je me sens paralysé et sans émotions » ; puis de se demander « Qu'est-ce que je ressens, de façon authentique ? » Cette question, posée avec régularité, vous remet en contact avec votre sensibilité. L'observateur aide à percevoir la capacité à aimer et à prendre soin des autres comme une force plutôt que comme une faiblesse ; elle permet d'utiliser ladite sensibilité comme un don et non comme une malédiction.

Vous avez le droit d'être celui qui soigne, qui se soucie des autres. Abdiquer cette capacité naturelle serait stupide. Pensez seulement à l'appliquer à vous-même, à vous montrer aussi généreux envers votre propre personne qu'envers les autres.

LA VOIE HAUTE DU CANCER

Le Cancer évolué et mûr incarne la sagesse. Après tout ce que vous avez connu, vous pouvez, Cancer, nous donner votre avis. Sur sa voie haute, le Cancer est un porte-parole, un exemple à suivre – on pense en particulier au Dalaï-Lama, Cancer ascendant Cancer, et à son combat pour la paix et la bonté. Il symbolise à lui seul quatre mille ans de bouddhisme. Il a vécu au Népal, parmi les reliques de ce riche passé – car le Cancer adore l'Histoire – et le souvenir de ses prédécesseurs. On dit qu'il s'est réincarné vingt-trois fois avant d'arriver à cette vie. Sa communauté vivait dans un temple superbe, le palais du Potala, à Lhassa, au sommet d'une montagne.

Puis, une nuit de 1959, ce palais a été envahi. Tout a disparu : l'histoire entière de la tradition bouddhiste rayée d'un coup. Le Dalaï-Lama a dû fuir sans espoir de retour. Le temple, qui abritait des siècles et des siècles d'objets historiques, a été détruit ; les murs entre lesquels avaient résonné pendant des millénaires des chants bouddhistes ont été abattus.

Quelle catastrophe émotionnelle, en particulier pour un Cancer ! Le Dalaï-Lama vit désormais exilé en Inde, à Dharamsala. Chaque jour, il médite pendant de longues heures. Avec tout ce qui lui est arrivé, il aurait toutes les raisons de sombrer dans la colère ; pourtant, il prie en permanence pour ceux qui l'ont tant fait souffrir, lui et son peuple. Il prie pour les Chinois – il a collaboré avec un auteur hongkongais pour son livre *Savoir pardonner*. C'est le bon côté du Cancer : maîtriser l'art du pardon, même envers ceux qui l'ont blessé. Quelle noblesse dans cette attitude !

Sur sa voie haute, le Cancer nous enseigne à lâcher prise. Il sait que la souffrance que nous portons peut nous faire oublier l'amour qui nous revient de droit. Il nous montre comment pardonner, comment abandonner le ressentiment qui vient de la douleur non soignée et non évacuée. Le Cancer en voie haute sait demander de l'aide, accepte d'en recevoir et reconnaît ses peurs – idéalement, avant qu'une crise ou une maladie l'y contraigne.

On le sait : quand on souffre d'un cancer, on doit tout changer – son mode de vie, son alimentation, sa vision de la santé, sa capacité à chercher de l'aide… Il n'est plus temps de tout donner, il s'agit de recevoir pour guérir. C'est une leçon du Cancer : savoir recevoir est un défi immense.

LEÇON DE VIE POUR LE CANCER

Pour vous, Cancer, être humain n'a rien de facile. Mais vous êtes un don – un canal pour prendre la douleur, la soigner, et transmettre cette sagesse aux autres. Vous êtes bien plus fort que vous ne le croyez. La guérison constitue pour vous un appel puissant.

Trop souvent, vous prenez sur vous la douleur de votre famille et de vos ancêtres. Ce n'est pas une leçon facile, mais le fait d'accepter le karma familial (ce que nous sommes tous plus ou moins contraints de faire), avec pour désir de traiter le trauma pour le guérir, reste une des leçons spirituelles les plus élevées. Guérir les blessures des ancêtres, quel programme !

L'essentiel est alors d'apprendre à poser des limites. C'est un signe de bonne santé et de force que de savoir quand se laisser aller à pleurer et quand faire preuve d'intransigeance face aux émotions. Avec le temps et la pratique, vous pouvez maîtriser l'art de mettre des mots sur celles-ci, pour découvrir la sagesse qu'elles contiennent.

Il faut bien plus de courage pour être vulnérable que pour faire semblant de ne rien sentir. Vous croyez que votre faiblesse est de trop vous inquiéter, vous vous trompez. Je suis sûre que, plus jeune, vous vous en vouliez de pleurer ou d'être triste. Mais, croyez-moi, c'est un don – exprimer l'amour avec aisance est un superpouvoir.

Pouvez-vous dire ces mots ? *J'ai choisi de m'incarner dans cette vie telle qu'elle est vraiment. J'aime être en vie. J'apprends à gérer la douleur physique. J'accepte de passer d'abord, de prendre soin de moi en premier. J'accueille avec gratitude les saveurs de la vie, l'amer comme le doux, la douleur et la joie, sans en éviter aucune. J'ai compris, à la dure, que quand on esquive la douleur, elle reste dans le corps et y instille ses effets en créant des symptômes. J'ai cessé de me punir. C'est un destin héroïque que d'apprendre à être vrai, à accepter la douleur sans détourner le regard de l'amour et de la bonté. J'assume la mission de rendre plus noble cette expérience humaine, quel qu'en soit le coût.*

CE QUI EST BON POUR LE CANCER

Commencez par prier et demandez de l'aide. Suivez une thérapie, et profitez-en pour passer votre enfance en revue. Vous avez beaucoup à en dire, je vous assure. Vous êtes ici pour guérir. Repensez votre histoire avec cette question : que suis-je censé apprendre ici ?

Vous avez renoncé à la tendresse, cessé de pleurer ? Vous ne parvenez pas à guérir ? Aucun jugement là-dessus. L'observateur est là. Il attend que vous mesuriez à quel point vous êtes merveilleux, malgré les drames et les histoires qu'ont traversés votre corps, votre famille ou ce qui constitue aujourd'hui votre fardeau.

Les larmes et la parole sont de bonnes thérapies contre la douleur physique ; laissez-les couler, avec l'intention d'apprendre le pardon. Je crois sincèrement que les Cancer devraient pleurer une fois par jour au moins – l'eau salée possède des vertus curatives.

Pourtant, Cancer, il vous faut parfois faire une pause pour vous concentrer sur ce qui vous arrive. Si vous pleurez trop souvent, apprenez à arrêter. Vous avez ce côté extrême. Prenez le temps de sentir, de vous détendre. À cause de votre tendance à trop travailler, à trop donner – vous occuper des animaux perdus, des personnes âgées et des enfants sans réfléchir à deux fois –, vous devez vous demander : « Puis-je me prendre soin de moi un instant, même quand quelqu'un d'autre a besoin de moi ? »

Les pratiques de pleine conscience sont une bénédiction pour le Cancer : elle l'ancre dans le moment présent en l'aidant à porter son attention sur l'histoire qu'il se raconte. À un Cancer, je propose souvent ce mantra : Ça, c'était avant*; maintenant, c'est maintenant. La vie, je le sais, prend soin de moi.* Même s'il ne parvient pas à y croire, je lui dis de commencer à le répéter comme un mensonge – à force, il deviendra vrai. Grâce à cela, le Cancer a la capacité de devenir une tout autre personne.

Le remède ultime pour vous, Cancer, c'est d'apprendre à laisser le passé derrière vous. Tout ce bazar dans votre maison, s'il encourage les souvenirs, peut vous peser et entraver votre énergie. Trop d'eau en réserve ne laisse plus entrer l'eau fraîche ;

il est des marigots dont on ne sort pas. Vous devez lâcher prise – à trop stagner, l'eau croupit.

LUNE EN CANCER

Le Cancer est une position confortable pour la Lune. Planète la plus rapide du ciel du zodiaque, la Lune aide l'eau et les larmes à couler ; et l'eau qui bouge a moins de chances de geler. Avec un Cancer en signe solaire, on risque de se couper de ses émotions, de les bloquer par son ego. Rien de tel avec le Cancer en signe lunaire – la Lune facilite le lâcher-prise émotionnel. Aimez et pleurez sans retenue, Lune en Cancer ! Il vous serait de toute façon difficile de faire autrement.

Vous êtes doué pour la cuisine. Mon amie qui a sa Lune en Cancer ne vient jamais chez moi sans cadeau – petits plats, fleurs et objets qui, elle le sait, vont me plaire. Elle me demande toujours : « De quoi as-tu besoin ? Que veux-tu ? Qu'est-ce que tu préfères ? Je t'apporte ça tout de suite. »

Vous avez du talent pour le soin, en particulier le Reiki. Vous captez l'énergie émotionnelle invisible des autres. Sans quelqu'un dont prendre soin, vous n'avez pas l'impression d'être vous-même. Vous vous interrogez sans cesse : « Suis-je suffisamment bon ? Est-ce que j'en fais assez pour les autres ? » Ne niez pas, Lune en Cancer, c'est exactement vous ! Votre but est de prendre soin des autres, au point de parfois sous-estimer votre valeur véritable. Je vous assure, vous en faites *largement* assez !

MERCURE EN CANCER

Intuitif, vous lisez les gens au premier coup d'œil ; mais, tout de suite, vous vous demandez si vous ne vous trompez pas, car vos pensées ne sont pas logiques. Au mieux, vous avez une mémoire d'éléphant – seul Mercure en Verseau peut se vanter de meilleures performances sur ce chapitre. Mais vous avez tendance à ressasser, à vous laisser gagner par vos émotions, et il est parfois difficile pour les autres de suivre vos pensées.

Vous êtes exceptionnellement doué pour les affaires. Une fois lancé, vous prenez soin de votre entreprise comme d'un enfant. Vous y êtes émotionnellement attaché, et vous aimez y entraîner tous vos proches – vous adorez les entreprises familiales !

Il est important que vous ayez quelqu'un à qui parler à cœur ouvert. Il vous est difficile de vous confier à n'importe qui.

ASCENDANT CANCER

De façon étonnante, vous avez une constitution physique parmi les plus robustes du zodiaque – avec beaucoup d'endurance, même si vous pouvez souffrir de l'estomac ou de la poitrine.

Vous avez le potentiel de trouver l'authenticité, de révéler la nature humaine – c'est l'appel de votre âme. Un écueil majeur vous guette cependant : votre ego, qui se méfie de votre sensibilité à fleur de peau, ce qui peut distraire et entraver vos dons de guérisseur. Deviendrez-vous victime de votre propre sensibilité, ou bien trouverez-vous la sagesse suffisante pour accepter de percevoir la douleur des autres et de la porter avec eux ?

Vous avez une immense capacité à ressentir – au mieux, vous vous laissez traverser par d'immenses vagues d'émotions sans les fuir. Vous les prenez comme elles arrivent. Le rire et les larmes vous viennent facilement. Vous êtes doué pour les thérapies, et vous savez accueillir toutes les émotions sans juger. Vous vous demandez peut-être : « Dois-je toujours être celui qui aide ? Pourquoi ne puis-je m'empêcher de me porter volontaire à tout propos ? Suis-je le seul dans ce cas ? »

Êtes-vous capable d'accepter les sentiments sans vous figer ou vous glacer ? Savez-vous prendre ce qui vient ? Pouvez-vous accueillir la douleur sans qu'elle devienne contagieuse, sans blâmer quelqu'un d'autre pour vos pleurs ? Savez-vous quand cesser de ressentir pour lâcher prise, vous purifier et vous remettre de toutes ces émotions qui ne vous appartiennent pas ?

Dans cette vie, votre âme a voulu ressentir. Être tendre est un don. Vous pouvez résister à ce rôle de soigneur, même si vous n'avez pas d'enfant ou peu d'instinct maternel. Pourtant, quand vous vous autorisez le pur plaisir d'être au service de l'autre, cela vous vient naturellement et cela vous fait énormément de bien. Dès que vous apprenez comment répondre à ce besoin de prendre soin des autres, de donner sans compter, et d'y consacrer toute votre endurance, vous accomplissez la promesse de votre âme : vous mettre au service des autres sans jamais vous plaindre.

SATURNE EN CANCER

Apprenez à demander ce que vous voulez.

Vous devez prendre soin de vos émotions. Vous portez une sensibilité et une vulnérabilité héritées de votre enfance ou de votre entourage. En découvrant comment pleurer, en vous autorisant à exprimer vos sentiments, vous trouverez la clé de votre libération. Si vous êtes isolé, il est temps de faire fondre la glace.

Votre défi est de repenser votre histoire au prisme de cette question : « Comment lâcher prise et accepter le karma de ma famille/de mon passé ? » Un premier pas serait de jeter les objets que vous conservez pour des raisons sentimentales, de débarrasser votre espace pour plus de liberté. La thérapie est un passage obligé – et souhaitable ! – pour le Saturne en Cancer. Sans elle pour mettre en perspective les dynamiques familiales, vous risquez de porter à jamais les stigmates de votre enfance. Cela peut vous prendre beaucoup de temps, car, depuis toujours, inconsciemment, vous intériorisez la douleur. Essayez, *a minima*, la thérapie familiale, pour guérir de vos blessures d'enfance. C'est votre promesse dans cette vie – apprendre à laisser partir le passé.

Leçon de vie : Les fantômes de votre enfance vous hanteront si vous refusez de leur faire face. Fixez-vous pour objectif de réactualiser votre douleur physique – de ne pas vivre avec le spectre de vos souffrances passées. Vous savez mieux que quiconque à quel point la famille compte ; mais vous pouvez choisir votre famille ! Votre superpouvoir est votre sensibilité.

MÉDITATION POUR LE CANCER

J'ai le don de sensibilité. Plus je me montre à l'écoute de cette partie de moi qui ne désire que la simplicité, plus je me sens tranquille. Je peux me mettre à l'écart, profiter de la nature, au contact des animaux, dans le silence. C'est ce qui me ressource. Je peux me libérer du poids de l'histoire familiale, des récits qui m'ont blessé. Je peux faire une pause, me retirer temporairement de ce monde pour profiter du calme. J'ai le droit de pleurer, pour me libérer des toxines et de la douleur avant de me poser. Ces temps d'arrêt sont une nécessité pour moi si je veux continuer à accueillir toutes les émotions avec un cœur ouvert. Trop de compassion risque de réduire la faculté de mon âme à me rasséréner moi-même. Je peux gérer ma capacité à donner et recevoir. Je mérite la tranquillité – c'est le don que j'offre aux autres.

L'ESSENCE DU CANCER

Qui a dit que les personnes douées d'émotions sont faibles ? Qu'il faut s'excuser de pleurer – que ce n'est pas « professionnel » ? Je crains que ça ne soit un Capricorne qui n'avait de temps ni pour l'intuition ni pour les sentiments. En réalité, si vous êtes à l'écoute de votre instinct, si vous sentez dans votre ventre ce qui est vrai, au-delà des mots et des masques, c'est vous qui menez le jeu.

Qu'est-ce qui nous empêche, nous humains, de nous sentir fiers de tout l'amour dont nous sommes capables ? D'accord, le Cancer pleure aux mariages, aux enterrements et parfois même devant les publicités. D'accord, il ne peut pas s'empêcher d'aimer ses enfants de tout son cœur, de se montrer jaloux, de se mettre en colère quand un conducteur lui fait une queue de poisson. Et alors ? C'est le lot de tous les humains, et le Cancer est sans doute le signe le plus authentiquement humain de tout le zodiaque ; car quand les émotions lui viennent, s'il est fluide et ouvert, il ne les ignore pas, et ne ment jamais à leur sujet.

L'authenticité est le but de l'astrologie : aider les humains à se sentir libres de pleurer, de rire, d'être émus, d'aider l'enfant qui souffre. C'est la voie haute de l'humanité. Le Cancer aime sincèrement, il honore ses ancêtres, il est porté par ceux qui sont venus avant lui. Le Cancer est un être intemporel qui sait que l'amour est la qualité universelle qui rend les humains si attachants.

Nous avons tous besoin d'amour, ne serait-ce que de celui d'un animal de compagnie. Nous venons tous d'une mère qui nous a donné la vie. Un Cancer aurait pu écrire les Dix Commandements. Les Cancer croient en l'amour de Dieu (ou d'une entité supérieure) et de leur prochain ; ils honorent leurs parents, chérissent leurs enfants, ne volent ni ne blessent jamais, et font toujours le bien. La mission du Cancer, c'est « prends soin de qui tu aimes ». Et si nous l'imitions, nous tous ?

Parvenir à accepter la condition humaine, le cœur ouvert, c'est comprendre ce que nous faisons sur Terre. À force d'étudier, le Cancer découvre un jour l'immense valeur de la bonté. Il nous apprend à aimer, à nous ouvrir aux autres, sans laisser le passé nous encombrer, sans laisser la douleur physique nous faire oublier que ce qui compte le plus, c'est d'aimer la vie/Dieu/l'esprit de tout son être.

12

La psychologie du Lion : J'avance

Élément : Feu
Mode : Fixe
Maison : V
Planète : Soleil
Corps : Cœur, colonne vertébrale (le Lion a le cœur vaillant et le dos solide)

Si vous saviez comme j'ai besoin de dépenser mon énergie et d'exprimer ma créativité! Comment font les autres pour rester en place? Ça m'est impossible. On dit que c'est le feu en moi qui me pousse à m'occuper de tout – et parfois de vos affaires. Je veux m'assurer que vous êtes présent, que vous menez la vie que vous méritez.

Tenez, servez-vous de mon feu! Prenez-moi à bord, embauchez-moi, mettez-moi en première ligne, je suis à votre disposition. Mon seul défaut, c'est de ne pas supporter longtemps les tâches répétitives, surtout quand on me laisse seul – je viendrai vous chercher pour que vous m'aidiez.

Quand je crée, il faut que mes œuvres passent instantanément de mon atelier à Internet : je ne fais pas les choses pour moi. Je veux partager ce que je crée, et être payé en retour. Ne pas tout donner pour une tâche ? Impossible pour moi – et j'ai aussi besoin de réactions.

Je voudrais qu'on apprécie tout ce que je fais. Ça me remplit. Je me nourris de l'énergie que me procurent les gens qui valorisent mes idées. Pas étonnant qu'on me trouve parfois autoritaire ou intransigeant – j'ai besoin que les choses se fassent, et je donne tout pour ça. Pourquoi sommes-nous en vie, sinon pour transmettre la joie ? Mais ne vous y trompez pas : si j'aime les feux de la rampe, il y a en moi une vraie timidité.

Si vous ne me jugez pas pour ma forte personnalité, alors je vous aimerai. Si vous ne tenez pas le rythme, si vous me trouvez brusque, tant pis. Je n'ai pas besoin de vous – et plein d'autres gens rêveraient de m'avoir dans leur camp. Quand je suis à vos côtés, ma loyauté est inébranlable – vous avez, quoi qu'il arrive, mon soutien et mon attention. Vous êtes doué pour quelque chose ? Demandez-moi des retours : je sais à merveille vous proposer des idées qui compléteront les vôtres. Mais, par pitié, ne sollicitez pas mon avis si vous ne le voulez pas vraiment !

Comprenez-le : je dois avancer. L'immobilisme et la médiocrité ne sont pas dans mes cordes. Je suis peut-être le meneur dont vous avez besoin. Dites-moi de quoi vous avez besoin – je suis là, et j'ai bien trop d'énergie pour ne pas la partager avec ceux que j'aime.

Le Lion incarne tout ce que la nature humaine a de puissant et de brillant. Pourquoi mettons-nous les acteurs sur un piédestal ? Parce qu'ils ont le don de montrer la vie sous son meilleur jour, dans ce qu'elle a de drôle, de dramatique, de fascinant. La nature humaine est ainsi faite que nul ne peut détourner le regard d'un accident de voiture spectaculaire.

Le Lion est la partie de nous qui réclame l'attention, qui veut tomber amoureuse, être remarquée, voire célèbre. Le Lion rêve de se sentir à part, d'être la star, le meilleur joueur de l'équipe, le premier rôle de la pièce. C'est l'enfant qui crie spontanément « Papa, Maman, regardez-moi ! » ; au fond, il demande : « Je suis à part, hein ? Vous m'aimez ? Je suis mignon ? Vous promettez de ne jamais m'oublier ? J'aimerais changer votre vie en faisant quelque chose de vraiment spécial. »

Trop souvent, on caricature les Lion en vaniteux, en prétentieux. On leur reproche d'être trop bruyants, autoritaires, autocentrés. Ce n'est pas nécessairement vrai. Les natifs du Lion aiment les feux de la rampe, mais pas toujours de façon égoïste et quand ils sont braqués vers eux. Certains Lion sont même timides et introvertis. Cela les pousse d'ailleurs à douter de l'astrologie, car ils ne s'identifient en rien au stéréotype. Le Lion est peut-être dans le « tout-à-l'ego », mais chaque humain exprime son ego à sa manière. Ce qu'on ignore, c'est que le Lion se sent mal à l'aise quand les louanges et les applaudissements viennent à lui manquer. Il a profondément besoin d'une validation extérieure, qu'il ose ou non la demander. Sans elle, il se referme et refuse de devenir le centre de l'attention. « Non, ne me regardez pas, je ne suis pas en tenue, je ne suis pas prêt. »

Tous les Lion ont en commun une élégance particulière, qu'elle soit subtile ou évidente. Leur présence ne passe jamais inaperçue. Quand il y a des enfants dans le coin, le Lion se passionne pour eux – comme la Lionne pour ses petits ! Quand il est en colère, le Lion rugit et jure à profusion. Oh, et ai-je parlé de ses cheveux ? Je vous promets que les plus prestigieux des salons de coiffure ont tous à leur tête une Lionne ou un Lion.

Être ou ne pas être vu, telle est la question pour le Lion. Ça commence dès l'enfance. « On me voit, donc j'existe », tel est son credo. Pour s'en assurer, il endosse (au moins dans une certaine mesure) le rôle du comédien, du rigolo de la classe, du petit prodige, de la diva. Vous vous souvenez, Lion, d'avoir joué de la guitare imaginaire devant votre miroir ? De vos amis ou votre famille qui faisaient cercle autour de vous ? Voilà peut-être pourquoi vous vous retrouvez aujourd'hui sur les planches, que ce soit dans un théâtre prestigieux ou à la MJC de votre petit village. Face à un public, au miroir ou à votre meilleur ami, vous aimez qu'on vous renvoie votre image. Mais au fond, tout le monde, quel que soit son signe, a besoin de reconnaissance, de soutien ; ne jugeons pas le Lion qui incarne tout particulièrement cette énergie.

Ma mère, Tillie, Lion, ressemblait tant à Bette Midler que les gens dans la rue lui demandaient son autographe ; et elle le leur donnait, sans avouer qui elle était vraiment. Elle adorait l'attention. Souvent, elle me disait : « Debbie, tu connais toutes les stars ; s'il te plaît, va voir les gens d'Hollywood et dis-leur que je pourrais jouer dans un biopic de Bette ! Regarde-moi ! »

Bien sûr, Maman.

Le signe du Lion parle de lui-même – il est magistral, remarquable ; dans sa tête, le Lion est le roi (ou la reine) du monde. C'est pourquoi, Lion, vous prenez très au sérieux le rôle de matriarche ou patriarche ; vous tenez à ce qu'on puisse compter sur vous. Certes, personne ne vous a chargé de veiller au bonheur des autres ; n'empêche que vous vous défendez très bien dans ce domaine. Avec votre désir inné d'illuminer le quotidien, d'attirer l'attention sur les bons côtés de la vie et d'inspirer par votre présence et votre attitude, vous apportez de la joie à tous.

La vie vous enchante. Chaque matin, vous vous réveillez avec le désir d'embrasser la vie à pleine bouche. Bonjour, soleil ! *Carpe diem* est votre devise. Vous incarnez la joie de vivre, et ça se voit. « Allez, on met nos beaux habits, même s'il n'y a rien de spécial à fêter ! » Solaire, vous aimez rayonner, et vous ne crachez pas sur le bling-bling. Il y a en vous un mélange de la figure d'autorité fiable – Monsieur ou Madame Je-sais-tout – et de l'enfant émerveillé qui prend la main des adultes et lance « On danse ! ».

Vous êtes l'ami, et plus encore, le partenaire ou l'enfant d'un Lion ? N'en doutez pas : il vous dira comment vous habiller, il s'occupera de la décoration. Et pas question de contester son bon goût ! Quand un parent Lion emmène son enfant faire les magasins, à la phrase « Je ne veux pas porter ça », le Lion répond immanquablement « Bien sûr que si ! Ça te va à ravir. » Ma mère était comme ça.

— Maman, j'aime pas cette robe, c'est pas mon style…

— Ça m'est égal, il te la faut !

J'ai fini par arrêter le shopping avec elle.

Le Lion est plein de conviction. Il s'engage, il continue ; il ne s'arrête pas en chemin, il ne laisse pas tomber. Au pire, il a un caractère de cochon. Je me souviens que ma mère a claqué la porte du réfrigérateur si fort qu'elle l'a cassée ; et elle était capable de jeter des objets à la tête de mon père. Oui, j'ai grandi dans une maison où le mélodrame était permanent – coucou, le Lion ! Objectivement, j'ai trouvé ça fascinant : comment quelqu'un peut-il s'autoriser à lâcher son énergie au point de casser littéralement des choses ? Ma mère était une boule de nerfs.

Secrètement, j'ai toujours rêvé d'être Lion. Leur créativité est impressionnante, leur confiance en soi évidente. Oui, Lion, vous parlez souvent plus fort que les autres, votre corps est plus endurant, que ce soit à la salle de gym ou sur les planches. Vous êtes le dernier danseur debout, vous chantez à tue-tête même quand vous avez oublié les paroles. Vous mordez la vie à pleines dents, et ça se voit. Certaines personnes vous évitent parce qu'elles vous trouvent trop brillant, ou qu'elles ne tiennent pas le rythme. Ne le prenez pas personnellement.

Tout le monde n'apprécie pas le feu. Quand on vous reproche d'être excessif, vous tournez les talons. Si on vous lance « Tu ne pourrais pas la mettre un peu en veilleuse ? », vous faites la grimace… et vous continuez. Vous incarnez la résilience, la détermination. Rien ne vous arrête. Vous n'aimez pas la critique. En revanche, quand quelqu'un vous lance spontanément « Tu es splendide aujourd'hui ! », ça vous touche profondément. Vous adorez cette personne. D'ailleurs, les compliments sont un excellent moyen pour s'attirer les bonnes grâces du Lion – ça les désarme ! Un compliment sincère pousse le Lion à faire ressortir le meilleur de lui-même.

J'en sais quelque chose : mon assistante est Lion. Chaque matin, il me suffit de lui lancer « Tu es superbe ! » (ce qui est le cas, sans exception) ; elle me répond par un sourire éclatant, et s'exclame « Allez, au travail ! ». Je n'exagère pas. Le Lion est comme ça : il a besoin de retours positifs, qu'il mérite bien. C'est sa personnalité.

Il n'est pas rare qu'on lui jalouse son énergie sans limites. Madonna en est un exemple typique. Dans son domaine, elle a vraiment changé la donne, redéfini ce qu'une femme peut faire ou dire… et créé la controverse. Certains la trouvent extraordinaire, d'autres se sentent menacés. Les gens tombent éperdument amoureux d'elle, puis la détestent. Elle est critiquée chaque fois qu'elle teste quelque chose de nouveau. Cette alternance acceptation-rejet est bien connue du Lion. « On m'aime, on ne m'aime plus. »

Pouvons-nous, Lion, parler de votre sensibilité discrète ? Pour être honnête, votre ego est facilement blessé. La plupart des gens ignorent que le Lion doute de lui-même, surtout quand il est privé de sa ration de louanges et d'applaudissements. Qu'il se l'avoue ou non, il a un besoin vital de validation extérieure.

Quand le Lion est seul, en effet, ses gremlins le rongent. Ils se nourrissent d'insécurité ; alors, ils tentent de le convaincre qu'il n'a rien d'attirant, d'intéressant, qu'il n'a pas le talent qu'on lui accorde. Ils lui susurrent qu'il trompe son monde. Chez le Lion, le syndrome de l'imposteur est fréquent ; mais il est si bon acteur que personne ne s'en doute. Il masque son insécurité en donnant l'apparence d'une assurance sans faille. Il prétend que rien ne l'atteint.

En trouvant à la fois la force de rejeter les inhibitions pour vivre pleinement et celle de vous occuper de ceux que vous aimez, vous incarnerez votre signe dans sa pleine puissance. Vous êtes plein d'amour, de rires et de créativité. Merci de nous ouvrir votre cœur, de nous donner autant. C'est vous qui nous rassemblez, nous offrez des cadeaux, cuisinez les festins, et ça, sans même exiger d'applaudissements (sauf si on insiste !). Nous avons besoin de votre contribution. Vous vous préoccupez de votre apparence, mais, à nos yeux, votre beauté va bien au-delà : nous voyons la générosité et la loyauté dans votre cœur. Nous avons de la chance de vous avoir, Lion !

UN PROFIL DE LION

Mon premier amour était Lion. C'était un colosse, qui vivait dans l'État rural du Nebraska. Professeur, il avait un style d'enseignement assez unique, qui tenait presque du stand-up. Ses cours étaient animés et tumultueux ; pour accueillir ses élèves en classe, il leur jouait de la musique classique et, juché sur son bureau, leur lançait : « Éteignez la télé, ouvrez votre esprit ! » Il préférait l'approche pratique à la théorie. Il voulait que ses élèves apprennent à penser par eux-mêmes, formulent leurs rêves et les réalisent. Il les poussait à lutter contre l'engourdissement de l'esprit dont il était trop souvent témoin. Il les exhortait à ne pas suivre le troupeau.

En bon Lion, il était assez extrême. Quand nous nous sommes rencontrés, en 1975, il venait juste d'entendre parler d'amour libre, un mode de vie en vogue à l'époque, propulsé par plusieurs best-sellers. Nous étions à la fac ; j'étudiais la thérapie par la danse, lui, la morale (ironiquement). Nous avons eu le coup de foudre.

Même adolescente, j'avais un caractère affirmé, si bien que j'étais vierge lors de notre rencontre… et que je le suis restée tout au long de notre relation. Je lui ai dit que je me sentais trop jeune (j'avais dix-huit ans) et que je n'en savais pas assez sur l'amour, si bien que nous ne *le* ferions pas. À la place, nous avions des conversations interminables et passionnées, nous visitions des musées, nous allions voir des pièces de théâtre. Nous nous embrassions, nous nous faisions des câlins, nous faisions circuler nos énergies – c'était un homme très fougueux.

Il me fascinait. Il était musicien, bien sûr – les Lion ont souvent un talent artistique. Il jouait de la guitare classique.

Tout, en lui, était intense et il m'a appris à ne pas me contenter d'une vie en demi-teinte ; cette leçon, je ne l'ai jamais oubliée.

Il m'a fait découvrir la confiance en soi. Il n'est pas d'initiateur plus efficace qu'un Lion qui vous aime. « Silverman, me disait-il, tu poses toujours les bonnes questions ! » Avec à vos côtés un Lion qui vous considère comme un cadeau du ciel, comment ne pas trouver l'inspiration ? L'énergie du Lion procède de la volonté secrète de se voir rendu tout ce qu'il donne. Il a été le premier à percer à jour ma façade juvénile, à scruter mon âme. Nous nous souvenons tous de notre premier amour – c'est un thème très Lion. Cet homme m'a ouvert les yeux sur qui j'étais, et sur qui je pouvais devenir. Personne autant qu'un Lion ne peut bouleverser votre vie. Aujourd'hui encore, il me suffit de fermer les yeux pour me souvenir de ses baisers.

LA VOIE BASSE DU LION

Sur sa mauvaise pente, le Lion devient autocentré, râleur, déprimé et complaisant – parce que l'amour l'a fui. Quand plus personne n'est de son côté, il se montre sec et cassant ; il accapare la conversation sans considération pour les autres. Surtout, ne pas lui parler politique – ou vous découvrirez très vite qu'il aime mieux pérorer qu'écouter, au point de se transformer en père (ou mère)-la-morale.

Par défaut, le Lion a un caractère dramatique. En soi, ce n'est pas un défaut, mais il ne peut s'en rendre compte avant d'avoir engagé son observateur. Il considère juste qu'il a le droit de dire ce qu'il a sur le cœur. Vous le traitez de *drama queen* ? Il s'offusque. Le Lion en voie basse peut se montrer horriblement superficiel et dédaigneux, brandir des opinions toutes faites et des idées reçues, et sombrer dans l'arrogance.

Le côté sombre du Lion peut le mener à la dépression. Sans public, ou au moins un confident à qui parler, un proche qui lui donne l'impression d'être spécial, le Lion décline. Madonna, Lion par excellence, m'a confié faire énormément de sport pour lutter contre ses tendances dépressives. C'est logique : les signes de feu doivent faire circuler leur énergie pour se sentir en vie.

Face au rejet, le Lion devient négatif, il ne se préoccupe plus que de lui-même. Il ne vous écoute pas, il veut se raconter. Il est ce roi de comédie qui ne voit que des sujets autour de lui, et ordonne au moindre signe de désobéissance : « Qu'on lui coupe la tête ! »

L'OBSERVATEUR DU LION

Votre observateur, Lion, peut vous aider à sortir de vous-même pour découvrir que votre ego mène la danse. C'est votre nature : vous avez un ego puissant, qui se blesse facilement. Il suffit de l'admettre. L'observateur peut dire à haute voix : « J'ai un ego fort et une tendance à vouloir tout contrôler. » Ce simple constat peut constituer une libération. Un tel ego vous est nécessaire, parce que vous êtes ici pour briller, pour prendre de la place, pour inspirer les gens et leur transmettre une énergie vitale, pour qu'autour de vous rien ne soit terne ou ennuyeux. Votre observateur vous aide à rester ancré en vous disant : « Tu es encore en train de te regarder dans le miroir. C'est tellement toi ! » Et c'est très bien comme ça. Certaines choses vont vous hérisser, et vous hérisserez des gens. Telle est votre nature. Votre observateur vous aide à accepter cette vérité sur vous-même, voire à la trouver charmante.

LA VOIE HAUTE DU LION

Le Lion conquiert les cœurs, parce qu'il fait tout avec conviction, parce qu'il est amoureux de la vie… et c'est contagieux ! Sous son meilleur jour, le Lion est un exemple à suivre. Il est prêt à monter sur scène sans crainte et sans gêne – pour nous faire rire aux éclats.

Quel parent formidable vous êtes, Lion ! Vous vous mettez en quatre pour votre famille, vous vous occupez de vos petits avec passion. Laissez-les, toutefois, faire leurs propres erreurs. Je sais, ce n'est pas facile pour vous, mais vous en êtes capable. Quand vous accueillez votre nature, quand votre ego s'installe sur le siège arrière, votre âme rayonne et irradie autour de vous. Le Lion remplit sa mission supérieure en se faisant le champion des faibles, des démunis, des sans-voix ; ceux qu'il prend sous sa protection peuvent compter sur lui éternellement ou presque.

La loyauté est son domaine. Il prendrait une balle pour ceux qu'il aime. Faire partie de l'entourage d'un Lion en voie haute est un véritable honneur : il ne cherche qu'à protéger et à aider. Au lieu d'imposer son point de vue, ce Lion-là demande : « Que pensez-vous de mon idée ? » Il sait prendre la mesure d'une assemblée, et il croque la vie à pleines dents, quoi qu'il arrive. Son cœur est toujours rempli d'amour, même après des drames et des deuils terribles. Cela demande beaucoup de force et de détermination – les qualités mêmes du Lion en voie haute.

CE QUI EST BON POUR LE LION

Comme pour les autres signes de feu, l'activité physique compte beaucoup pour vous, Lion. Dépenser votre énergie engendre encore plus d'énergie : le sport est votre ami. Vous vous épanouissez dans le mouvement, la musique, l'action. Quand le Lion cesse de faire circuler son énergie, il se transforme en autocuiseur, ou sombre dans la déprime. Il *doit* se bouger, agir, ou se distraire, sans quoi il s'effondre.

Cherchez à vous produire régulièrement, sur scène ou ailleurs. Vous êtes peut-être acteur ou musicien ; ou bien vous récoltez des applaudissements métaphoriques en tant que professeur, avocat, animateur, conférencier, ou dirigeant de votre entreprise. À moins que raconter des histoires aux enfants vous suffise... Parfois également, regarder votre émission préférée et crier sur la télé devient une vraie thérapie pour vous. C'est ce qui fait de vous, avec votre sens inné de la loyauté, un spectateur en or pour les matches de foot ou de rugby.

Vous vous sentez bien quand vous prenez soin des laissés-pour-compte. Vous aimez défendre une cause, agir pour une association ou un mouvement politique. Vous vous battez pour ce qui est juste et vous adorez ça.

Ça peut paraître un peu étonnant, mais porter des couleurs a également un aspect positif sur votre santé. Mettez du rouge à lèvres, un costume éclatant ; admirez-vous un peu dans le miroir. Il n'y a rien de mal à ça ! Puis, présentez-vous ainsi paré à votre public. N'hésitez pas à prendre les commandes – vous êtes magnifique !

Si vous avez un ami de confiance, osez quêter auprès de lui un compliment quand vous doutez de vous. « Dis-moi que je suis superbe ! » Peu importe si ce n'est pas vrai à 100 % – il y a de petits mensonges qui font beaucoup de bien.

LEÇON DE VIE POUR LE LION

Vous êtes ici pour apprendre à puiser la confiance en vous-même. Comprendre que la vulnérabilité est une force peut vous apporter beaucoup. Quoi qu'en disent vos gremlins, il n'y a aucune honte à exposer votre humaine fragilité.

Le Lion doit apprendre à accueillir son ego tout en laissant de la place pour son âme. En astrologie ésotérique, l'ego est en lutte avec l'âme, car ce sont deux énergies opposées. La spiritualité, en particulier la religion avec ses rites et ses ordres, peut poser un problème au Lion. Dieu n'a pas à lui dire quoi faire – le Lion le sait déjà ! Il mène sa vie et dirige sa famille.

Le Lion aime le monde vrai, il vit dans le présent. Tous les signes ne sont pas destinés à atteindre un pinacle spirituel dans cette existence ; certains sont simplement ici pour aimer la vie et la mordre à pleines dents. Telle est votre mission, Lion. Aimer le monde est une noble tâche. Vous êtes ici pour apporter de l'animation, du mouvement, de l'excitation. Nous avons tous besoin d'inspiration ; c'est le rôle idéal pour le Lion.

LUNE EN LION

Vous dissimulez la puissance de vos émotions. Vous êtes pourtant plus à l'aise que les autres avec ce qui est tragique comme avec ce qui est exaltant. Vous avez une personnalité pleine d'allant et joyeuse. Vous vous nourrissez des drames, au bon sens du terme.

L'inconvénient, c'est que, sous le coup de l'émotion, vous cherchez à prendre les commandes. L'énergie du Lion – « on fait les choses à ma façon ou on ne les fait pas » – ressort, sans pour autant que vous ayez pris la mesure de toute la situation.

Par rapport au Lion en Soleil, la plus extravertie et ouverte des personnalités du zodiaque, vous êtes plus enclin à la timidité. Vous êtes également l'expression la plus créative du Lion – vous n'avez pas le choix. C'est un besoin chez vous, vous créez en toute situation. Cette créativité, vous savez la mettre au service des autres, pour qu'ils transforment leurs idées en réalisations merveilleuses. Et vous n'avez même pas besoin qu'on vous félicite pour ça.

Quand vous aimez quelqu'un, vous pensez beaucoup à lui, et vous devenez son soutien sans faille. Il n'a jamais besoin de se demander si vous l'aimez. C'est pourquoi on vous adore tant.

MERCURE EN LION

Vous avez un esprit pénétrant – vous n'êtes pas ici pour vous montrer imprécis. Hardi, vous êtes déterminé à partager votre savoir. Autour de vous, l'ennui disparaît – vous êtes une véritable machine à idées. Apprenez peut-être à écouter les autres, à montrer de l'intérêt pour leur point de vue : cela vous rendra plus fréquentable !

Votre force de conviction est telle qu'on hésite souvent à vous contredire. Pouvez-vous apprendre à poser des questions ? Vous aimez prendre les rênes, la position de celui qui sait. Votre esprit est ainsi fait – vous êtes la source de savoir, de confiance et d'expérience. Nous n'avons plus qu'à vous écouter...

ASCENDANT LION

L'ascendant Lion n'est guère facile du point de vue de l'âme. Celle-ci est troublée, car le Lion, sans effort, brille et se retrouve au centre de la scène. L'ascendant Lion résiste à cette capacité à prendre toute la place, alors même que c'est sa mission. Vous êtes ici pour vous tenir au centre, sous les feux de la rampe, pour mordre la vie à pleines dents ; votre tâche est de briller pour nous, et de nous inciter à faire de même. Cela peut vous sembler inconfortable ou égocentrique ; vous doutez peut-être de votre talent. Mais vous vous trompez. Votre âme, elle aussi, veut que vous vous montriez, que vous comptiez pour les autres. Ne gardez pas votre créativité pour vous-même. Détendez-vous. Jouez de la musique pour votre famille ou vos proches, faites lire vos écrits. Vous êtes plus doué que vous ne le croyez. Il est normal que vous luttiez parfois contre l'appel de votre âme, en particulier si vous êtes d'un signe d'eau ou de terre.

SATURNE EN LION

Soyez espiègle, amusez-vous. Apprenez à accepter votre besoin d'attention.

Vous avez le droit de prendre de la place. Vous devez admettre que vous avez un ego. Votre leçon ? Soit être remarqué pour celui-ci, et le nourrir de la sorte ; soit accepter votre timidité et votre réticence à accaparer le centre de la scène. Dans les deux cas, plus vous avez conscience de ce besoin d'attention, plus vous serez authentique.

Tous les signes ne sont pas faits pour atteindre des sommets spirituels dans cette existence ni pour monter sur scène. Certains sont juste là pour aimer cette vie de tout leur cœur : c'est vous, Saturne en Lion.

Leçon de vie : Même adulte, donnez-vous la permission d'aimer la joie et la frivolité enfantine. Votre loyauté se transforme en vraie dévotion pour ceux que vous aimez – ils ont bien de la chance ! C'est un vrai cadeau pour eux comme pour vous-même. Vous vivez pour l'amour (et pas seulement romantique).

MÉDITATION POUR LE LION

Je suis ici pour être l'étoile qui brille. J'aime cette partie de moi. Je partage ma force vitale avec le monde. Je ne désire rien d'autre que voir ceux que j'aime célébrés et encouragés. Je suis venu pour apporter l'étincelle qui offre, à moi et aux autres, la permission de briller de tous nos feux. Je donne du courage à tous ceux que je porte dans mon cœur. Je réchauffe les autres, je leur témoigne de mon amour, je leur suis dévoué. Je refuse de me taire ou de baisser d'un ton – le monde a besoin de mon exubérance.

L'ESSENCE DU LION

Le Lion est là pour amplifier sans limites les énergies de cette vie. Il ne va baisser la tête ni s'excuser pour ce qu'il est – advienne que pourra ! Il parle fort, il jure ? Et alors ? C'est son droit de vouloir se montrer et dire ce qu'il a à dire ! Peu importe s'il se plante, tant qu'il a essayé. Le Lion est prêt à tout apprendre de la vie, il y consacre toute son énergie… et ce n'est pas peu dire. C'est ainsi qu'il accède à la meilleure version de lui-même. N'allez pourtant pas imaginer qu'il a la peau dure. Il ne cherche pas à vous blesser, et il déteste qu'on le blesse.

L'astrologie traditionnelle prétend que le Lion veut toujours être à part, qu'il a un ego surdimensionné : il se prend pour un dieu, ni plus ni moins. Ce n'est pas tout à fait faux. L'idée que nous sommes tous semblables lui est un peu étrangère ; le Lion se sent spécial. Il a davantage d'énergie que les autres, et pas de bouton *off*. Qui oserait demander au Lion de se taire ? Comment empêcher une actrice d'occuper l'espace ? Qui dirait à Madonna « Tu chantes trop fort ? ». Nous avons besoin que les plus hardis d'entre nous se dressent, se parent de vêtements colorés et crèvent les plafonds de verre qui nous oppressent.

Certains n'apprécient pas l'essence du Lion ; d'autres le suivraient au bout du monde. Pour le Lion, ça ne change rien. Aidez-le à se mettre en colère, allumez l'étincelle de sa passion, poussez-le à crier tout haut ce que vous pensez tout bas sans oser le dire : il le fera avec plaisir. Où qu'il aille, le Lion déclenche des réactions. Le feu nous attire et nous réchauffe ; nous reculons quand il menace de nous brûler… et revenons ensuite. On ne peut pas demeurer longtemps à l'écart d'un Lion. Les natifs du Lion ignorent tout de la demi-mesure et de la demi-teinte, ils ne croient pas que nous soyons nés pour la médiocrité.

Mettez le Lion sur scène, donnez-lui un micro, et il brillera de tous ses feux. Hors scène, néanmoins, il se montrera étonnamment timide, et cherchera le calme. Il est ici pour être lui-même, sans compromis. Néanmoins, il peut apprendre à se montrer plus doux, à s'excuser, à demander « Êtes-vous avec moi ? » pour peu qu'on le traite avec douceur.

Pourquoi ne pas admettre que nous avons, nous tous, un ego qui a besoin d'être confirmé et conforté afin que l'âme puisse prendre le dessus ? C'est le chemin du Lion. Si, grâce à l'astrologie, il a appris à prendre soin de son ego avec l'aide de son âme, il remplit sa mission, et peut nous enseigner à faire de même.

13

La psychologie de la Vierge : J'analyse

Élément : Terre
Mode : Mutable
Maison : VI
Planète : Mercure
Partie du corps : Côlon, intestins (la Vierge aime remuer la m*** ! Elle est aussi encline aux maux de ventre liés aux nerfs)

Si vous saviez à quel point j'essaie de faire de mon mieux ! Alors, vous montreriez davantage de compassion envers moi, et vous prendriez garde à vos commentaires sur mon travail et mon apparence. Pour moi, les critiques ne font qu'empirer les choses : j'en formule déjà assez sur mon propre compte… J'ai autant de mal à accepter les compliments, car toute attention me rend nerveuse. Je suis ma pire ennemie : je déteste me sentir dans l'inachèvement, la saleté ou l'indécision. La liste de ce que je n'aime pas chez moi est interminable.

Oui, je cherche sans cesse des réponses, en vérifiant mes sources pour m'assurer de ne pas me tromper dans les chiffres et les schémas compliqués. J'aime collecter des informations. C'est un besoin chez moi. Je ne me fie jamais aux apparences, il me faut des preuves tangibles. Je crains que les autres ne se montrent pas aussi exhaustifs que moi. Un bon scientifique a besoin de données fiables : montrez-moi les études, les tableaux, les analyses.

Tout ce qui touche à la santé me fascine. J'apprends pour mieux partager. Ne vous vexez pas si je vous conseille la dernière méthode bien-être à la mode ou un moyen infaillible de gagner plus d'argent. Si je vous parle de cet aliment miracle qui augmente la longévité, c'est parce que je veux avant tout votre bien.

Le plus compliqué, avec moi, c'est que ma tâche n'est jamais terminée. Pas de repos pour les braves… ni pour les inquiets ! Je tente sans cesse de perfectionner les choses, de m'améliorer moi-même, que ce soit grâce à des soins naturels ou avec de la technologie dernier cri.

Atteindrai-je jamais mes objectifs en matière de santé, d'apparence, de relations ? J'ai tant à faire, en permanence, que la liste des choses à améliorer ne cesse de s'allonger. Je ne serai jamais tout à fait satisfaite de ce que je fais. Ce n'est pas assez. Je n'y arriverai jamais.

Et inutile de me dire que je suis toujours ponctuelle, claire, organisée, ou tout autre standard de perfection digne d'une Vierge. Non, je ne fais rien assez bien. Je ne suis pas malheureuse, c'est juste que ma vie n'est pas facile. Je ne me plains pas, notez ; pas étonnant, vu nos imperfections d'humains, que nous ayons tous besoin de conseils et de changements.

J'aimerais savoir comment aider l'humanité à aller mieux, et découvrir peut-être un jour une formule magique pour une vie heureuse – saine, naturelle et frugale, pour revenir à nos besoins de base, à la Terre et à la bienveillance. Oh, je le sais, ça prendra du temps. J'espère que nous y parviendrons ; je m'alarme pour notre futur, car je sais que nous franchissons un cap. Tant de choses doivent changer ! Il y a beaucoup à faire et, selon les scientifiques, nous n'avons guère de temps. Je suis inquiète.

La Vierge est cette partie de nous qui a besoin d'ordre, qui a l'impression de ne jamais en faire assez, et qui tente toujours de s'améliorer. Les questions de santé la passionnent. Instinctivement, elle nous abreuve de conseils. Par nature, elle cherche à résoudre les problèmes, qu'il s'agisse de resserrer un boulon, de réparer la voiture ou de traiter un rhume – dites ce qui ne va pas, et la Vierge sera ravie de s'en occuper pour vous. Les Vierge font d'excellentes infirmières, de compétents médecins ou thérapeutes. Elles réparent ce qui est cassé, en particulier quand cela nécessite des chiffres, des tableaux, des analyses médicales, des archives, des statistiques. Cela concerne aussi tout ce qui est en lien avec le soin. Quand elle débarque chez vous, gare à l'ampoule grillée, au robinet qui goutte, à la chasse d'eau qui fuit : la Vierge s'en occupe. Idem si vous avez le nez qui coule : pas de souci, elle sait quoi faire.

N'allez pourtant pas croire que la Vierge est toujours rangée, ponctuelle et qu'elle adore le ménage. En fait, elle est si occupée qu'elle est presque toujours en retard. Oui, la Vierge est douée pour organiser et résoudre les problèmes des autres, mais ça ne lui laisse guère de temps pour elle-même. Ses tiroirs sont en pagaille, sa voiture, d'une propreté douteuse…, mais ça ne l'empêche pas de nous faire des remarques sur notre façon de ranger les couverts dans le lave-vaisselle, au point de nous écarter en lâchant « Laisse, je m'en occupe ».

La Vierge est dotée d'un système nerveux extrêmement sensible, qui engendre une tendance à l'anxiété. Car il est usant de toujours vouloir que la vie soit différente, d'avoir une liste de tâches interminable ! La Vierge fait des listes de ses listes. Bien entendu, elle ne parviendra pas à tout accomplir dans les temps, pas plus qu'elle ne s'arrêtera pour réfléchir à comment terminer les listes en question. Ce qui lui plaît, c'est de cocher tous les points – elle adore cette sensation. Parfois, elle fait la liste des tâches qu'elle n'a pas terminées sur une autre liste, pour se rappeler ce qu'elle n'a pas fait.

La Vierge est la soignante, un rôle qui peut rapidement se transformer en martyr. Ce n'est pas drôle, certes ; mais la vie est-elle censée être drôle ? Elle est ici pour accomplir des choses, pour remplir une fonction. Je suis désolée, Vierge, que vous ayez cette tendance à l'inquiétude. Mais, avec votre observateur en place, vous verrez facilement que c'est juste une histoire que vous vous racontez. Votre mode de fonctionnement par défaut est « Zut, j'ai oublié ça ! » ; vous vous faites une montagne de la plus minuscule erreur, même si personne d'autre ne l'a remarquée. « Suffisamment bien », ça n'existe pas pour vous, Vierge – et c'est votre croix. Pas la peine de vous dire que votre petit oubli n'a aucune importance à nos yeux, votre critique intérieur parle bien trop fort. « Comment ai-je pu ne pas prendre mon stylo préféré ? J'aurais dû t'apporter un pull. J'y ai pensé, mais je l'ai oublié – quelle idiote ! »

En tant qu'astrologue, je vous le dis : votre cœur si pur, votre désir d'être au service des autres changent vraiment la vie de ceux qui vous connaissent. Oh, je sais bien qu'en silence, vous n'êtes pas d'accord. Vous vous dites « Je ne suis pas si forte que ça ». Eh bien, écrivez-le, pour ne pas l'oublier : *Ce que j'ai accompli est suffisamment bien. Je termine ce que j'entreprends et je le fais de tout mon cœur.* Puis, dites-le à haute voix à un proche qui pourra vous le rappeler quand vous serez en pleine crise de stress.

En tant que parent, la Vierge est… contagieuse. Ne soyez pas surpris si sa progéniture hérite de ses gremlins et la rejoint dans ses tourments. Vierge, ne craignez pas de remettre en question cette angoisse qui vous habite. Vous est-elle utile ? Vous sert-elle au même titre que votre collection de livres de développement personnel, votre nouvelle méthode de purification, vos rendez-vous chez le psy ?

Signe de terre, la Vierge est pratique (elle a littéralement les pieds sur terre !) et possède un lien instinctif avec les plantes, les thérapies douces, les huiles essentielles – ne soyez pas surpris si elle vous en prescrit une flopée ! Elle a appris toute seule à prendre soin de sa santé ; elle mange bio, pratique les régimes les plus radicaux (végane ou kéto, elle adore !) et même les purges (n'oublions pas que la Vierge est le signe du côlon) ; elle vous en parle d'ailleurs avec un naturel dont vous vous passeriez bien. Vous aimez entrer dans les détails au sujet de la digestion, en particulier quand ça devient scabreux ? La Vierge est votre interlocutrice !

Ironiquement, elle a régulièrement des soucis de santé – des troubles digestifs rares qu'elle traite par des moyens saugrenus, en arrêtant le gluten ou en devenant végétarienne… même si, à l'abri des regards, elle se rue sur les lardons ou la part de gâteau oubliée dans le réfrigérateur. Chaque nouveau régime est pour elle l'occasion de se dire « Si seulement j'arrivais à m'y tenir… ». Douée pour le changement, elle se reproche son incapacité à s'inscrire dans la durée.

La Vierge est hantée par ses insécurités. Ses gremlins lui fixent des règles et des objectifs inaccessibles – et elle ne cesse d'en enfanter d'autres, qui se nourrissent de son perfectionnisme et de ses tendances compulsives. Quand personne ne regarde, ces gremlins lui susurrent à l'oreille : « Tu n'as pas bien fait ton travail. Tu aurais pu réussir nettement mieux. » Ce chœur narquois n'a d'autre but que de lui saper le moral ; il est particulièrement actif ces nuits où la Vierge, au lieu de dormir, se lance mentalement dans des suites de listes. Si vous n'écoutez pas vos gremlins, demandez à la Vierge de vous prêter les siens : elle vous trouvera à coup sûr un motif d'inquiétude !

Pas facile d'être Vierge – de fait, c'est un des signes les plus compliqués du zodiaque. Au lieu de voir ce qui est bon, elle se concentre sur ce qu'elle a raté. Elle imagine toujours le scénario du pire – on va lui voler sa voiture, cambrioler sa maison, et les enfants tomberont malades s'ils ne mangent pas comme il faut.

Pourtant, la Vierge sait rire ; elle adore l'esprit et l'humour. Douée pour la conversation, elle parle presque autant que les Gémeaux (pas de surprise : l'une et l'autre sont sous l'influence de Mercure, le communicateur). Elle a des opinions sur tout, au point de se montrer parfois médisante. Mais son sourire nous fait tout oublier – elle a un sacré sens de l'humour, et les dents toujours éclatantes !

En prenant de l'âge, la Vierge se fait plus douce. Polie, elle exprime sans cesse sa gratitude. « Merci beaucoup, comment vas-tu, puis-je t'aider… » sont des mots qu'elle prononce plus qu'aucun autre signe.

Vierge, je vais vous faire une suggestion : essayez de vous mettre au pardon, et pas que pour les autres. Pardonnez-vous ! Le perfectionnisme est un fardeau. Nous vivons de toute évidence dans un monde parfaitement imparfait. Pourquoi ne pas accepter cette réalité, et pardonner à ceux qui ont dépassé les limites, vous ont nui, ont gâché quelque chose ? C'est en activant l'observateur, en admettant que la perfection n'est pas de ce monde, que vous trouverez le répit. Nous cheminons ensemble, tous autant que nous sommes ; personne ne fait tout comme il faut.

Mais je ne voudrais pas d'un monde où vous ne seriez pas, Vierge. Votre humour, votre fiabilité à toute épreuve, et votre réel désir d'améliorer les choses me manqueraient trop. Merci pour votre écoute constante, votre respect, votre aide, vos conseils avisés, et votre désir compulsif de soutenir les autres. C'est pour cela que vous en faites beaucoup plus que vous ne l'imaginez : votre âme est sans cesse en service !

UN PROFIL DE VIERGE

Une amie très proche – je l'appellerai ici Charlene – vit avec la constante impression de pas être assez ceci ou cela ; elle n'en fait pas assez, elle n'a pas le travail qui lui convient, ne réussit rien tout à fait. C'est le refrain typique des Vierge, « Je n'y arrive pas ! ». Elle ne comprend pas pourquoi elle a toujours le sentiment d'échouer.

Profondément soucieuse du bien-être de sa famille (une famille très élargie, d'ailleurs), Charlene organise tout, même pendant son sommeil. Pour garder sa tribu en bonne santé, elle la nourrit de compléments alimentaires, d'herbes médicinales, de jus d'orange bio pressé main. Elle sort dans son petit jardin et ses gants de jardinage ; à peine rentrée, elle nettoie ses ongles impeccables. Elle cuisine à ravir les légumes du potager.

J'adore voyager avec elle. Dans son sac, il y a tout ce qu'on peut imaginer en matière de pansements, cotons-tiges, épingles à nourrice, paire de chaussettes de rechange qui s'avère indispensable. Elle a énormément d'humour, et jauge les gens en un clin d'œil. Elle observe les attitudes, les expressions, et comprend instantanément qui ils sont, d'instinct. Je suis souvent le public de ces analyses – et j'avoue qu'elles sont souvent aussi piquantes que drôles.

Quoi qu'elle en dise, quoi qu'elle en pense, elle est incapable de garder un secret ; elle parle à tort et à travers et ne s'en rend même pas compte. Mais elle n'en parvient pas moins à accomplir toutes ses tâches, même si elle a l'impression du contraire.

En silence, elle s'inquiète de n'être pas habillée comme il se doit, de dire ce qu'il ne faut pas. Pour retrouver la ligne, elle se lance dans un nouveau régime ; mais elle a tant à faire par ailleurs qu'elle ne parvient pas à s'y tenir.

Pour autant, elle n'est jamais prise en défaut. « J'ai pris un peu de tout, juste au cas où ! » Ce n'est pas elle qui oublierait de fermer la porte à clé. Bref, elle nous rassure toujours. Chaque Vierge a en elle un petit Poissons spirituel qui rêve de se laisser aller en confiance dans le courant divin ; mais le côté Vierge reprend le dessus, et lui rappelle avant tout de se méfier. C'est exactement Charlene : sa confiance, en soi ou envers les autres, disparaît en un clin d'œil. Elle me rend parfois si nerveuse !

LA VOIE BASSE DE LA VIERGE

Sous son plus mauvais jour, la Vierge souffre de maux compliqués liés à son système nerveux – qu'il s'agisse d'eczéma, de tension ou de problèmes chroniques qui ressemblent parfois à de l'hypocondrie. Elle est souvent d'une anxiété envahissante, à un point qui peut confiner au trouble obsessionnel compulsif. Elle se plaint, juge et s'inquiète, transmettant son angoisse à son entourage. Au pire, elle se transforme en une perfectionniste tyrannique, tellement perdue dans sa tête qu'elle ne trouve plus le chemin de son cœur. Toujours critique, elle se met à adorer les ragots. Elle est la thérapeute sans aucun diplôme, mais qui sait tout – même quand on ne lui demande rien.

L'OBSERVATEUR DE LA VIERGE

Dès lors, parvenir à utiliser son observateur constitue pour la Vierge un changement radical. Sans lui, elle est capable de trouver qu'un arc-en-ciel n'est pas assez coloré, ou de s'emporter sans raison. « Tu es partie trop tôt, personne n'a pu discuter avec toi ! Et la prochaine fois, pense à t'habiller correctement… » L'observateur réduit cette propension à la critique. Vous parvenez, Vierge, à vous retenir – et si ce n'est pas le cas, vous vous pardonnez et présentez vos excuses : « Je suis Vierge, désolée. »

Et si vous parveniez à juger de vos efforts en fonction de votre engagement plutôt que des résultats ? Vous donnez tout en permanence – parce que votre désir de bien agir est tout à fait sincère – et c'est parfait comme ça. Pas de souci si vous ne cochez pas toutes les cases de votre liste, pour une fois ; vous pourrez toujours terminer demain. Oui, vous y penserez, je vous assure. C'est à ça que vous servent vos listes. Elles sont très utiles. Vous finissez toujours par faire ce que vous avez noté ;

tant pis si ça prend du temps ou si c'est approximatif. Il n'y a rien à y faire. Vous en serez quitte pour vous excuser – et ça non plus, vous ne l'oublierez pas.

Essayez de vous tenir au régime que vous vous êtes fixé, pour en voir les résultats. Mais pardonnez-vous les écarts. En vérité, Vierge, vous devez avoir compris que vous êtes bien trop dure envers vous-même ! Vous avez le droit de relâcher la pression. Personne ne vous jugera aussi durement que vous-même – cela, l'observateur vous aidera à le comprendre.

LA VOIE HAUTE DE LA VIERGE

La Vierge incarne le don de soi. Mère Teresa en était une. Toujours au service des autres, elle s'occupait des orphelins et des lépreux incurables, sans jamais s'arrêter. Elle était pleine de considération et d'attention.

Trouver la voie haute est difficile pour la Vierge – le système d'exploitation humain ne peut pas faire taire complètement les voix critiques. Cela nous concerne tous, mais vos gremlins, Vierge, sont particulièrement bruyants. Parviendrez-vous à considérer l'ampleur de vos efforts, et vous en contenter – ou au moins à essayer ? Pouvez-vous imaginer que l'imperfection est beauté ?

Regardez la nature. Les arbres perdent leurs feuilles, les fleurs se fanent. Tout semble en désordre, et pourtant c'est beau. La nature est remplie d'imperfections, mais elle nous émerveille. Sous votre meilleur jour, vous pouvez troquer votre perfectionnisme pour l'acceptation. Cela peut vous sembler impossible…, mais je vous conjure d'essayer.

CE QUI EST BON POUR LA VIERGE

La nature est un vrai baume au cœur pour la Vierge ; elle adore le jardinage, l'herboristerie, les remèdes naturels et les compléments alimentaires. Plus encore, la randonnée ou une simple promenade l'apaise instantanément.

La Vierge est une étudiante par nature, qui se plonge avec délice dans les arcanes de la science, de l'agriculture ou de l'anatomie ; la lecture aide donc son système nerveux à se poser.

Essayez, Vierge, d'arrêter la caféine, voire l'alcool, et constatez les résultats. Bien sûr, il vous sera difficile de vous passer de ces excitants – votre esprit adore le boost d'efficacité qu'ils lui apportent. Mais vous savez également que ces substances ne font que nourrir votre anxiété et votre stress, si bien que vous recommencerez très vite à vous adresser des reproches.

Sans vouloir prêcher pour ma paroisse, l'astrologie constitue un vrai remède pour la Vierge. Elle ne supprime pas le critique intérieur, mais elle peut l'apaiser en partie, car elle vous aide à apprécier votre côté touchant.

Vous adorez surtout le changement ; vous avez beaucoup de mal avec la routine. C'est presque un TOC – vous cherchez le dernier aliment miracle, le produit ou la personne qui résoudra vos problèmes et nourrira vos réflexions. Choisissez une matière, et pratiquez-la jusqu'à ce que ça devienne une habitude ; ensuite, passez à autre chose, sans culpabilité.

Voici un mantra pour vous, Vierge : *Je sais que je vais faire ce que je dois, et mieux que je le pense.*

LEÇON DE VIE POUR LA VIERGE

Votre leçon de vie, Vierge, est d'apprendre à juger votre existence non pas en fonction des apparences, mais de votre ressenti. Vivre dans votre tête est dangereux. C'est comme ça que naissent la honte, la culpabilité et la tristesse. Mère Teresa savait qu'elle était sur Terre pour servir les autres, mais son journal intime révèle ses tendances dépressives. Rien de plus facile pour la Vierge de se laisser gagner par le cynisme sans le révéler à personne (ou seulement à son thérapeute).

Le monde a besoin de vous. Le don de soi peut engendrer de la joie. À son summum, la Vierge a quelque chose d'une sainte, avec une capacité presque surnaturelle à aider les autres et à subvenir à leurs besoins.

LUNE EN VIERGE

La Vierge n'aime pas pleurer ; pleurer la met mal à l'aise et, pire, c'est inapproprié. Cette idée la suit partout. Elle constitue un filtre émotionnel qui critique tout, qui la pousse à se réfugier dans sa tête au lieu d'écouter son cœur. Avec la Vierge en signe lunaire, vous considérez que les émotions sont irrationnelles, et ça vous agace. Quand vous êtes troublé ou triste, vous vous mettez d'instinct à nettoyer et à organiser. Un torchon, un aspirateur, et au travail !

Mais, sur le versant positif, vous êtes une aide précieuse, Lune en Vierge. Vous donnez tout, jusqu'au bout. Les parents, soignants et amis qui ont cette influence dans leur carte céleste sont de précieux atouts, car ils sont naturellement enclins à prendre soin des autres et à les aider.

MERCURE EN VIERGE

Mercure en Vierge est une position favorable : Mercure guide la Vierge, elle s'y trouve donc à son aise. C'est une personne à l'esprit organisé, qui sait ordonner les choses et mémoriser facilement les informations. Très douée pour les études, elle dresse sans effort des listes et des tableaux de synthèse. Sa mémoire lui permet de retenir énormément de données et de chiffres, même si elle en doute parfois.

Par sa mutabilité, Mercure en Vierge est flexible. Elle peut changer de croyance quand on lui présente de nouvelles données, elle est à l'écoute des points de vue divergents. Si, par exemple, elle suit une cure de vitamines, elle peut l'abandonner du jour au lendemain quand une étude lui prouve que ça ne sert à rien. Les données scientifiques aident le Mercure en Vierge à évoluer, sans se montrer aussi têtu que certains autres signes de terre.

ASCENDANT VIERGE

Vous voulez aider…, mais vous avez du mal à réduire vos attentes. L'ascendant Vierge fait preuve d'une productivité folle, mais douloureuse. Pourriez-vous, chère créature, vous montrer un peu plus douce envers vous-même ? L'âme de la Vierge est faite pour se dévouer. Vous n'avez qu'un seul objectif : servir les autres avec le sourire. Admettez-le, vous adorez aider. En cas de doute, ascendant Vierge, la solution est simple : donnez ! Cela vous procurera un sentiment de satisfaction. Mais si vous décidez de résister à cette impulsion, c'est bien aussi : laissez choisir votre âme, qui vous montrera le chemin.

La Vierge, en particulier en ascendant, donne des personnes à l'allure agréable, souvent avec quelque chose de très féminin. J'ai eu l'occasion un jour de proposer des thèmes astraux à un certain nombre de top-modèles européennes, en collaboration avec la revue *Vogue*. Sans surprise, un grand nombre d'entre elles étaient ascendant Vierge. Je les ai entendues se plaindre, « J'ai un grain de beauté sur la joue », « Mes seins ne sont pas symétriques », « Mes jambes sont trop maigres ». Je répondais : « Vous savez à quel point vous êtes belles ? » Elles souriaient, mal à l'aise. Elles le savaient, bien sûr… en théorie. Pas facile d'entendre un compliment quand on se concentre sur ce qui ne va pas. Le critique intérieur de la Vierge est bruyant. Il ne voit pas ce que les autres perçoivent de l'extérieur. Et pas la peine d'essayer de le détromper, il imagine qu'on cherche juste à être poli.

Parmi les belles personnes d'ascendant Vierge, on compte Madonna, Dolly Parton, Janelle Monáe, Angelina Jolie, Nicole Scherzinger, et la top-modèle Bella Hadid. Les hommes ascendants Vierge ne sont pas en reste – Keanu Reeves, Timothée Chalamet, Michael B. Jordan, Chris Pine, Ryan Reynolds et Paul McCartney. L'apparence est un reflet de l'âme. C'est l'amour en elle qui rend la Vierge si attirante.

Ascendant vierge, la mission de votre âme s'incarne dans votre rapport au travail : tant que vous ne vous lancez pas à corps perdu, vous vous sentez insatisfait et vous vous critiquez sans cesse. Vous voulez en faire toujours plus. Cela peut d'ailleurs avoir un impact sur votre système nerveux : vous finissez par croire que vous avez un problème alors que tout va bien pour vous ! C'est simplement que vous vous mettez la pression. Un sacré fardeau ! Mais ce stress ne vous rendra pas plus efficace : il entame juste votre estime de soi, gratuitement.

Nous vous aimons, ascendant Vierge, pour tous vos efforts. Quiconque vous embauche voudra vous garder pour toujours. Votre capacité de travail et votre volonté d'apprendre sont sans égales. C'est la vérité. Acceptez ce compliment, et ressentez dans votre âme ce don qu'est l'ascendant Vierge.

SATURNE EN VIERGE

Soyez méthodique, attentif, déterminé. Vous mettre au service des autres est votre don et votre contribution.

Au début de votre vie, vous ne pensez qu'au travail ; à mesure que vous grandissez, vous découvrez que l'être est aussi important que le faire. Soyez patient. Vous vous en sortez bien mieux que vous ne le croyez, même quand votre mental vous répète que vous n'en faites pas suffisamment. C'est faux. Vous en faites largement assez !

Créez-vous une routine santé, cherchez le sacré dans le quotidien. Prenez des décisions sages pour inspirer les autres. Enseignez ce que vous pratiquez, pratiquez ce que vous enseignez.

Leçon de vie : La perfection est une illusion. Nous vivons dans un monde imparfait. Votre réussite ne se mesure qu'à la pureté de votre âme ; vous êtes ici à cause de votre désir sincère d'aider.

MÉDITATION POUR LA VIERGE

Aidez-moi à voir que je fais de mon mieux, et que je peux cesser de me mettre la pression. Mes intentions sont bonnes. Puissé-je changer mon discours interne pour écouter la voix d'un ange avec la bonté d'une mère. Je suis suffisamment bien. Je suis dans les temps. J'accomplis toujours ce que je souhaite. Mon cœur est pur.

L'ESSENCE DE LA VIERGE

La Vierge voudrait dire oui quand elle doit dire non. On apprécie sa tendance à laver la vaisselle pour tout le monde à la fin du repas – même si elle aurait pu demander de l'aide. Et cette liste de livres de développement personnel qu'elle nous tend, soulignée à l'encre rouge ? On lui en est reconnaissants, bien sûr, même si nous voudrions lui dire que nous avons déjà un médecin… Tâche ingrate que de toujours tout savoir ! La Vierge se demande : « Qu'y a-t-il de mal à vouloir faire les choses bien ? »

À certains clients, je me suis entendu dire : « Vous êtes la caricature de la Vierge : incapable de vous concentrer sur le positif ou de recevoir un compliment. Le seul fait de vous regarder dans la glace invite une horde de gremlins à vous sauter dessus sans même vous laisser le temps de finir de vous habiller. » C'est le risque pour la Vierge, qui, par essence, veut juste que tout soit parfait.

L'énergie de la Vierge est un don pour le monde. Il n'est pas de meilleure alliée quand on souffre, que ce soit moralement ou physiquement. La Vierge vérifie tout, pose des tas de questions, elle s'assure que tout le monde est pris en charge. C'est une immense qualité…, mais la Vierge se juge pour avoir négligé tel détail, pourtant insignifiant. Le tribunal dans sa tête ne prend jamais de vacances ; il serait peut-être temps de lui en proposer ?

Les natifs de la Vierge sous-estiment leurs dons. Cela les empêche souvent de gravir les échelons de la réussite, alors même qu'elles le méritent plus que quiconque. La Vierge est d'une utilité et d'une fiabilité hors du commun ; elle nous est nécessaire. Elle n'a pas besoin d'en faire autant : même avec moitié moins d'effort, elle resterait la meilleure. Mais elle ne croira pas ces mots, et j'en suis désolée pour elle.

14

La psychologie de la Balance : J'équilibre

Élément : Air
Mode : Cardinal
Maison : VII
Planète : Vénus
Partie du corps : Reins (parce qu'elle en a plein le dos quand les autres ne vivent pas selon leurs idéaux)

Si vous saviez à quel point mon goût pour l'harmonie, que je prétends simple, ne l'est pas du tout ! Je rêve en permanence que les gens soient différents, qu'ils comprennent la bonté. Je déteste quand ils tentent de parler plus fort les uns que les autres, se disputent ou s'insultent. Pourquoi ne pas établir un tour de parole, écouter ce que les autres ont à dire ?

Je recherche l'harmonie sur le plan matériel ; je remarque au premier coup d'œil un intérieur négligé. Je vous en prie, faites attention à vos livres, à *vos tableaux,* à *ce que vous portez. Suis-je la seule à avoir un sens de l'esthétique ? Pourtant, je ne suis ni élitiste ni snob. Je vois simplement ce que la vie pourrait être – pleine de beauté, de couleurs, d'arômes, plaisante pour l'œil et le cœur.*

Je suis venu sur cette Terre de mon propre chef, avec un sentiment d'appartenance. Avec le temps, je me suis rendu compte que je n'étais pas vraiment moi-même. Vous pouvez me croire : j'ai l'impression d'être une étrangère jusque dans ma propre famille. Je suis celle dont on parle, celle qui a de l'ambition, qui cherche sa voie. De l'extérieur, on croirait que c'est facile. Les gens ignorent à quel point il est difficile d'être la personne qui agit bien, qui choisit le chemin le plus haut, qui pardonne les fautes et les péchés, y compris les pires.

On parle toujours, pour la Balance, des relations. Pourquoi ? On dirait que je ne pense qu'à ça. Cessez de m'accuser d'être dépendante ; c'est juste que les partenariats sans équilibre ni sens ne m'intéressent pas. Quand je trouve quelqu'un qui sait écouter, fait preuve de raffinement et aime l'art autant que moi, il devient important à mes yeux. Ensemble, nous regarderons des documentaires, nous lirons des livres pour nourrir de belles conversations. On me comprend trop souvent mal – on me croit décontractée et affable. Mais ce que je veux vraiment, c'est le respect, l'égalité et un penchant commun pour l'harmonie véritable, auprès de quelqu'un qui ne soit pas trop en demande ni dépendant.

Par-dessus tout, évitez de me dire qui je suis, dans quelle catégorie vous me classez. Ça ne m'intéresse pas. J'ai passé ma jeunesse à me conformer aux autres. J'en ai assez aujourd'hui. Personne ne me connaît comme je me connais moi-même… et pourtant, j'aimerais tant !

D'accord, je suis une grande romantique, et je n'ai jamais renoncé à l'idée de l'amour parfait. Si j'ai la chance de trouver l'âme sœur, je vieillirai bien, sans jamais me plaindre, auprès d'elle.

Mais qu'elle me laisse tranquille, avec mes palettes dans mon atelier, mon instrument et mon journal intime ; je peux tout faire toute seule. Pourtant, j'aimerais tant avoir à mes côtés quelqu'un qui respecte mon espace, comprend ma nature duelle et partage mes idéaux… Je voudrais trouver quelqu'un auprès de qui être seule, pour ne pas risquer de me perdre.

Ne me dérangez pas, je vous en prie. J'ai besoin que vous me laissiez un peu d'espace, pour sentir que vous me manquez…, mais n'oubliez pas de revenir. La distance et la proximité sont mes deux parfums préférés.

Je peux sembler parfois un peu indécise – parce que je le suis ! J'ai du mal à prendre mes décisions, à sentir le vent tourner. Si vous êtes un tant soit peu flexible, nous nous entendrons à merveille.

La Balance est une incorrigible romantique. Impossible de compter les séances d'astrologie où j'entends les questions « Est-ce que je vais trouver quelqu'un ? », « Comment voyez-vous mon couple ? » ou « Dois-je changer de partenaire ? ». C'est une question universelle, et c'est aussi un don : l'énergie de la Balance nous motive à ne jamais renoncer à l'amour. La romance n'est pas son unique obsession, mais elle constitue néanmoins une part importante de sa personnalité. Vénus, déesse de l'amour, règne sur la Balance. Qui ne connaît pas le délicieux frisson d'être reconnu, compris, embrassé par la bonne personne ? C'est ainsi que nous tombons amoureux, plongeant dans le romantisme des grandes passions et des lunes de miel, avant que l'amour se tarisse… ce qui arrive toujours, la Balance en est consciente.

Toutefois, il ne faut pas croire le stéréotype qui veut que la Balance soit prête à se mettre en quatre, à tout donner, à se sacrifier pour toute relation qu'elle entretient. Cela peut être vrai au début de sa vie – la jeune Balance cherche l'amour partout où il n'est pas, c'est son mauvais penchant. Mais ce qu'elle veut avant tout (comme nous tous), c'est le grand amour, vrai et éternel, pas la guimauve que nous vendent les films et les séries. Il y a en ce bas monde trop peu de grand amour ; chaque Balance rêve de le connaître.

En creusant la psychologie de la Balance, on découvre que sa quête rejoint en fait la volonté de trouver l'amour divin – savoir qu'on est adoré, que les anges nous écoutent, que le monde spirituel nous soutient, qu'on peut parler avec les proches disparus qu'on aimait tant. Voilà ce à quoi aspire la part de Balance en chacun de nous.

Ce qui perturbe la Balance, c'est que c'est très différent de l'amour humain. Elle rêve de quelqu'un qui puisse incarner ses aspirations romantiques, répondre à son désir d'aimer et de sentir aimée ; mais quand elle se met en couple avec un autre humain, elle se heurte à la réalité et ne tarde pas à déchanter. En effet, nul ne peut lui apporter l'amour divin qu'elle attend, et aucune relation n'est à la hauteur de ses attentes.

Les désirs de la Balance fonctionnent par vagues. Elle veut être choisie, distinguée, mais, au début, elle peut faire mine de ne regarder personne. Quand elle conçoit pour vous une passion romantique, elle est irrésistible, charmante et attachante avec ses fossettes, sa chevelure splendide et ses vêtements aux couleurs vives. Elle passera des heures à choisir la plus belle carte de Saint-Valentin, le cadeau d'anniversaire idéal, le bijou parfait ; et elle vous les offrira dans une splendide mise en scène.

Puis, soudain, les plateaux de la Balance bougent. Oh, elle ne vous dira pas qu'elle a perdu ses illusions ; elle continuera à se faire belle, à danser, et vous n'y verrez que du feu. Quand, enfin, elle rompra avec vous, elle sera bien ennuyée : elle veut un beau mariage, un compagnon idéal, un partenaire de danse ; et en même temps, elle veut être seule pour se lancer dans l'art, la science ou toute autre exploration qu'exigent son intellect passionné et son sens de l'esthétique. Pas facile de cerner la Balance, qui change comme le vent. Elle se montre adorable... puis elle cesse complètement de l'être. Dès qu'elle vous trouve ennuyeux, prévisible ou trop collant, elle vous rejette. Peut-être même n'avez-vous rien fait pour que l'équilibre se rompe : personne ne peut remplir les attentes et les rêves de la Balance.

Il n'en reste pas moins qu'une telle rupture fait deux victimes : la Balance et son partenaire. Soit leur relation continue, et elle est malheureuse, soit elle se termine. C'est la loi de l'attraction-répulsion : on passe de « Tu n'es pas la personne que j'imaginais » à « Reste auprès de moi et dis-moi que tout va bien, même si nous n'avons plus rien à faire ensemble, car quand tu me quittes, j'ai peur de ne pas être digne d'amour ». La Balance peut sembler confuse, ambivalente, indécise, protéiforme – tout ça au nom de l'amour.

C'est son défaut de conception : la quête permanente d'un amour idéal, qui ne peut que se terminer dans la déception et la douleur. Combien de mariages finissent en divorces ? Les statistiques font mal. Pour autant, toutes les Balance ne sont pas condamnées à des relations douloureuses ; nombre d'entre elles, au contraire, trouvent leur équilibre auprès d'une personne qui comprend leur nature duelle – elles veulent à la fois de l'amour et de l'espace. Bien ancrée dans son identité, certaine de son objectif et de ses talents, une Balance parvenue à maturité peut choisir la liberté et vivre ses relations avec une immense sagesse émotionnelle.

Mais le risque qu'elle soit dépendante, comme le veut le cliché, n'en existe pas moins, car la Balance redoute de quitter une relation qui ne fonctionne pas ; trop souvent, en effet, elle a peur d'être seule ! Son signe opposé, le Bélier, aime fonctionner par lui-même. Ce sont les deux faces d'une même médaille.

Je m'arrête là, parce que je parle trop des relations – ce qui agace les Balance. Toutes, en effet, ne sont pas obsédées par la quête du grand amour… car elles y ont renoncé à force de déceptions. Impossible de compter le nombre de clients et clientes Balance qui me disent « Le couple, c'est fini pour moi ! »

Le caractère de la Balance ne se cantonne pas à la quête de l'amour, même si c'est sa principale motivation. La Balance est l'artiste et la créatrice, son goût est parfait. Elle se bat pour la justice, l'amour, la beauté, pour un monde idéal ; elle est la championne de la paix. Sa plus grande qualité, peut-être, est sa générosité et sa considération envers les autres.

D'autres Balance peuvent également choisir la solitude et se consacrer à leur art. Certes, elles ont alors quelque chose d'un peu excentrique : elles posent beaucoup de questions, comme un procureur trop curieux. Mais leur charme naturel leur permet de s'en tirer sur une pirouette. Cette excentricité cache, je pense, la plus grande qualité de la Balance : elle qui commence toujours par se fondre dans le décor révèle peu à peu sa vraie nature. L'artiste en elle la pousse à se démarquer. Le côté pratique peut lui poser un problème : elle sera souvent en retard, ou pas (la ponctualité l'ennuie). De la même façon, elle ne se préoccupe guère de gagner de l'argent ou de payer ses factures : c'est le boulot de quelqu'un d'autre, ça l'empêcherait de connaître le succès.

La Balance peut avoir un aspect un peu convenu, un peu sainte-nitouche ; elle a tendance à se cacher derrière l'humour, qu'elle maîtrise à merveille. Avec ses mots et sa bonne humeur, elle charme tout le monde. Elle sait comment rendre les gens heureux… et sa capacité à raconter une histoire est incroyable. Qu'on lui laisse la parole, et elle se lance ! Après tout, elle est un signe d'air : son seul but est de rendre le monde agréable. Elle vise à le remplir de beauté par son bon goût et son sens des couleurs, ses tenues assorties et impeccables. Elle cherche l'équilibre, mais, comme les plateaux bougent en permanence, elle ne le trouve jamais complètement.

Car, même si elle ne l'avouera jamais, la Balance a mauvais caractère. On dirait qu'elle se force à se montrer gentille, comme pour gagner des bons points – « J'ai été sympa là, là, et encore là… » – jusqu'au moment où elle craque. Elle considère sans doute avoir suffisamment donné ; l'impression de n'être pas payée en retour la met hors d'elle. Elle dit : « Voilà trois mois qu'on fait tout ce que tu veux et qu'on va où tu choisis ! » – au grand étonnement de la personne qu'elle a accompagnée sans jamais se plaindre. Pourquoi la Balance n'a-t-elle pas donné son avis ? Parce qu'elle n'en avait pas ? Non : parce qu'elle estime par principe que l'autre doit lire dans ses pensées !

C'est dans ces moments-là, Balance, que vous devez apprendre à vous calmer, à mettre des mots sur les choses et à accepter qu'il y ait parfois un manque d'harmonie. Tous les signes d'air cherchent à alléger l'expérience de la vie ; ils veulent se sentir intellectuellement stimulés sans s'embarrasser d'émotions complexes. Mais écoutez-moi, Balance : vous pouvez vous soigner, contacter votre humanité profonde, trouver un coach de vie et cesser d'idéaliser l'amour ou l'art comme l'alpha et l'oméga de toute chose. Il est scientifiquement prouvé (et les Balance adorent les preuves scientifiques) que le fait de tomber amoureux est une réaction chimique ; le libre arbitre n'a plus son mot à dire. C'est ensuite, quand les difficultés commencent – et elles commenceront, c'est fatal – que la viabilité de la relation est mise à l'épreuve.

Ce test, Balance, vous pouvez le réussir. Cher signe d'air, atterrissez. Venez visiter le monde réel, travaillez sur votre relation. Telle est le bon versant de la Balance. Vous pouvez devenir une grande médiatrice ou une excellente thérapeute pour peu que vous ayez appris à trouver la paix en vous-même et dans le lien à l'autre.

Ses gremlins le savent : pour faire flancher la Balance, il suffit qu'elle se sente mal-aimée et solitaire. Ils lui répètent que personne ne la comprend. Alors, la Balance se transforme : elle veut plaire à tout prix, se complaît dans les ragots, sombre dans la dépendance. Dans un groupe, elle cherchera à tout connaître des potins, à se renseigner sur les côtés obscurs de tout le monde ; elle pose bien trop de questions. Au pire, elle se sent isolée même au cœur de la foule, déconnectée de son mot préféré : l'amour.

Quand la Balance apprend à exprimer sa vérité, à révéler sa vulnérabilité, alors elle atteint l'authenticité. Il n'y a pas de honte, Balance, à être vous-même. C'est seulement ainsi que peut exister l'amour vrai. Les gens qui vous aiment n'ont pas besoin que vous vous déguisiez ni que vous racontiez des histoires : vous pouvez être aimée pour ce que vous êtes.

En vérité, au mieux, vous êtes fascinée par la vie, ce qui fait de vous le journaliste, l'interviewer, la personne qui essaie de trouver la vérité, qui pose les bonnes questions ; alors, vous nous entraînez dans votre sillage pour nous permettre de donner le meilleur de nous-même. Vous êtes après tout un maître de la diplomatie, de la communication, qui apporte l'harmonie et la justice au monde.

On le dit rarement, mais, en astrologie ésotérique, la Balance est le signe le plus avancé. Elle peut évoluer au point de rejeter le fardeau des relations traditionnelles, s'ouvrant à des liens nouveaux où l'amour romantique n'est plus la référence, où l'humain n'est plus la norme, où le divin est omniprésent. Dès lors, elle peut se sentir plus proche d'un ami, d'un collègue, d'un thérapeute ou d'une religion que d'un partenaire de vie.

C'est ainsi que la vie de la Balance se transforme en art… ce qui est son objectif ultime. Merci, Balance, pour votre beauté et votre douceur. Votre humour et votre capacité à vous intéresser aux autres inspirent tous ceux qui vous rencontrent. Continuez à poser vos questions. Assurez-vous que quelqu'un vous écoute avec autant d'attention que vous écoutez les autres.

UN PROFIL DE BALANCE

Quand j'ai vu Sting pour la première fois, je n'étais pas réellement consciente de son statut de star internationale. Je l'ai rencontré par une amie qui lui avait recommandé mes talents d'astrologue. J'ai commencé à m'intéresser à sa vie affective. Je lui ai demandé ce qui s'était produit lors de son retour de Saturne – c'était l'année de son premier tube, *Roxanne*, qui a fait exploser sa carrière.

Peu de gens le savent, mais Sting a étudié l'astrologie, initialement dans le but de démontrer qu'il s'agissait d'une fausse science : en tant que Balance, il était sceptique. Il s'est sérieusement penché sur la question. On lui a demandé d'interpréter des cartes du ciel en aveugle, sans le nom des célébrités qu'elles concernaient. Quand il a interprété celle de son épouse, il a pensé que c'était la carte de Jésus… Il s'est avéré étonnamment doué pour cet exercice, bien qu'il demeurât sceptique, comme toute bonne Balance. Douter comme saint Thomas est un des clichés de la Balance. « Est-ce réel ? Est-ce que je dois y croire ? Apportez-moi une preuve. »

Sa musique, quoi qu'il en soit, est aussi raffinée et passionnée qu'empreinte d'une extraordinaire spiritualité ; elle nous transporte loin. Pour moi, Sting est un joyau, dont la passion et le raffinement sont un don du ciel. Il a trouvé en son épouse, Trudie Styler, une véritable âme sœur. Capricorne, elle le soutient en tout point ; c'est grâce à elle qu'il a pu récolter des millions pour sauver la forêt amazonienne et défendre de grandes causes, comme Amnesty International ou la lutte contre la maladie d'Alzheimer. La collaboration est le meilleur mode de fonctionnement pour la Balance. Sting le prouve par sa carrière musicale, mais encore plus par ses réalisations avec son épouse : à eux deux, ils accomplissent le bien à très grande échelle.

Il utilise son talent d'artiste à la fois pour son propre accomplissement et pour aider et inspirer les autres. Je fais d'ailleurs partie de ces autres : le fait qu'il me choisisse comme astrologue a donné une autre tournure à ma carrière. Cette générosité est typique d'une Balance.

LA VOIE BASSE DE LA BALANCE

Le mauvais penchant de la Balance est la confusion – le va-et-vient permanent entre « Ne pars pas ! » et « Je veux être seule, tu vas rester longtemps ? ». La Balance se retrouve coincée dans un état d'indécision et d'ambivalence. Quand elle n'a pas de partenaire de vie, son obsession devient d'en trouver un ; mais quand cela se produit, soit elle le rejette dès que la lune de miel se termine, pour recommencer ailleurs, soit elle s'y accroche sans admettre que leur histoire est finie.

Dans sa pire expression, elle cherche à rendre l'autre coupable. « Tu ne vaux rien ! Je l'ai su au premier moment, j'aurais mieux fait d'écouter mon instinct. On n'aurait jamais dû se marier. » Sérieusement, Balance ? Vous reprochez ça à l'autre ? Si vous avez vu le *red flag*, comme vous dites, pourquoi ne pas vous en être inquiétée ? La voie basse, pour vous, c'est de faire porter la responsabilité aux autres, et de chercher toutes les preuves de leurs fautes.

Quand une Balance fait silence, il est temps de s'éloigner : la tempête arrive. La Balance qui ne parvient pas à lâcher prise voit son cœur s'endurcir ; elle se renferme, joue les inaccessibles. Quel dommage de renoncer à l'amour ! Allons, Balance, vous le savez bien : il y a toujours de l'espoir.

L'OBSERVATEUR DE LA BALANCE

La Balance peut trouver la paix quand elle apprend à faire un pas de côté pour s'observer de façon objective. Il y a différents types de relations ; on peut trouver l'amour avec un ou une partenaire, mais aussi auprès de parents, d'amis proches, voire de Dieu – cela ne change rien au fait d'être en connexion. L'observateur offre à la Balance une nouvelle perspective : il lui rappelle qu'on peut vivre d'espoir sans pour autant se comporter en incorrigible romantique.

L'astrologie ésotérique considère que le reproche, la honte et la peur sont les sources de toutes les guerres, des déséquilibres et de l'absence de paix. La Balance, j'en suis personnellement convaincue, incarne les sentiments de rejet et de déconnexion, et à la fois la guérison de ceux-ci. L'observateur peut lui enseigner à prendre ses responsabilités plutôt que de rejeter la faute sur les autres.

Je le sais, Balance : quand les émotions vous gagnent, vous luttez pour rester raisonnable – jusqu'à ce que le Bélier en vous (votre signe opposé) surgisse. La présence de votre colère, même canalisée, sera perceptible dans votre énergie. L'observateur peut vous aider à résister à ces impulsions en vous disant « Pas la peine de s'enflammer maintenant, on peut en discuter » ou « Et si au lieu de se disputer, on regardait ensemble le soleil se lever ? Ce mélodrame est stupide ». Certes, les relations tumultueuses sont amusantes, mais seulement un moment ; l'observateur vous montre quand cela va trop loin, quand vous sombrez dans la complaisance et qu'il est temps de changer d'équilibre.

Il peut y avoir des moments dans votre vie où vous aurez besoin de mettre une relation en pause parce que vous vous sentez désillusionnée ou cynique. Pas de souci : vous avez le droit de ressentir cela de façon passagère. Mais ne baissez pas les bras, Balance. L'important pour vous est la possibilité d'une amitié pleine de sens, qui peut confiner à l'amour.

C'est une leçon qui ne s'apprend qu'à la longue. Trouvez la version de l'amour qui a du sens à vos yeux, quelle que soit sa forme.

LA VOIE HAUTE DE LA BALANCE

Pour la Balance, la voie la plus élevée consiste à s'affranchir de l'image que lui renvoient les autres pour comprendre qui elle est vraiment. Dès lors, elle n'a plus besoin d'obtenir leur validation à tout prix, comme quand elle était jeune. Avec la maturité, la Balance apprend qu'elle ne dépend pas des relations qui la rendent malheureuse. Et si vous parveniez à trouver la paix en vous-même ?

La Balance en voie haute n'hésite pas à dire la vérité : « Tu sais quoi ? On ne s'entend pas bien. Le problème vient de nous deux : je suis bien de mon côté, et pareil pour toi. L'alchimie a disparu entre nous, remplacée par une tension qui nous empêche d'être en paix. Or, moi, je veux la paix ; je dois partir. » Et elle s'éloigne sans remords ni regret.

Sous son meilleur jour, la Balance choisit la paix plutôt que les apparences.

CE QUI EST BON POUR LA BALANCE

Vous vous sentez mieux quand vous êtes entourée de beauté et de parfums agréables. Faites brûler de l'encens, allumez des bougies, mettez des huiles essentielles dans votre diffuseur et des couleurs dans votre maison. Vous vous sentez bien dans un environnement agréable et esthétique. Laissez parler l'artiste en vous. Aménagez votre chez-vous comme vous l'aimez, dans votre style et vos tons favoris.

Il vous faut quelqu'un pour vous motiver. Trouvez un partenaire pour aller à la salle de gym, pour lancer un projet, pour suivre un cours. Pour vous, c'est précieux.

Au fil du temps, vous découvrirez que de courtes périodes de solitude vous sont une vraie thérapie. Au début, vous pouvez vous sentir mal à l'aise – vous aimez tant la compagnie ! Mais, plus vous passerez de temps avec vous-même, plus vous y trouverez de plaisir, en redécouvrant votre individualité et en vous coupant du désir permanent de plaire aux autres et de les imiter. Un vrai soulagement pour vous ! Je vous suggère une petite expérience : offrez-vous une sortie en solo. Peut-être pas au restaurant – c'est trop dur pour une Balance –, mais pourquoi pas un film ? Essayez, vous verrez. Pour autant, ne restez pas seule trop longtemps : l'isolement peut vous mener à la misanthropie.

Quant aux relations, si vous cherchez vraiment l'amour, le plus efficace pour commencer serait de tomber amoureuse de… vous-même ! De nombreux livres en parlent parce qu'au fond, il n'y a rien de plus vrai. Vous détestez les personnes émotives, illogiques, qui en font trop – un vrai cauchemar pour une Balance. Alors, en vous éprenant de vous-même, vous comprendrez mieux ce que vous attendez dans l'autre, et vous risquerez moins de vous enflammer pour la mauvaise personne.

LEÇON DE VIE POUR LA BALANCE

Votre leçon de vie, Balance, est d'apprendre à aimer et à être aimée sans attentes ni condition. Les âmes sœurs existent, et vous pouvez établir un lien avec une entité supérieure – que vous l'appeliez Dieu ou autrement. Dans cette vie, il vous est demandé de devenir une souveraine indépendante au lieu de vous imaginer incomplète en l'absence de partenaire.

Votre but suprême est de nous faire entrer dans une nouvelle ère où les hommes et les femmes fonctionnent en égaux, où nos filles et les filles de nos filles auront le droit d'être indépendantes et où la question du genre ne se posera plus. Imaginez un monde où la plupart des gens ne chercheraient pas en premier lieu le pouvoir, l'argent et l'influence ; où l'amour serait le but commun.

Imaginez un monde où l'amour véritable transcende la romance et les relations, voire les concepts politiques, de sorte que l'équanimité et le respect deviennent les valeurs absolues. Imaginez un monde où la paix est la norme. Les Balance mènent l'humanité vers cette existence nouvelle. John Lennon a écrit des titres comme « Give Peace a chance » et, bien entendu, « Imagine ». Rien d'étonnant pour une Balance !

LUNE EN BALANCE

C'est une conjonction peu confortable, car vos émotions ne sont pas faites pour être intellectualisées. Sentiment et pensée se disputent et s'affrontent en vous. Au pire, cela vous pousse à nier vos émotions les plus profondes. Mais, bonne nouvelle, vous êtes exceptionnellement douée pour l'amitié, car vous savez écouter comme personne. Toutefois, vous avez du mal à poser vos limites. Vous cherchez à plaire, vous faites tout pour rester en paix. Vous avez du mal à savoir ce que vous ressentez – vous adoreriez que quelqu'un qui vous aime vous aide à sonder vos pensées en vous posant plein de questions.

MERCURE EN BALANCE

Mercure en Balance est également inconfortable, car la Balance est indécise et parfois éparpillée. Elle identifie toutes les options, toutes les possibilités, tente de comprendre tous les points de vue. Balance, vous savez ce que pense tel ou tel…, mais vous avez du mal à comprendre ce que vous pensez, *vous !* Votre fascination pour la science et le savoir vous permet de vous intéresser exclusivement à un sujet, au moins pendant un temps. Votre mémoire fait alors des miracles, surtout sur les thèmes que creusez.

Vous racontez très bien, avec un luxe de détails ; on vous écoute, envoûtés. D'ailleurs, vous n'hésitez pas, parfois, à embellir un peu la réalité…

ASCENDANT BALANCE

Il vous est plus facile, ascendant Balance, de créer des œuvres d'art et d'instaurer l'harmonie autour de vous que de vous équilibrer vous-même. Votre âme porte une énergie à la fois masculine et féminine. Vous aimeriez vous connecter à Dieu, à l'Esprit, mais la quête du Prince charmant vous en distrait. Ou bien, au contraire, vous pouvez refuser toute forme de relation, résistant ainsi à l'appel de votre âme. Un jour, pourtant, vous l'entendrez vous dire « C'est toi-même que tu cherches depuis si longtemps. Cesse de traquer le partenaire parfait, laisse-moi te guider ». L'amour peut ne pas avoir l'aspect que vous imaginez. Vous êtes-vous déjà dit qu'on pouvait aimer de tout son cœur un ami, qu'une âme sœur pouvait être un de ses enfants ou un proche ? Le couple et la sexualité ne sont pas, voyez-vous, les seules voies de l'amour. Puisque l'harmonie prime chez vous, vous devez vous demander : « Avec qui suis-je le plus à l'aise ? »

Physiquement, vous êtes sans conteste attirante ; on le voit d'autant plus que vous savez le mettre en valeur. Votre style, votre goût et votre élégance sont une évidence. L'interrogation qui vous hante : comment être moi-même tout en plaisant aux autres ? Bonne question ! Pendant ce temps, votre âme vous presse de réactualiser votre définition des relations.

Elle cherche l'harmonie, cette âme ; et si elle ne la trouve pas dans une relation, celle-ci ne durera guère. Je suis moi-même ascendant Balance, et j'ai toutes sortes de relations. Tout au long de notre vie, nous passons par des cycles. Cette découverte m'a libérée. Il m'a fallu des années pour comprendre que je ne suis plus la Debra persuadée de devoir à tout prix « rencontrer quelqu'un » ; et une fois arrivée là… j'ai trouvé l'amour ! Néanmoins, j'avais appris à me suffire à moi-même. Désormais, je règne sur mon propre univers. Je vois Dieu dans l'œil de toutes les personnes que je rencontre.

J'ai compris que mon âme de Balance me demandait d'apprendre à aimer sans attendre en retour. En cela, l'astrologie a été un vrai don du ciel : elle m'a montré comment ne pas me sentir rejetée pendant les temps où j'étais seule. À la place, j'ai appris à chercher l'amour où il était. Vous le pouvez aussi, ascendant Balance.

SATURNE EN BALANCE

Votre leçon la plus dure est celle de la relation.

Saturne en Balance, vous allez devoir apprendre à prononcer le mot qui fait peur : engagement ! Embarquez-vous dans une relation, dans votre corps, dans une aventure. Vous n'en avez guère envie, je le sais ; mais c'est la raison de votre présence sur Terre. Essayez, ne serait-ce qu'un mois. Ce sera une belle leçon pour vous qui êtes ici pour apprendre le sens des relations. La thérapie peut vous aider.

Étudiez les relations. Je vous encourage à vous engager dans quelque chose, ou auprès de quelqu'un, à court terme, avant de réexaminer la situation ; vous pourrez toujours changer d'avis, ou au contraire poursuivre votre engagement. Vous êtes ici pour vous libérer, pour apprendre à changer sans culpabilité.

Leçon de vie : Les relations sont la clé de l'évolution de la condition humaine. Si vous parvenez à être vous-même tout en respectant les autres, vous aurez appris votre leçon. C'est le but de votre incarnation.

MÉDITATION POUR LA BALANCE

Je me suffis à moi-même. Je n'ai pas besoin de partenaire pour exister. Je peux faire ce que je veux. Je me donne la permission de suivre mes propres goûts et mes intérêts. Je suis artiste, je veux pratiquer mon art. Ce don me permet de me voir comme une personne inspirée par les muses, qui a un lien très fort avec la beauté et l'amour sous toutes ses formes. Mon âme est fantasque, et la spontanéité est mon apanage. Ma vie est une œuvre d'art. J'ai le don d'aimer sans effort, dans le contexte de mon expérience humaine, créant partout où je vais une beauté divine.

L'ESSENCE DE LA BALANCE

La Balance est une amoureuse, point. L'essence de son signe ? Une énergie sexuelle – mais une sexualité où l'on garde ses vêtements, où l'intimité vient de la connaissance de l'autre, du sentiment d'être des âmes sœurs, de comprendre ce qui fait de l'autre un être unique. Unique, la Balance l'est, plus que tout autre signe. Nous aimerions avoir son bon goût et sa sensualité. Elle prend beaucoup de place, pourtant on la regrette dès qu'elle s'en va.

La Balance nous transmet tout son raffinement à travers la musique, l'art, la mode, les bijoux et les pierres précieuses – toutes les belles choses. À quoi bon vivre si ce n'est pas avec élégance et style ? Est-ce seulement possible ? La réalité n'a de sens que quand on est entouré de couleurs et de parfums qui titillent nos sens, quand des idées saugrenues nous traversent.

La Balance nous fait le don de sa joie, en tout cas jusqu'au moment où nous l'ennuyons ; alors, elle s'évapore. C'est toujours avec de bonnes raisons que la Balance s'éloigne. Pour autant, ne comptez pas sur elle pour s'expliquer – elle vous l'a déjà dit, vous n'aviez qu'à écouter. L'écoute, d'ailleurs, est sa spécialité. Elle entend ce que vous ne dites pas, elle perçoit les idées, ce mélange des éléments de la science ou de la nature qui engendre l'art. Elle partage avec passion ce qu'elle a appris – encore un don de la Balance.

La Balance ne pense pas comme tout le monde. Qui dit qu'il faut être mariés parce qu'on s'aime ? Pourquoi ne pas aimer passionnément son meilleur ami, ses enfants, une chanson particulière ? La Balance est amoureuse de la vie elle-même. Elle est ici pour changer notre façon d'être et de penser, pour rénover les concepts démodés, en particulier les contrats qui nous étouffent. « Qui dit que je suis obligée ? » demande la Balance, mutine.

Les Balance brillent et s'éteignent, comme des lumières. C'est une grande chance quand l'une d'elles décide de s'allumer pour vous ; sa présence est tout simplement exquise. Elles rendent le monde plus beau et doux, et être à leur côté est une bénédiction.

15

La psychologie du Scorpion : Je désire

Élément : Eau
Mode : Fixe
Maison : VIII
Planète : Pluton
Partie du corps : Parties génitales, bien sûr (le Scorpion est purement sexuel)

Si vous imaginiez à quel point votre énergie et la mienne se mêlent inextricablement pour peu que nos regards se croisent, alors, vous sauriez pourquoi j'ai tant de mal à vous regarder dans les yeux. Lorsque nous nous connectons, je vous sens immédiatement. On dit que les yeux sont la fenêtre de l'âme, et je le crois ; on dit aussi qu'il faut avoir peur de la mort, et je ne suis pas d'accord. La mort n'est pas ce qu'on pense. Je l'ai étudiée, et je peux vous garantir qu'elle n'est pas à craindre.

De fait, c'est un grand privilège de pouvoir quitter ce monde en pleine conscience – c'est-à-dire en paix, en acceptant la fin. J'ai été le témoin de nombreuses fins, et vous aussi sans doute. Les ruptures qui m'ont brisé le cœur, la mort de mon animal préféré quand j'étais enfant, les comportements toxiques dont j'ai été victime, tout cela éteint ma foi en l'humanité… pour un instant seulement. Oui, j'ai connu les rejets et les chagrins d'amour, bien plus terribles que je ne le méritais. En tant que Scorpion, apparemment, j'ai beaucoup à apprendre de ces cruels enseignants que sont le lâcher-prise, la mort et la tristesse. Tous ces événements ont fait de moi une personne meilleure, quand j'ai eu fini de traiter la douleur. Pouvez-vous en dire autant ? Ou est-ce l'apanage des membres du club des Scorpion ?

On me décrit parfois comme une personnalité dépressive, ou mystérieuse et secrète ; de l'extérieur, je peux paraître impassible. Intérieurement, néanmoins, je ressens les choses avec une extraordinaire intensité. Vous n'imaginez pas la puissance de mes émotions ni la force que je trouve quand il s'agit de défendre ceux que j'aime. Alors, je ne recule devant rien. Je ne fais jamais les choses à moitié, et je serai confus et furieux si je vous découvre peu fiable ou si vous revenez sur notre accord. Jamais je n'agirais de la sorte. Je déteste les gens volatils – parfois, j'ai l'impression qu'ils cherchent juste à m'énerver. Je sais tenir le cap, quoi qu'il arrive. Je ne laisserai jamais mes émotions m'empêcher de grandir.

Je suis concentré. Donnez-moi un but et je l'attendrai, contre vents et marées. Ce ne sont pas des paroles en l'air. J'ai vu ce que tant d'autres préfèrent ignorer : l'addiction, la violence, le rejet d'un amour d'enfant, pour ne citer que cela. Parlez-moi des blessures humaines, vous ne m'apprendrez rien – j'ai parcouru toutes les contrées du malheur, celles que la plupart des gens évitent.

Mon superpouvoir est ma capacité à sortir plus sage du chagrin et de la douleur ; je peux alors vous aider à traverser ces terres. J'ai été le témoin de souffrances immenses et j'ai appris à ne pas interrompre les leçons des autres. La douleur est le terreau de la connaissance. Qui accepte d'être blessé et garde la foi connaîtra la guérison.

Je repousse les gens pour tester leur amour. La plupart échouent à cette épreuve. Je ne garde que quelques amis, pour qui je ferais n'importe quoi. Je suis la personne dont vous avez besoin en cas de crise. Quand c'est mon tour de mener, vous n'avez rien à craindre, j'ai pensé à tout. Mais ne me parlez pas trop, et ne parlez pas trop de moi. Montrez-moi votre amour par des actions plutôt que par des mots qui s'envolent. Je suis incapable de bavarder pour le plaisir ; je serai en revanche un gardien incorruptible de vos secrets.

Ne prenez pas ma gravité pour de la colère ou du stoïcisme. Je suis capable de ressentir bien au-delà de ce que vous percevez – sauf, bien sûr, si vous êtes un Scorpion comme moi. Alors, vous me voyez tel que je suis, au-delà des apparences. Regardez-moi. J'ai besoin d'une personne assez forte pour m'accepter, me prendre tel que je suis, sans se dérober.

Le Scorpion aime la sensation d'urgence que procure un roman policier ou un film d'épouvante. L'adrénaline le remplit du sentiment d'être en vie, et il la recherche en sautant d'une falaise, en expérimentant une drogue nouvelle ou en prenant un risque financier immodéré. Le Scorpion a une énergie extrême qui peut se transformer en frénésie sexuelle, en violence ou en abus de substances illicites. C'est la partie de nous qui regarde la mort sans ciller, sonde les blessures psychologiques que l'on préfère en général cacher et dit ce qu'on tait, en général. Le Scorpion regarde l'abîme dans les yeux, sans prétendre y voir autre chose que les ténèbres. Êtes-vous prêt à affronter la vérité, à marcher dans les flammes ? Le Scorpion vous teste, et parfois vous trahit, juste pour voir de quelle étoffe vous êtes fait.

Le stéréotype associe le Scorpion avec ce qui est obscur et sexuel. Ce n'est pas toujours vrai, mais cela n'est pas rare ; certains d'entre eux peuvent fuir le noir et s'intéresser peu au sexe. Ils rejettent alors l'astrologie, car la caricature les vexe. Cela s'explique assez facilement ; fait rare en astrologie, le Scorpion est symbolisé par trois animaux différents : le serpent, l'aigle et le phénix.

Le serpent, c'est le Scorpion qui agit dans l'ombre, fasciné par ce qui arrive après la mort ; dans son cabinet secret, muni d'une planche de ouija, il étudie l'occulte. C'est parfois aussi son aspect le plus sombre, quand il agit, comme un serpent, avec l'instinct de nuire.

L'aigle, lui, a une énergie puissante, qui ne vise que la lumière. Il ignore les ténèbres – il les survole. Je parle alors de « Scorpion blonds » ; ils n'ont aucun penchant pour l'obscur et l'effrayant.

Le phénix, créature mythique qui périt dans le feu pour renaître de ses cendres, ne connaît, quant à lui, aucune crainte. « Oui, je suis dans le noir ; oui, je suis dans la lumière. Je suis à l'aise avec les deux. Quel est le problème ? J'ai un côté obscur et un côté lumineux ; grâce à cela, je suis libre, plein de force et d'énergie. »

Ce que tous les Scorpion ont en commun, c'est l'intensité. Ils écoutent avec une attention immense, et se montrent aussi théâtraux qu'un signe de feu – avec qui on les confond souvent, ce qui n'a rien de surprenant. La seule différence, c'est que leur intensité est plus proche de l'ébullition que de la flamme. Quand ils traitent de sujets effrayants, comme la mort ou l'addiction, ils ne rechignent jamais à partager toute l'étendue de leur savoir. Dépourvus de sentimentalisme, parfaitement clairs, les natifs du Scorpion vont droit au but. En affaires, ils se montrent intraitables : « Combien de temps cela prendra-t-il, combien gagnerons-nous, et qui est responsable ? Dites-le-moi sans détour, et finissons-en avec cette réunion. »

Au pire, ils sont autodestructeurs, se sabordent eux-mêmes et peuvent se montrer méchants. Ils détestent la fausseté, et leur radar est si sensible que la superficialité, chez les humains, leur est insupportable. Ils n'hésitent pas à lancer « Arrêtons tout, terminons-en avec cette relation/cette idée/ce projet ». Ils ne mâchent pas leurs mots.

Au mieux, le Scorpion est un guérisseur – on peut se le représenter comme le chirurgien qui tranche les organes malades pour sauver son patient.

En astrologie ésotérique, le Scorpion est le seul signe qui peut détruire son propre ego dans la quête de son âme. Cette phrase est capitale : elle rappelle tout le propos de ce livre. Que l'ego se concentre sur l'âme, et tout est en ordre. Si tout un chacun se consacrait à cet effort, le monde changerait en un clin d'œil. Mais c'est loin d'être le cas. L'ego quête l'approbation, et l'âme s'en moque. Dès lors, le Scorpion est plein d'une assurance qui peut intimider. Il traverse le monde avec confiance et force, souvent avec une énergie sexuelle qui dit « J'aime habiter un corps ». C'est la plus haute version du Scorpion. Quand il pénètre dans une pièce, chacun murmure « Mais qui est-ce ? ».

On dit souvent qu'on sent la présence d'un scorpion – l'animal – avant de le voir en réalité ; c'est la même chose pour les natifs de ce signe, dont la présence est palpable énergétiquement. Vous n'aurez jamais à vous demander s'ils vous apprécient : si c'est le cas, vous le sentirez clairement. Idem, si vous les attirez, leur regard vous le dira. Le Scorpion vous fixe sans ciller et il lit dans votre âme.

Attention, néanmoins, Scorpion : ne jamais baisser votre garde et vouloir à tout prix paraître calme et lointain vous fait courir le risque de ne jamais connaître l'intimité. Ne confondez pas le sexe et l'amour (même si ça vous est déjà arrivé, j'en suis certaine). Il y a tant de versions de la sexualité ! Ne vous privez pas de sa forme vulnérable et douce. Vous savez de quoi je parle, mieux que bien des gens. Quand vous vous sentez en sécurité, laissez s'exprimer cette douceur en vous.

Votre bonté, votre loyauté et votre sens de la compassion peuvent surprendre. Comme tous les signes d'eau, le Scorpion a une connexion avec les animaux, les enfants et les personnes qui traversent une mauvaise passe. Il est attentionné et plein d'empathie – on pourrait même le qualifier de doux. C'est le germe de Taureau (son signe opposé) qu'il porte en lui. Le Taureau est gentil, il ne rêve que d'oublier la négativité pour exprimer son amour, un amour plein de tendresse, sans drame ni douleur. Ne rêveriez-vous pas, Scorpion, de faire de même ? Certes, cela semble difficile dans une vie marquée par l'intensité ; mais vous portez cette graine en vous.

Quand un Scorpion vous aime, c'est que vous avez gagné – à la dure ! – sa confiance.

Le superpouvoir du Scorpion est sa capacité à capter les énergies, telle une machine à rayons X. Il lit en nous à livre ouvert. Au contraire du Cancer, qui montre sa réprobation face à la fausseté, ou du Poissons qui s'enfuit quand il la ressent, le Scorpion l'affronte sans ciller. Il vous défie du regard et vous juge.

Au bout d'un certain temps, la tension croît ; si vous ne tenez pas compte de ses avis ou de son point de vue, si vous continuez à agir selon vos propres règles, le Scorpion frappe. Nul ne veut rester à sa portée quand il brandit son dard. Il sort le grand jeu – colère, franc-parler, brusquerie. Attention, ça pique ! Voilà le Scorpion. C'est parfois le héros qui nous débarrasse du méchant (il faut que quelqu'un le fasse) et s'en va face au soleil couchant, rengainant son pistolet fumant.

Le Scorpion pose les questions difficiles. Passionné par la psychologie, il peut faire un grand thérapeute, médecin ou chirurgien. Mais il peut aussi se transformer en détective, ou en auteur de roman policier tissant la toile de ses intrigues. Il va au-delà de l'histoire pour creuser les motifs, tout en épiant les moindres détails et observant le monde depuis l'extérieur.

Il fait face au drame sans émotions (au moins jusqu'à la fin de la crise). L'arthropode qui lui donne son nom peut survivre à des températures extrêmes. Sans rien perdre de son sang-froid, le Scorpion dit « Fais ceci et cela, je m'occupe du reste ». C'est la personne idéale quand on a besoin de quelqu'un qui reste calme – juste après l'accident de voiture, dans la salle d'opération, au moment du diagnostic. Après la crise, laissez-le partir : il a besoin d'être seul un moment. Au contraire des autres signes d'eau, qui montrent leurs émotions, le Scorpion ne s'exprime qu'en privé.

Une jeune femme Scorpion a été ma locataire. Souvent, nous nous promenions ensemble, et elle me bombardait de questions intimes. Un jour, je lui ai répondu : « Écoute, jeune Scorpion, cela ne concerne que moi. Tu frappes à une porte qui ne s'ouvrira pas… ou pas encore. » Peu à peu, elle a gagné mon cœur, et c'est aujourd'hui l'une de mes plus fidèles alliées dans cette vie.

Scorpion, vous en avez tant vu de la nature humaine qu'il vous est désormais ardu de faire confiance aux gens. C'est à peine si vous vous faites confiance à vous-même ! Dans votre tête, vous vous dites « Je veux cesser de manger n'importe comment, je ne boirai qu'un seul verre, je ne coucherai pas avec cette personne » et, bien sûr, vous manquez à votre parole. Les pulsions les plus sombres de la psyché humaine vous taraudent.

Point positif : grâce à cet accès au côté sombre, vous connaissez mieux que personne les profondeurs de la nature humaine. C'est ce qui fait de vous un guide et un guérisseur hors pair.

Vous devez comprendre à présent pleinement le sens du mot « transformation ». Dans cette vie, vous portez l'empreinte du mal qui vous est arrivé pendant votre enfance (les Scorpion ont d'horribles histoires à raconter sur leurs jeunes années). Avez-vous suivi le processus de guérison qui peut vous aider à transformer la douleur en sagesse ? Essayez la thérapie, je vous en conjure – et au long cours, sans faire semblant d'aller mieux si ce n'est pas le cas. Vous saurez que vous avez abouti quand vous serez capable de vous laisser aller entre les bras de quelqu'un, et de le tenir dans les vôtres sans le repousser.

Le Scorpion enseigne aux Terriens qu'il faut avoir sombré pour refaire surface. On n'apprend qu'à la dure, nul ne l'incarne mieux que lui. Il incarne ce désir qu'a l'âme d'apprendre à tout prix, de rester mobile, d'affronter les écueils de la vie sans esquiver.

Merci, Scorpion, pour ce que vous faites pour nous – transformer les ténèbres en lumière, guérir la blessure d'être humain. Sans vous, nous n'aurions aucun modèle de courage et de témérité. Il vous semble injuste, je le sais bien, d'avoir été si tôt mis à l'épreuve. Ma question : en avez-vous tiré un enseignement, et souhaitez-vous le partager avec nous ? Scorpion, nous avons besoin que vous nous guidiez dans les ténèbres.

UN PROFIL DE SCORPION

Danielle a été abusée sexuellement quand elle était enfant ; elle n'en a jamais parlé à personne. Adulte, elle s'est mariée à un homme aisé, rencontré dans une soirée – avant de découvrir que leur relation n'était pas saine. Elle a commencé à donner des cours de fitness, et son intensité lui a permis de connaître le succès. Elle avait tant d'énergie que tout un chacun avait envie de la suivre et de l'imiter.

Par la suite, elle a fondé un magazine ; elle aimait rencontrer les gens pour en faire de nouveaux lecteurs. Comme c'était dans le cadre de son travail, elle ne rechignait pas aux mondanités… avec toujours un verre à la clé, si bien qu'elle a développé une addiction à l'alcool. Elle a pourtant refusé d'aller aux AA ou de suivre une thérapie. En vraie Scorpion, elle était consciente de son problème, mais ne souhaitait pas faire appel à une aide extérieure.

Après plusieurs mauvaises décisions, elle a fait faillite – conséquence de sa culture du secret. Mais elle s'en est tirée en travaillant d'arrache-pied, toujours aussi intense, et toujours avec son problème d'alcool. Elle a saboté une grande partie de sa vie. Quoi qu'il arrive, elle agissait toujours de façon extrême. À son deuxième retour de Saturne, néanmoins, elle a changé. Elle a réduit considérablement sa consommation d'alcool. Il arrive que les Scorpion fassent les choses à leur manière et trouvent la paix. Cela reste néanmoins une exception.

LA VOIE BASSE DU SCORPION

Sur sa mauvaise pente, le Scorpion tente de contrôler le monde, de le garder sous sa coupe. C'est ainsi qu'il sombre dans l'addiction – par amour du risque. Il emprunte alors la voie basse, semée de comportements qui lui font du mal ; il se sabote sans même en prendre conscience.

Les Scorpion ont parfois des comportements difficilement pardonnables. Leur tempérament soupe au lait et leur côté secret peuvent rebuter, d'autant qu'ils n'hésitent pas à assener à tout un chacun ses quatre vérités. Face à leurs idées très arrêtées, comment en placer une ?

J'ai connu un Scorpion qui me demandait de l'aider à travailler avec son côté sombre – il pensait ne pas y avoir accès. « Vraiment ? ai-je demandé. Réfléchissez : votre épouse vous a quitté et refuse de vous parler, votre enfant est pourri gâté et horriblement mal élevé ; et au cas où vous ne l'auriez pas remarqué, de nombreux amis vous ont laissé tomber et ne veulent même plus répondre à vos appels. Vous ne croyez pas, au contraire, que votre côté obscur est très actif dans votre vie ? » Il n'avait aucune conscience de ses comportements autodestructeurs et de leurs ravages sur sa vie.

Trop souvent, Scorpion, vous vous cachez des secrets à vous-même. Plus vite vous accueillerez votre côté sombre, avec l'aide d'un thérapeute ou d'un ami fiable, plus vite vous pourrez vous transformer en guérisseur. Dans le pire des cas, si vous ne faites rien contre la douleur qui vous ronge, les tendances suicidaires peuvent vous guetter. C'est que certains Scorpion n'aiment guère se retrouver dans un corps. L'expérience terrestre les blesse. Ce sont souvent les aigles, ces « Scorpion blonds » qui refusent d'agir sur leur part obscure, se contentant de se tenir à l'écart, dans le déni, jusqu'à ce qu'ils n'en puissent plus. Ou bien encore, on peut avoir la version « serpent » du Scorpion qui devient ouvertement fascinée par la mort et les expériences de mort imminente, au point de rêver de passer à l'acte.

Dans un cas comme dans l'autre, ce type de pensée exige que vous cherchiez immédiatement de l'aide ! Ce n'est pas votre fort, j'en suis consciente. Mais sachez que, sur sa voie haute, le Scorpion désire vivre. Il veut être le phénix qui traverse le feu pour renaître de ses cendres. C'est sa mission d'évolution : s'il échoue, il doit revenir pour recommencer.

Vous avez le pouvoir de traverser la vallée de la Mort et d'en revenir, en sécurité. À votre retour, vous pourrez en tracer la carte pour nous. Montrez-nous comment revenir plus forts de ce périple. Cela étant, si vous êtes mal à l'aise vis-à-vis de votre part d'ombre, ou que vous viviez dans les ténèbres sans accepter de les affronter, vous êtes sur la voie basse du Scorpion, où la dépression et l'anxiété vous accompagnent. *Demandez de l'aide – la thérapie peut vous sauver la vie.*

L'OBSERVATEUR DU SCORPION

Le Scorpion connaît le silence. Dans une pièce comble, il peut être celui qui ne dit rien. L'observateur est juste là. Il sait écouter et se reposer sur lui. Quand un Scorpion a effectué sa tâche spirituelle, il devient un des sages du zodiaque. Mais pour cela, il a dû traverser l'enfer. Souvenez-vous de notre plus grand défaut de conception : nous n'apprenons vraiment que de nos pires erreurs. Le Scorpion est le spécialiste de ces leçons à la dure. Scorpion, vous êtes un grand étudiant de la vie quand vous accomplissez cette tâche.

LA VOIE HAUTE DU SCORPION

Sous son meilleur jour, le Scorpion dit la vérité pure et dure. « Les portes de l'enfer seront scellées, car je suis là, a dit un Scorpion ésotérique que je connais. Je ne me laisserai pas guider par de bas instincts. Quand je vois en moi des traits de personnalité discutables, je les élimine. Je ne veux pas me laisser embarquer par le côté frivole de la nature humaine. »

Le Scorpion en voie haute a travaillé sur ses blessures d'enfance et sait désormais dire à son partenaire : « Ne me laisse pas te blesser. J'ai appris par le passé que je pouvais me montrer méchant. Je ne veux pas l'être envers toi. Tu es la meilleure chose qui me soit arrivée. Aide-moi, je t'en prie, à être bon pour nous deux. »

C'est ainsi qu'apparaît le guérisseur, celui à qui faire appel en cas de crise. Il comprend tout – il a tout vu et tout vécu. Au meilleur de vous-même, Scorpion, vous donnez tout pour les autres ; vous n'avez pas peur de plonger au cœur de la douleur pour les aider à la traverser.

CE QUI EST BON POUR LE SCORPION

C'est le calme qui vous guérit. Demandez aux gens de ne pas le prendre personnellement. « Je vous aime, mais il y a des moments où je dois me protéger par la distance. Faites appel à moi si besoin, je tiens à vous ; j'ai seulement besoin d'espace de temps en temps. »

Votre tolérance à la douleur est bien au-delà du commun. Vous seriez la recrue parfaite des camps d'entraînement – vous tenez la distance et vous ne vous arrêtez jamais, vous skiez dans la poudreuse, vous surfez les plus grosses vagues, vous dévalez les pentes au guidon d'un VTT… quitte à nous faire des frayeurs !

Vous pouvez jouer votre argent sur des investissements risqués. Vous trouvez que quelque chose est *trop* pour vous ? C'est le signe infaillible que vous allez le faire.

Quand vous étiez jeune, j'en suis sûre, vous éprouviez le besoin physique de relâcher régulièrement votre tension sexuelle. Votre libido est puissante. Prenez soin de votre sexualité – c'est bon pour vous. Vous pouvez avoir des goûts peu orthodoxes, et c'est très bien, tant que vous vous souvenez que le consentement est sacré. Rien de plus doux pour un Scorpion que la détente après un orgasme, après l'entraînement, après une liaison amoureuse – elle lui procure un calme intérieur.

Puisque vous réprimez souvent le négatif, Scorpion, avouer vos secrets vous fait du bien, tout comme nommer vos sentiments et vous ouvrir au processus de guérison. Adressez-vous à ce côté vulnérable que vous cachez si souvent : « J'ai peur de te perdre », « J'ai un problème avec la drogue », « Parfois, j'ai envie de faire du mal à telle personne ». Une fois que c'est sorti, vous pouvez agir dessus ; tant que vous le taisez, la situation risque de s'envenimer.

LEÇON DE VIE POUR LE SCORPION

Votre leçon de vie, Scorpion, a trait aux obsessions, aux idées fixes, au besoin de vous donner pleinement et de tout sentir pendant que vous agissez. Attention à cette intensité – elle vous contrôle. C'est votre fardeau, Scorpion.

Si vous vous considérez plutôt sous l'angle de l'échec que du succès, vous souffrirez, et cette souffrance deviendra contagieuse. Mais en étudiant le fonctionnement de votre esprit, en faisant de l'exercice, de la méditation (votre spécialité), ou en vous accordant exceptionnellement un verre ou une microdose, vous trouverez du soulagement. Vous pourrez garder le cœur ouvert – le monde vous appartient.

LUNE EN SCORPION

Avoir sa Lune en Scorpion n'est guère confortable. Si vous vous laissez aller à ressentir réellement les choses, à prendre soin des autres, vous pouvez devenir collant, un vrai crampon ; les émotions sombres, les sautes d'humeur, voire la dépression, seront vos compagnons fidèles. Au pire, vous vous montrez possessif et jaloux. Une fois contacté votre observateur, vous pouvez nommer votre ressenti, le jauger objectivement et couper court au mélodrame. Dans le cas contraire, la puissance de vos émotions sape votre force, nourrissant les gremlins entêtés qui ne vous lâchent plus.

L'aspect positif de la Lune en Scorpion est une intuition remarquable, voire des dons de médium. Au mieux de votre forme, vous savez exactement ce que les autres ressentent et qui a besoin de quoi. Votre acuité est immense, vous lisez les visages, les énergies, les bonnes volontés. Vous ressentez les gens au plus profond. Nul ne peut tromper une Lune en Scorpion.

MERCURE EN SCORPION

Vous êtes un esprit profond et pénétrant. Adepte de science ou de psychologie, vous avez une capacité de concentration au-dessus du lot, quel que soit votre domaine. Malheureusement, du côté sombre, cela vous confère une tendance catastrophiste qui vous enferme dans des pensées négatives.

Vos gremlins sont insistants, un vrai disque rayé. Vous voyez l'accident de voiture avant qu'il se produise ; vous vous imaginez agressé parce que vous entendez des pas derrière vous dans la rue. Toujours prêt au pire, vous connaissez par cœur la disposition des issues de secours. Vous vivez dans une peur diffuse. La force de Mercure en Scorpion, c'est sa puissance de concentration. Avec votre énergie mentale, votre incroyable endurance et votre intelligence, vous pouvez réussir tout ce à quoi vous engagez votre esprit.

ASCENDANT SCORPION

On ignore trop souvent que l'intensité peut servir des buts spirituels. Vous posez des questions qui comptent ; vous restez concentré plus longtemps que tous les autres. D'un naturel calme, vous vous montrez pourtant sensible aux détails de la vie. Contrairement à tant d'autres signes, il vous est facile de vous détacher de l'ego pour chercher l'âme. Vous avez peut-être choisi le domaine de l'immobilier, des affaires, ou bien des champs spirituels, comme la physique quantique ou le tantra. Vous pouvez intégrer n'importe quel monde. De moins en moins complaisant envers vous-même avec le temps, vous trouvez la sagesse dans votre vision personnelle du plaisir, que nul autre que vous n'a besoin de comprendre.

Physiquement, vous êtes endurant et solide. Votre corps est fait pour guérir. Vous traversez maux et douleurs comme un soldat – vous ne reculez pas, vous vous soignez, vous continuez.

La question à vous poser est : « La souffrance de cette vie m'a-t-elle déjà mené à la paix ? » Telle est la voie vers votre âme. Vous entendez son appel lorsque vous comprenez que les dures leçons de votre jeunesse peuvent faire de vous un guérisseur. Vous vous purgez alors de toute cette toxicité.

Écoutez-moi : allez suivre la thérapie nécessaire, et vous progresserez vite vers le statut supérieur. Si vous n'avez jamais pansé vos blessures, si elles prolifèrent dans l'obscurité, vous risquez de vous retrouver coincé ; la douleur non traitée peut vous entraîner vers le côté obscur. Il n'y a pourtant aucune raison, ascendant Scorpion, pour qu'on ne vous accorde pas l'aide que vous demandez.

Évolué, spirituel, l'ascendant Scorpion est celui qui guide les gens des ténèbres vers la lumière, car, à son meilleur, il est intrépide et affronte la douleur sans ciller. Il la ressent et ne l'esquive pas – son seuil de tolérance est hors du commun.

Quel honneur d'être un voyant.

SATURNE EN SCORPION

Vous avez tendance à nier votre côté obscur, à y résister.

Saturne vous pousse pourtant à l'embrasser pleinement. Vous devez vous interroger sur vos tendances à la trahison, à l'addiction, aux coucheries. Votre don est votre capacité à aller en profondeur ; votre plus grand défi (une vraie gageure pour vous !) est d'apprendre à faire confiance et à lâcher prise. Vous n'êtes pas aux commandes, c'est un cauchemar pour vous. Mais, quoi qu'il vous arrive, la leçon de Saturne est la confiance. Bonne chance à vous !

Savez-vous accorder votre confiance, ou bien vous sentez-vous toujours en position de victime ? Vous cramponnez-vous à la crinière dès que vous avez l'impression de ne plus tenir les rênes ? Je vous rassure : vous n'avez jamais dirigé quoi que ce soit. La vie n'a rien de superficiel pour vous. Si vous souffrez, votre tâche est de trouver la lumière au bout du tunnel – sans quoi les ténèbres vont vous engloutir. La seule solution est de les traverser. Vous êtes là pour endurer la douleur et tout apprendre de la mort ; vous saurez vite si vous avez compris votre leçon – c'est ainsi que la souffrance se transformera en sagesse.

Leçon de vie : Accueillez la part d'ombre. C'est en apprenant à lâcher prise, à faire votre deuil tout en ressentant vos émotions, que vous maîtriserez votre énergie. Cela n'a rien de facile.

MÉDITATION POUR LE SCORPION

Mon don est ma capacité à sentir. Je suis venu dans cette existence pour apprendre la leçon de la vulnérabilité et de l'ouverture.

J'apprends à aimer cette partie de moi-même. Je suis plus intense que les autres, et je l'accepte. C'est pour cela que je suis une personne laconique. Je ne dis que la vérité. Je suis plein d'empathie. Je sens les gens, et je sais qui aimer. J'apprends à accepter la diversité de l'humanité sans juger. Oui, j'apprécie le côté obscur. Je connais aussi le chemin vers la lumière.

L'ESSENCE DU SCORPION

« J'adore ce signe ! » dit chaque thérapeute qui a le plaisir de voir quelqu'un changer sous ses yeux. L'ancien addict aux tendances autodestructrices se transforme en une personne pleine de compassion, dont la voix douce accompagne les autres patients sur le chemin de leur reconstruction. Dès que quelqu'un met au jour son trauma, les violences dont il a été victime ou sa souffrance secrète, dès qu'il apprend à pardonner ce qu'il a vécu, le processus de transformation peut débuter. La vie suivante ne peut commencer avant qu'on ait mis des mots son enfance ou son expérience traumatisante, pour les laisser derrière soi comme un tas de cendres.

Le Scorpion est là pour vivre pleinement – avec lui, pas de faux-semblant ni de détours. Il joue dans la cour des grands, cherche le plaisir encore et encore. Pour l'argent, pour le succès, il ne connaît pas de limites : il est prêt ! C'est la partie de nous qui a le droit à la plus grosse part du dessert, pour tout ce qui lui est arrivé, pour toutes ses souffrances. Le Scorpion a la capacité de traverser l'incendie, d'immoler sa douleur par le feu pour en émerger tel un phénix.

La loyauté n'est pas un trait commun dans le monde d'aujourd'hui ; mais le Scorpion la possède comme nul autre. Quand il s'engage, c'est sur le long terme. Décevez un Scorpion, et vous sentirez sa fureur. Se sentant trahi, il peut vous abandonner – souvent sans un mot ; s'il vous juge insuffisant, vous cessez d'exister à ses yeux. Remerciez le ciel qu'il ne vous pique pas avant de partir…

Cette vie se doit d'être intense. Nous sommes ici pour prendre les grosses vagues. « Vis ta vie, dit le Scorpion, ou va au diable ». Pour lui, le paradis, c'est de se battre, de pleurer dans son coin, de faire l'amour, de dévorer un festin… puis de recommencer. Il ne s'embarrasse guère des mots excessifs, au sens volatil – il agit, voilà tout. Le Scorpion dit : « Si tout le monde m'écoutait, nous resterions tous concentrés et ce monde irait très bien. » Sous leur meilleur jour, les Scorpion ne discutent pas. Ils gardent les yeux grands ouverts et disent la vérité – avec ou sans paroles.

16

La psychologie du Sagittaire : Je cherche

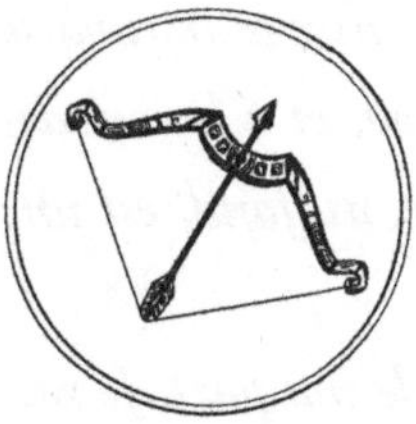

Élément : Feu
Mode : Mutable
Maison : IX
Planète : Jupiter
Partie du corps : Cuisses (la liberté de mouvement et la course sont l'apanage du Sagittaire)

Si seulement vous compreniez mon besoin de liberté ! L'envie de partir, de changer m'habite presque en permanence. Parfois, cela m'inquiète, mais je n'y puis rien. J'aimerais m'occuper de mon foyer ou m'investir dans ma vie professionnelle, sans connaître ce doute permanent : ai-je fait le bon choix ? Même quand je tiens mon rôle dans un groupe, j'ai l'impression que je devrais être ailleurs. Je suis une cible mouvante. Accepter ce qui est et ce qui vient sans juger, comme le proposent les livres de développement personnel ? Si seulement ! En pratique, je ne vois pas comment y arriver…

En parlant de théorie, j'ai entendu parler de karma, de yoga, de vies antérieures, d'astrologie moderne ou de clés génétiques. Oui, je les étudie, et pourtant, rien ne vaut à mes yeux un voyage en avion avec quelques amis pour faire une retraite quelque part – si ce n'est une expérience de microdose, qui me donne un accès nouveau au monde. C'est mon genre de trip spirituel.

Je ne suis pas fait pour la routine. J'adore la nouveauté. Mon but est de me libérer, en tant qu'ego, mais aussi de me libérer du karma avec lequel je suis arrivé dans cette incarnation. Un destin supérieur m'attend.

Je sais que je peux sembler immature, enfantin. Mon sens de l'humour et mon besoin de liberté me poussent à dire la mauvaise chose au mauvais moment, à sauter d'une falaise, et à lancer des blagues en permanence pour rappeler que la vie, au fond, est une plaisanterie.

J'ai besoin de rire. N'y voyez pas de mépris de ma part. Je suis bruyant, voire carrément grossier – j'essaie de vous réveiller ! Je perçois ce que la vie a d'artificiel, alors je dis tout haut ce que le monde pense tout bas. Je suis celui qui a le courage de se dresser et de s'opposer, au risque parfois de me montrer un peu odieux et de mettre les gens mal à l'aise.

Comme un chaman qui demande de réexaminer ce qu'on croit savoir, je choisis la voie de la disruption. J'aime bousculer le statu quo. *C'est pour cela qu'on apprécie ma présence, car, grâce à mon humour, je trouve des remèdes et je dénoue les entraves. Pas la peine de me remercier.*

J'attends le moment où, dans notre société, nous dépasserons les différences qui nous séparent, pour enfin voir le monde comme notre maison commune. Une théorie spirituelle – à laquelle j'adhère complètement – veut que notre but soit de tâcher de nous rappeler pour qui nous œuvrons, d'avoir une relation avec l'esprit, de mieux le servir, et d'apprécier chaque seconde du tourbillon de la vie. Je suis ravi d'être ici. Je suis l'éternel optimiste qui dit « Encore un verre, chantons en chœur, allumez le feu ! On ne vit qu'une fois ! » ou « À bien y réfléchir, nous sommes peut-être une espèce qui se réincarne, en voie d'évolution. Absolument ! C'est en gardant notre joie de vivre que nous remplissons notre tâche ».

Pour le Sagittaire, le meilleur moyen de résoudre un problème est de faire son baluchon pour partir en balade, de changer de paysage et de lâcher prise. Vous n'arrivez pas à en parler, vous ne parvenez à aucun résultat ? Pas de souci, partez ! On a le droit de fuir ou d'éviter ses inquiétudes. Le Sagittaire porte des lunettes roses qui accentuent le positif et éliminent le négatif. C'est, en chacun de nous, cette part de chercheur qui pose les grandes questions, « Qui sommes-nous ? » et « Quel est le sens de la vie ? »

Connaissez-vous cette partie de vous qui cherche avant tout à être joyeux en permanence ? On a tous envie de s'amuser, de profiter d'une vie simple, de se sentir bien, de se dire qu'on est ici pour une bonne raison et que tout ne va donc pas si mal. Le Sagittaire, en plus, ressent l'envie de fuir quand les choses se gâtent. Parmi ses dictons préférés figurent « L'herbe est toujours plus verte ailleurs » et « Les limites sont faites pour être brisées ». Il a peur du mot « engagement », et plus encore de la notion elle-même. Il peut se consacrer à quelque chose pendant un certain temps... puis, bien sûr, la vie le fait changer d'idée. Il y a toujours quelque chose de nouveau ou de meilleur à l'horizon, n'est-ce pas ? L'existence est un changement permanent.

Selon le stéréotype, le Sagittaire apprécie les voyages, la philosophie, la spiritualité : c'est le touche-à-tout par excellence. En réalité, ce goût des déplacements n'est pas une constante de ce signe. Certains d'entre eux se contentent de lire des magazines d'exploration, en restant à la maison ; d'autres sont de véritables vagabonds. Il y a toujours, à un certain niveau chez le Sagittaire, la pulsion de partir étudier de nouvelles cultures, de nouvelles langues, de nouveaux modes de pensée – en particulier autour de Dieu. Il n'est pas simplement expert en philosophie, mais aussi anthropologue, linguiste et historien des religions.

Le point commun de tous les Sagittaire (ou presque), c'est l'optimisme. Sans filtre, parfois brusques, ils savent aussi s'amuser – de vrais boute-en-train ! « Allez, on fait la fête ! » est leur expression préférée. Ils se spécialisent dans les *punchlines* et les maximes, « Tout va s'arranger. Tout arrive pour une raison. Nous sommes ici pour apprendre. Nous créons notre propre réalité. Tout ce qui arrive suit un plan déterminé. L'Univers nous soutient. Les gentils gagnent toujours. On va s'en sortir. Cueille le jour, vis ta vie, prends un verre ou une taffe et détends-toi ! Parlons de quelque chose de drôle, comme… la nature de la réalité ? » Certaines personnes, il est vrai, s'en hérissent – pour elles, le Sagittaire ne prend pas leur douleur au sérieux.

Au pire, son tempérament fougueux et son mauvais caractère prennent le dessus, surtout quand on ne suit pas son avis ou qu'on n'est pas d'accord avec lui. Alors, les généralisations du Sagittaire deviennent venimeuses, « Les gens sont débiles », « Il n'y a que la vérité qui blesse » ou « Rares sont ceux qui savent penser par eux-mêmes ». Ce qui sous-entend bien sûr que *lui* n'est pas stupide, qu'il peut encaisser la vérité et qu'il pense de façon autonome. Parfois, ce côté présomptueux lui attire des problèmes : le Sagittaire se montre moralisateur sous couvert de spiritualité ; il adhère aux théories du complot, qui lui permet d'expliquer le monde à sa façon.

Apprenti permanent et épris de connaissance, le Sagittaire peut être un touche-à-tout... et aussi un bon à rien, étudiant un peu d'une matière avant de passer à la suivante. Certains d'entre eux, toutefois, parviennent à aller très loin dans un domaine. Mais, dans tous les cas, ils en retirent des avis très tranchés (fondés... ou pas tant que ça !) qu'ils expriment avec autorité et conviction. Il ne faut pas hésiter à vérifier leurs dires.

Le Sagittaire agace les gens, et il ne comprend pas pourquoi. C'est parce qu'il est sans filtre, parce qu'il parle fort ? Il ne s'en rend pas compte. C'est parce qu'il rit à ses propres blagues ? Ce n'est pas sa faute s'il est passionné et qu'il croque la vie à pleines dents – même s'il a parfois les yeux plus grands que la bouche.

Il est optimiste. « Le changement climatique ? Tout ira bien, on trouvera des solutions, vous verrez. Les guerres qui se profilent ? Ça passera, j'en suis sûr. Il suffit de ne pas y penser, et les problèmes vont disparaître. » Une telle attitude peut prodigieusement agacer les gens qui prennent à cœur les problèmes du monde.

Le Sagittaire est le signe le plus chanceux du zodiaque. Pour moi, le terme anglais pour la chance, *luck,* pourrait être l'acronyme de *Living under correct knowledge,* « Vivre avec la vraie connaissance des choses ». Si vous vous intéressez aux principes métaphysiques, vous savez peut-être que la gratitude engendre l'harmonie. Le Sagittaire étant, en général, très positif et reconnaissant, pas étonnant que les choses aillent toujours dans le bon sens pour lui. Pour les autres, l'issue n'est jamais toujours aussi sûre, si bien qu'on a du mal à ajouter foi à sa vision rose vif du monde et à admettre qu'il a de la chance à chaque coup – quoique, pas toujours en amour. En tant qu'astrologue, j'ai envie, Sagittaire, de vous offrir une carte « spéciale 0 % culpabilité » à utiliser lors de votre premier mariage : il est dans votre nature de vous lancer dans une histoire avant de vous rendre compte que c'est une erreur. Vous avez le droit de vous tromper et de recommencer – simplement, ne perdez pas de vue votre objectif. C'est ainsi que vous parviendrez au succès.

Le succès, parlons-en. Vous avez le droit de le définir en fonction de vos valeurs. Après tout, vous êtes ici pour ouvrir une nouvelle perspective sur la notion d'humanité. Cela fait des années que vous étudiez cette matière spirituelle qui nous fascine tant. Je parie que ce livre n'est pas votre premier manuel d'astrologie, ou que vous lisez des textes spirituels depuis longtemps.

Vous êtes un vrai puits de savoir, et vous avez souvent quelques longueurs d'avance sur nous. Cela fait de vous un excellent enseignant en puissance. Montrez-vous patient envers nous. Nous n'avons pas encore atteint votre ouverture d'esprit. Nous apprenons, une étape après l'autre, à ne pas nous laisser enliser dans cette réalité.

Néanmoins, soyons francs, on adore presque toujours les personnes qui montent sur scène pour prendre le micro et nous faire rire ; on ne peut qu'aimer ceux qui voient toujours le bon côté des choses, et qui, désinhibés, parviennent à nous convaincre, l'espace d'un instant, que tout ira bien. Ils nous apprennent à trouver la joie. Malgré leur tendance à fuir, les Sagittaire jouent souvent un grand et beau rôle dans cette existence.

Merci, Sagittaire, pour votre rire contagieux. Quoi qu'il arrive, vous ne perdez jamais votre bonne humeur. Comment faites-vous donc ? Et comment trouvez-vous du plaisir dans les plus petites choses ? C'est un don. Merci de le partager si généreusement avec nous.

UN PROFIL DE SAGITTAIRE

Jeffrey a découvert relativement tôt ses talents musicaux. À la sortie de son école d'art, il a été signé par un label qui a lancé sa carrière. Après des débuts tumultueux marqués par la drogue, il s'est rendu en Israël pour explorer son héritage juif. Découvrant la foi, il s'est plongé dans l'étude religieuse, avant de revenir aux États-Unis pour créer une musique résolument spirituelle.

Une fois de retour, il a beaucoup parlé de religion…, mais sa pratique a progressivement perdu en intensité. Il a fini par abandonner le judaïsme, tout en se demandant en secret s'il n'aurait pas dû rester en Israël. Il a épousé une femme rencontrée dans un cercle de réflexion et de prière, mais a rapidement regretté cette décision. Bien qu'il soit devenu célèbre en tant que musicien, il n'a jamais cessé de douter de lui-même. Ses questionnements par rapport à son héritage spirituel et à sa capacité à l'honorer, ainsi que son impression (rapportée d'Israël) de rester prisonnier de vies antérieures, le plongeaient dans la confusion.

Même en gagnant en maturité, il a continué à éprouver ce regret secret, en se demandant ce qu'aurait été sa vie s'il n'avait pas fait ce qui était attendu de lui. C'est un sentiment que nous sommes nombreux à connaître – ai-je suivi mon esprit, mon ego, mon but, ou simplement la voie de la facilité ? Les doutes permanents, les errances, les questionnements, « Aurais-je dû faire autrement ? » éteignent peu à peu la joie de vivre – or, cette joie est le but ultime du Sagittaire.

LA VOIE BASSE DU SAGITTAIRE

Sous son mauvais jour, le Sagittaire se montre trop complaisant, sans limites – il perd le fil. Il souffre de son incapacité à prendre des décisions pour sa vie, de sa tendance à se laisser porter par le courant sans jamais s'ancrer nulle part. Il y a en lui un va-et-vient permanent entre excès et abstinence. Quand il se perd dans ses idées, il peut même friser le ridicule, tentant de résumer la vie en quelques maximes sibyllines. Il a beau en connaître une flopée, ses paroles n'ont guère de poids.

Il se ment, se raconte des histoires auxquelles il s'efforce de croire ; et quiconque tente de lui ouvrir les yeux passe pour le méchant de l'histoire. Alors, le Sagittaire devient le bouffon de la fête, celui qui refuse de grandir et de prendre ses responsabilités.

L'OBSERVATEUR DU SAGITTAIRE

Quand le Sagittaire apprend à utiliser son observateur, il perçoit les ambiances et accueille avec empathie le fait que les autres ne ressentent pas les mêmes émotions que lui. Il parvient même à demander : « Ai-je pu te blesser ? Est-ce que j'ai raison ? Aide-moi à comprendre ton point de vue. »

Avec la conscience de comment vous dites les vérités, Sagittaire, vous trouverez des gens qui apprécient votre humour. Vous apprendrez à mettre des formes pour proposer votre vérité et à rester silencieux auprès de ceux qui n'en veulent pas. L'observateur vous permet de commencer à vous censurer, car vous reconnaissez la nature impulsive de vos paroles. Dans le cas contraire, votre franc-parler peut blesser. Prenez-en la responsabilité.

Vous avez sans doute souvent entendu, depuis votre tendre enfance, des phrases comme « Mets-la en veilleuse, comment peux-tu dire ça ? ». Avec votre observateur, vous n'avez plus besoin de prendre ces phrases pour des attaques personnelles ; c'est simplement que nous ne sommes pas tous des signes de feu. Sans l'observateur, le Sagittaire peut, à force d'insensibilité, se montrer méprisant envers les autres.

LA VOIE HAUTE DU SAGITTAIRE

Le Sagittaire sous son meilleur jour a le pouvoir d'expliquer, avec des termes qui font du bien, comment toute tragédie est une opportunité d'apprentissage. Il fait de la douleur une leçon. Sur sa voie haute, il y a quelque chose de chamanique dans sa capacité à comprendre le message des astres, à entendre la voix des anges et à nous les transmettre pour nous apporter du réconfort. Il est convaincu et convaincant.

Quand il intervient tout à trac, ses remarques inattendues nous tirent de la déprime, débranchent le pilotage automatique et nous ramènent à l'instant présent. Si nous nous sentons en petite forme, le mieux est de trouver un Sagittaire pour nous remonter le moral et nous rappeler, avec ses paroles et paraboles pleines de sens, que ça passera, comme tout le reste.

CE QUI EST BON POUR LE SAGITTAIRE

Méditation, yoga ou pleine conscience vous seront d'un grand secours. Sagittaire, vous avez besoin de retours, car vous avez du mal à vous voir avec objectivité. N'hésitez pas à demander leur avis à des membres de votre famille – comment aborderaient-ils cette situation, que diraient-ils, comment réparer le tort que vous avez pu causer ? Vous qui n'hésitez jamais à prodiguer des conseils, vous pouvez apprendre à les écouter – même si ça ne vous est pas facile.

Au chapitre des soins, le Sagittaire est fasciné par les plantes médicinales. Toujours partant pour une cérémonie d'ayahuasca, un trip aux champignons hallucinogènes ou toute expérience à base de drogue, il adore les états de conscience modifiés. Pourquoi ? Parce qu'ils nous sortent de nos schémas établis, donnent un break au mental, nous débloquent et nous ouvrent de nouvelles perspectives.

Le plus facile pour changer d'énergie quand on se sent coincé, c'est de partir en voyage. Quel remède efficace pour vous, Sagittaire ! Votre existence est ponctuée de retraites, d'excursions et de rassemblements qui rompent la routine. En bougeant, vous changez, Sagittaire. Offrez-vous des perspectives de ce genre – elles vous permettront de rester motivé tandis que vous accomplissez les tâches et les corvées nécessaires de l'existence.

Le côté matériel ne vous intéresse guère. Pour le bien de vos finances, trouvez quelqu'un de doué avec l'argent. Même si cela vous semble une contrainte, cela vous sera utile à long terme. Vous savez écouter les instructions des personnes en qui vous avez confiance.

Je n'ai sans doute pas besoin de vous le dire, mais, comme pour tous les signes de feu, il vous faut avant tout des activités extérieures régulières. Amoureux de la nature, vous êtes fait pour vivre dehors. Rien de plus réparateur, pour un Sagittaire, que de se mettre au vert. Ski l'hiver, surf l'été, vélo en toute saison, tennis, ce qui vous va – vous avez toujours de l'énergie à revendre quand il s'agit de faire du sport. Si ce n'est pas le cas, si vous avez perdu votre enthousiasme pour les activités physiques, il faut vous demander pourquoi ; car votre longévité en dépend. Le Sagittaire reste jeune tant qu'il fait du sport !

LEÇON DE VIE POUR LE SAGITTAIRE

Votre leçon de vie consiste à accepter que les gens vous détestent pour avoir dit la vérité. Ne laissez pas le jugement des autres vous abattre, n'allez pas croire que personne ne veut entendre votre message. Oui, il vous arrive souvent d'offenser les autres, ce qui vous vaut quelques ennuis ; c'est le principe des signes de feu. Il existe néanmoins des façons moins blessantes de parler des sujets sensibles, et vous pouvez les apprendre. Vous possédez ce don, et votre leçon de vie est de le trouver. Accueillez l'expérience humaine dans toute sa grandeur – le bon comme le mauvais, le beau comme le laid. Quand le Sagittaire affronte les ténèbres sans s'enfuir, et montre aux autres comment entrevoir la lumière, il a appris sa leçon.

MERCURE EN SAGITTAIRE

Vous êtes franc, drôle et sarcastique. Vous vous tenez à l'écart des pensées négatives, dans une zone à part. N'oubliez pas néanmoins de demander à quelqu'un d'en vérifier les frontières, pour éviter de vous enfermer dans une fausse positivité. Votre esprit cherche toujours à s'échapper. Souvent insatisfait, vous avez tendance à prendre des risques inconsidérés. Il y a en vous un enfant casse-cou et irréaliste qui est prêt à justifier n'importe quelle action.

Mon ami Éric, qui me tient lieu de conseiller financier, a son Mercure en Sagittaire. Il me pousse toujours à voir plus grand, alors que mon propre Mercure, en Taureau, me fait préférer le *statu quo*. « Tu es ici pour essayer et te tromper, ça te fait du bien », me rappelle Éric. Je réponds « Je n'ai aucune envie de me tromper ! » et il me lance « Essaie quand même ». Alors, je me souviens que je parle à un Mercure en Sagittaire… et je me demande pourquoi j'ai sollicité son avis.

ASCENDANT SAGITTAIRE

Chercheur spirituel depuis le jeune âge, vous êtes un enseignant, un coach ou un mentor né. Vous avez certainement l'expérience des voyages ou de l'éducation, et vous collectez des récits inspirants pour les autres. Comment vous contredire quand vous parlez d'or ? La recherche de la vérité est l'appel de votre âme, et votre nature brusque et franche vous rend difficile à contredire. Mais il se peut aussi que vous résistiez à votre ascendant, à ce besoin vital de chercher la vérité ou de transmettre ce que vous avez appris.

Vous avez la capacité de faire confiance à la vie, et à nous donner envie de vous imiter. Vos voyages et vos études vous ont énormément appris. Vous connaissez les lois de ce monde et savez en jouer : l'énergie positive entraîne l'énergie positive. Votre rire est contagieux.

Certaines clientes me consultent sur l'heure idéale pour accoucher par césarienne (car l'heure de naissance, qui est ainsi programmable, détermine l'ascendant). Je leur conseille toujours l'ascendant Sagittaire. Qui ne voudrait pas que son enfant soit une âme venue sur cette Terre pour faire la fête, rire de tout, être optimiste, rendre la vie plus claire et légère, étudier, voyager et être dans l'abondance financière ? C'est l'ascendant de la chance par excellence.

SATURNE EN SAGITTAIRE

Soyez honnête, ne vous retenez pas. Soyez franc.

Vous allez faire des vagues, et c'est très bien comme ça. Votre but ici est de nous réveiller. Il vous faudra du courage pour accepter d'être mal-aimé à cause de votre honnêteté absolue. Vous pouvez néanmoins avoir tendance à vous montrer un peu trop investi dans vos convictions, voire moralisateur.

Pouvez-vous faire part de votre vérité sans rabaisser les croyances et les opinions des autres ? C'est ainsi que vous parviendrez à transmettre votre message.

Leçon de vie : La disruption a du bon. Rendez dicible l'indicible, mais écoutez le point de vue contraire pour être certain de garder votre humilité.

MÉDITATION POUR LE SAGITTAIRE

Quoi que je fasse, c'est au service de mon créateur, et je resterai éternellement reconnaissant pour cette vie délicieuse, abondante et grandiose qui m'a été donnée. Aidez-moi, je vous en prie, à rester humble et à savoir dire merci, à apprendre à écouter, à admettre que, si je sais énormément de choses, je ne sais pas tout.

L'ESSENCE DU SAGITTAIRE

Le Sagittaire est né sous une bonne étoile ; car, quoi qu'il lui arrive dans cette vie, il a la capacité de le remettre en perspective, grâce à sa bienveillance, ses grandes questions et son approche spirituelle. Le changement est son totem. Il ponctue son existence de voyages, physiques ou intérieurs. Il profite pleinement de la vie, parfois au point de négliger un quotidien qui lui semble trop terne – ce qui risque de l'empêcher d'obtenir ce qu'il désire. Sa soif de vivre et de comprendre reste néanmoins supérieure à celle de bien des gens.

Le don de l'optimisme lui permet aussi de voir que le monde est généreux et bon. « Les esprits qui veillent sur nous nous soutiennent, même quand les épreuves qui nous attendent nous semblent insurmontables », voilà ce que pense le Sagittaire qui, quand on lui dit « Impossible », entend juste « Un possible ».

L'essence du Sagittaire est le résultat de vies bien remplies. Étudiants de l'humanité depuis des éternités, ils ont une chance immense, car seul un Sagittaire peut déchiffrer les secrets de la longévité, inscrits sur des parchemins cachés dans des cavernes où le nom de Dieu est écrit dans tant de langues et prononcé sur tous les tons.

Le Sagittaire aime les longues histoires, il est ouvert à toutes les leçons, et le sourire n'abandonne jamais son visage. Par sa façon de vivre, il nous montre comment rester positif, quoi qu'il arrive.

17

La psychologie du Capricorne : J'utilise

Élément : Terre
Mode : Cardinal
Maison : X
Planète : Saturne
Partie du corps : Genoux (le Capricorne doit apprendre l'humilité et savoir se mettre à genoux pour demander pardon – ce qui ne lui est pas facile)

Si vous saviez tout ce qu'il y a à faire. Tout le monde ne remarque pas les efforts nécessaires pour être toujours à l'heure et organisé. Quelqu'un doit se charger des plannings, des garanties, des assurances, des protocoles de sécurité, des marges de profit. Quelqu'un doit monter une équipe pour mettre tout ça en place et diriger. La vie a besoin d'organisation et de règles !

Rien ne se fait sans moi. Je suis le premier à me lever pour dire « Laissez-moi m'occuper de ça ! ». C'est moi qui recrute et licencie, moi qui définis et incarne la philosophie d'entreprise. Si mes employeurs et mes collaborateurs me conviennent, s'ils sont compétents, voire s'ils excellent, je tiendrai la baraque. Je ne peux pas faire les choses à moitié, point final.

Si je demeure purement matérialiste, visant le haut du tableau et rêvant d'écraser la concurrence, cela aboutira à une société exactement comme la nôtre – un monde qui s'effondre sous nos yeux. Le matérialisme me fera perdre mon âme. Pour moi, la voie haute est de créer de nouvelles formes d'échanges commerciaux.

On pourrait croire que je suis dépourvu d'émotions, et m'imaginer sans cœur. C'est une erreur. Je suis le dirigeant avec une vision, le président, le preneur de décisions attaché à ce monde et destiné à remplir mes objectifs ; mais ça ne veut pas dire que je me fiche du reste. Je travaille dur pour le bien commun. Je me tiens souvent à la proue du navire – pas étonnant que j'en bénéficie du point de vue financier ! Est-ce un problème ?

Je suis le meneur habité d'une mission. Comment vivre autrement ? Je ne l'imagine même pas.

Toute entreprise doit (on l'espère) avoir à sa tête un meneur plein de bonne volonté et capable, parfois, d'endosser le rôle du méchant, la voix de l'autorité, voire d'empoigner le fouet du cocher – celui qui saura prendre les bonnes décisions pour le groupe. C'est moi. Je suis la tête pensante, le capitaine du navire. Je ne le fais pas pour la gloire. Je vise le résultat, le succès – je veux donner le meilleur de moi-même dans tout ce que je fais. Tous les Capricorne le savent, la seule direction, c'est vers le ciel ! C'est ainsi qu'on parvient tout en haut de l'échelle. C'est peut-être une vision datée…, mais je préfère qu'on parle de « success story *intemporelle».*

Visez l'excellence, et l'argent suivra. C'est mon conseil universel. L'argent peut nous déposséder de notre libre arbitre, nous plonger dans un univers de lois et de règlements… et, au pire, nous pousser à l'évasion fiscale. Il ne peut en aucun cas constituer l'unique but. Je vise plus haut que mon compte en banque – j'ai une vraie intégrité. Je m'élève vers mon objectif, et j'encourage les autres à regarder vers le haut et à donner tout ce qu'ils ont.

Ma vie peut changer grâce à un principe spirituel : écouter son âme et faire passer l'ego en second. Si le fruit de mon labeur remplit un but humanitaire, ce sera un vrai succès pour moi. J'aurai gagné au jeu de la vie et trouvé la paix. Regardez-moi : plus je vieillis, plus je m'améliore ; je suis capable de déplacer des montagnes, car ma force de travail est mon plus grand don.

Le Capricorne est le signe de l'ambition. Il recherche sans cesse la réussite, avec le but d'être toujours le meilleur dans ce qu'il fait. Il veut gagner, que ce soit aux JO, à l'école, dans l'entreprise ou ailleurs. Il organise et structure, il sait planifier pour réussir. La langue des affaires lui vient sans effort. Le P.-D.G. avec ses costumes impeccables et ses chaussures de prix, qui invite tout le monde ? C'est le Capricorne. Son ambition le mène parfois à l'excès – *Le Parrain*, c'est lui !

Pourquoi tout le monde ne fait-il pas du travail une priorité ? Comment ne pas voir le travail comme une vertu, comment se sentir à l'aise quand on n'en fiche pas une ? Le Capricorne ne l'imagine pas. Guidé par Saturne, il tient à ce que nous suivions les règles, et ça l'énerve quand quelqu'un désobéit. Les formes classiques, les idées éprouvées et les entreprises traditionnelles ne le rebutent pas. Pour lui, il ne serait pas facile de réformer les vieilles structures d'autorité machistes – et cela en vaudrait-il la peine ? Même les femmes natives du Capricorne cherchent à s'élever dans l'échelle en suivant les règles établies, en fonctionnant à l'ancienne.

On dit parfois que le Capricorne a des attentes impossibles. C'est le genre de père qui prend le bulletin de notes et lit « A, A, A, A-… comment ça, A *moins* ? » ou « Tu n'es pas très doué dans cette matière… ». Un autre trait agaçant du Capricorne est sa franchise. Il dit ce qu'il pense, et bien souvent il a raison. Quand il vous déconseille de faire quelque chose, que vous tentez quand même et que vous échouez, il soupire « Je t'avais prévenu ». Ça l'amuse même un peu.

Rien d'étonnant, donc, à ce qu'on le caricature souvent comme un sans-cœur. On croit trop souvent que le Capricorne s'intéresse plus à son travail qu'aux gens. Boulot, boulot, boulot, n'est-ce pas son cri de guerre ? Son matérialisme peut lui faire oublier la compassion. C'est un de ses mauvais penchants – même s'il ne touche pas l'ensemble des Capricorne.

Avec leur intelligence et leur réussite, les Capricorne se comportent souvent en pays conquis, comme s'ils étaient à part. Ils ont donc tout intérêt à apprendre l'humilité, pour ne pas chercher à éclipser les autres ; à faire ressortir leur bonté plutôt que leur arrogance. Ça n'est pas facile pour eux. En général, ils ne cherchent pas à être au centre de l'attention, mais sont souvent l'éminence grise du meneur, s'assurant qu'il suit les règles.

Un de mes clients Capricorne m'a raconté qu'un jour, pendant une course organisée à son collège, il était largement en tête ; il a ralenti exprès pour qu'on ne le catalogue pas comme « le champion ». Adulte, il continue à rester en retrait. Le Capricorne n'est pas entièrement guidé par son ego, il a un sens aigu de la bienséance.

Avec le temps, l'énergie du Capricorne peut s'épuiser. L'enfant prodige, celui dont on attendait tout et qui travaillait d'arrache-pied, peut baisser les bras autour de trente-cinq ou quarante ans. Il prend souvent une retraite anticipée. Ou bien, s'il a été blessé enfant (par un père absent ou trop exigeant, par exemple), il peut perdre sa motivation, l'envie d'agir ; soudain, tout lui est égal. Certains cessent de viser le succès – ils se perdent de vue, oublient leurs rêves.

Le Capricorne est un des signes les plus extrêmes. Avec lui, c'est tout ou rien. Soit il est le meilleur, soit il arrête tout. Il travaille dix heures par jour ou bien il s'effondre sur son canapé et grignote des chips en scrollant sur des vidéos idiotes. S'il ne peut pas être le meilleur quelque part, il lâche l'affaire.

Pour beaucoup de gens, la question du but se pose. « Pourquoi suis-je ici ? Comment puis-je me décrire en termes de fonctionnement ? Que dois-je faire ? D'où est-ce que je viens ? » Le Capricorne a les réponses à ces questions. C'est lui qui construit l'échafaudage pour la société : il met en place les valeurs et les règles – et gare à celui qui les enfreint ! Le Capricorne le met à l'amende et lui passe les menottes. « Les règles sont faites pour être respectées », rappelle-t-il.

Il n'est pas sympa, pas drôle, les potins et les sujets superficiels ne l'intéressent pas. Tout ce qui compte à ses yeux, c'est l'ordre. Avec son air sérieux, il semble ne jamais s'amuser. À la longue, toutefois, on peut découvrir son humour pince-sans-rire et discret ; il adore fréquenter des gens qui mettent en valeur son côté léger.

Mais quand il s'agit de travailler, ça ne plaisante plus. Pas la peine de lui dire d'y aller *mollo* et de réfléchir avant de se lancer à corps perdu : pour lui, la seule façon de travailler, c'est à fond. Il veut gravir des sommets, franchir des montagnes. Une fois tout en haut… il cherche le prochain pic. Il ne redescend que pour mieux escalader à nouveau.

Les Capricorne sont vieux à un jeune âge, et jeunes quand ils se font vieux. Quand ils n'ont plus de but précis, ils ne savent plus quoi faire. Et ça ne leur réussit guère. Ils ont cette énergie des personnes qui tombent malades et meurent peu après leur retraite, à force de se sentir inutiles et faute de trouver un rôle. Ils s'aigrissent. Pour un Capricorne, celui qui ne fait pas ce que la société attend de lui, qui ne remplit pas sa fonction, est tout simplement inutile.

Sachez-le : le Capricorne vous juge, presque aussi durement qu'il se juge lui-même. Il mesure votre valeur à l'aune de ce que vous montrez – votre voiture, la beauté de votre partenaire, votre compte en banque. Essaie-t-il d'aller plus loin, de savoir si tout cela vous rend heureux ? Pas vraiment. Son signe de terre le pousse d'abord vers le monde matériel. Avec le temps, néanmoins, son être intérieur peut émerger ; mais, tant que son système de mesure se fonde sur les apparences, il y a peu de chances qu'il trouve la paix. Le monde extérieur ne garantit ni la joie ni l'accomplissement ; il faut, en général, pas mal de temps au Capricorne pour comprendre cela.

Le Capricorne est fait pour lutter, avec l'impression qu'il n'a pas atteint son but, qu'il n'est pas parvenu au sommet de sa montagne. Dur, d'être un signe de terre ! Toutefois, Capricorne, quand un sujet vous intéresse, vous faites un excellent étudiant ; on sait bien que vous avez ce qu'il faut pour être le meilleur. Simplement, n'oubliez pas la raison de cette ambition sans limites : vous pensez que l'excellence est l'objectif ultime… du moins jusqu'à ce que vous trouviez votre chemin spirituel.

Alors, seulement, vous découvrez qu'il y a une cause supérieure à la réussite matérielle : votre vie intérieure.

Merci, Capricorne, d'avoir toujours raison. Merci d'en faire trop. Merci de soutenir la famille, l'équipe, de prendre soin de ceux que vous aimez. Vous êtes le porte-avions de tant de gens. Il n'est pas facile de jouer les sauveurs et les gardiens de la sagesse, de vouloir réparer et améliorer sans cesse. Mais vous ne vous contentez pas de vouloir : vous êtes réellement capable de tout donner et de déplacer des montagnes, pour peu que vous le décidiez.

UN PROFIL DE CAPRICORNE

Un de mes amis a fondé une école de thérapie qui a essaimé dans le monde entier. De l'extérieur, on aurait pu penser qu'il était sans cœur. Mais, en le voyant gérer son divorce, en découvrant la bonté dont il a fait preuve au cours de cette épreuve, j'ai changé d'avis.

Sa future ex, en effet, avait entrepris de le présenter comme fautif aux yeux des actionnaires de leur entreprise (ce n'était absolument pas le cas), dans le but d'en reprendre les rênes ; il n'a jamais réagi. Au contraire, il a continué à se montrer d'une extrême gentillesse, faisant tout pour conserver de bonnes relations avec elle. Je l'ai vu éteindre les incendies et désamorcer les conflits pour qu'ils puissent élever leurs enfants dans un climat apaisé. Aujourd'hui encore, ils passent les fêtes tous ensemble. Il incarne ainsi l'exemple d'un Capricorne guéri qui, au lieu de chercher la vengeance, a œuvré pour la paix au nom des siens. Quand il en a la motivation, le Capricorne peut tout faire, et supporter n'importe quelle douleur.

Pour un Capricorne, un idéal élevé prime sur toute considération pratique. Seul un Capricorne peut parvenir à compartimenter les choses de la sorte : mon ami a réussi à guider son ex-femme sur le chemin d'une rupture apaisée. C'est l'incarnation de la voie haute. Rares sont ceux qui auraient pu s'y maintenir.

Voici un exemple marquant d'un Capricorne qui a réussi financièrement, et cela sans jamais se départir de son intégrité, puis a réussi à ramener à la raison une épouse qui souhaitait tout lui prendre, en créant un fonctionnement entièrement nouveau. C'est une véritable leçon. Les natifs du Capricorne sont des enseignants nés.

LA VOIE BASSE DU CAPRICORNE

Sur leur mauvaise pente, les Capricorne n'ont pas le goût des gens – ou, en tout cas, ils ne le montrent guère. Tout ce qui compte à leurs yeux, c'est le résultat. Leurs seuls amis sont des collègues, avec qui ils « parlent boutique » en dînant. Ils sont toujours au travail, au moins dans leur tête, toujours concentrés sur l'objectif. Incapables de supporter la médiocrité, ils paraissent élitistes – et choisissent leurs amis sur leur statut. Au pire, ils deviennent arrogants, voire méchants. Véritables *workaholic*, ils méprisent ceux qui ne travaillent pas autant qu'eux.

Quand un Capricorne en voie basse est pris en faute, il rejette la faute sur un autre, car il pense mériter un traitement à part (« Pourquoi devrais-je payer une amende ? Vous savez qui je suis ? ») ou nie carrément sa responsabilité (« Je croyais qu'on avait le droit ! »). Il reste droit dans ses bottes.

Certains Capricorne atteignent leur plénitude pendant leur jeunesse. Ils excellent dans leur domaine, puis quelque chose se produit, et ils n'y trouvent plus leur compte (il faut dire qu'ils sont parfois exigeants à l'excès). Alors, ils commencent à se voir comme des victimes – un syndrome fréquent chez les Cancer, leur signe opposé –, et leurs performances chutent. Tout leur potentiel est gâché. Ils prennent goût à cette lutte, et finissent par s'autosaboter pour ne plus jamais réussir ; pour autant, ils ne cessent de se plaindre et rejettent leurs échecs sur les autres ou sur la situation. Ils excluent toute faiblesse parce qu'ils ont trop souffert. Le Capricorne devient, paradoxalement, un écorché vif à la peau dure.

Dans sa pire expression, le Capricorne en voie basse considère que la fin justifie les moyens, au point de sombrer dans l'illégalité pour arriver à ses buts. Pensez à Richard Nixon, incarnation du Capricorne. Dans une célèbre interview avec David Frost, il n'a pas hésité à déclarer : « Un président a le droit de mentir. » Il considérait que tous ses actes étaient justifiés dans la mesure où ils servaient l'intérêt du pays. Vraiment, Capricorne ? N'est-ce pas la plus vieille excuse du monde ?

L'OBSERVATEUR DU CAPRICORNE

Vous êtes tellement sérieux, Capricorne ! Votre observateur peut vous aider à vous décoincer un peu. Pouvez-vous apprendre à vous moquer un peu de ce côté ambitieux, critique et sévère ?

Quand vous comprendrez que c'est juste un déguisement, cette terrible pression que vous faites subir aux autres et à vous-même s'allégera un peu. Vous avez un sens de l'humour diabolique (le Diable est votre carte de tarot favorite). Sortez un peu de vous-même et regardez-vous agir. Avec un clin d'œil et un sourire, votre observateur vous montre que rien ne vous oblige à être si extrême. Une fois admise l'influence que vous avez sur les autres, vous pouvez apprendre à vous montrer plus doux, moins sévère et plus compatissant.

Mais peut-être n'avez-vous pas vraiment envie de brancher votre observateur ? Je suis un peu surprise, j'avoue, que vous ayez lu si loin dans ce chapitre. Vous n'avez *aucune* raison de lire ce genre de livre si ça ne sert pas votre intérêt... et votre intérêt, l'observateur s'en moque : il vous demande de vous mettre au service des autres. Il vous faut une bonne raison pour apprendre quelque chose de spirituel et de nouveau. L'observateur peut vous aider à voir de quoi il s'agit.

Les milliardaires croient en l'astrologie – qu'est-ce que ça vous inspire ? Je me contenterai d'affirmer que ce livre sert vos intérêts : il vous procure un avantage sur ceux qui ne l'ont pas lu et ne disposent pas de ces informations, de ce savoir. Il vous sera profitable – spirituellement, en tout cas, et peut-être même matériellement.

LA VOIE HAUTE DU CAPRICORNE

Le Capricorne dont l'objectif ultime est de servir l'humanité – qui s'intéresse aux gens pour leurs capacités et non en fonction du profit potentiel – peut devenir un meneur bienveillant au lieu d'un dictateur. Son intégrité le pousse à répondre aux attentes de son âme plutôt qu'au désir de gloire de son ego. Il s'enorgueillit de ses capacités hors norme, sans pour autant mépriser les gens qui n'en possèdent pas autant.

Le Capricorne en voie haute ne se cherche pas d'excuse, il ne tente pas de justifier ses mauvais comportements. Quand un Capricorne apprend à dire sans détour « Je me suis trompé », c'est qu'il a évolué. Essayez donc, Capricorne, de dire « Pardon, j'ai fait une erreur, aidez-moi ». Cette humilité surprenante désarme les critiques, car le Capricorne descend rarement de son piédestal pour avouer ses faiblesses. C'est ainsi qu'il peut devenir un enseignant.

CE QUI EST BON POUR LE CAPRICORNE

La pratique de l'humilité est un excellent remède pour le Capricorne – et une pilule difficile à avaler. Le Capricorne est le signe des genoux ; il doit apprendre à se mettre à genoux, à accepter qu'il ne sache pas tout. C'est un exercice très efficace pour lui. Paradoxalement, l'humilité le rend plus puissant encore.

Vous vous sentez plus à l'aise dans des espaces marqués par le luxe et la beauté. Qu'y a-t-il de mal à cela ?

Vous êtes du signe de la longévité (Betty White, Capricorne, a vécu jusqu'à 99 ans). N'hésitez pas à encourager cette tendance en prenant soin de votre santé. Contrairement à d'autres qui ne parviennent jamais à se tenir à leurs bonnes résolutions, votre sens de la discipline et de l'engagement vous facilitera la tâche.

LEÇON DE VIE POUR LE CAPRICORNE

Votre leçon de vie est de vous mettre au service d'autre chose que de votre intérêt personnel. Vous savez d'instinct que la fin justifie les moyens, mais quelle est votre fin, Capricorne ? Si vous ne parvenez pas à voir au-delà de votre soif d'argent et de reconnaissance, vous resterez insatisfait. Vous pouvez chercher à vous mettre au service des autres sans renoncer à votre dignité, à votre estime de soi et à votre personnalité. Votre travail est toujours impeccable, vous continuez quand les autres s'épuisent. Soyez fier de ce que vous produisez.

La question : pouvez-vous accepter les défauts de la nature humaine et admettre qu'il vous arrive de vous tromper, comme tout le monde ? Saurez-vous apprendre l'humilité, la sagesse, comprendre qu'il y a quelque chose de plus grand que vous ? Tel est le cas, Capricorne, je vous l'assure. En agissant depuis votre âme, vous atteindrez la pureté dans vos paroles et vos actions.

Vous ne me croyez pas ? Laissez-moi être plus claire encore, Capricorne : vous n'êtes pas venu sur Terre pour atteindre la gloire ou la réussite. Tous autant que nous sommes, notre but ici-bas est de grandir et de faire évoluer notre espèce. Si vous ne le savez pas encore, je vous l'apprends. Je vous dis que, pourvu que vous acceptiez d'en apprendre un peu plus sur les raisons de votre présence, au-delà du succès matériel, de l'aspect pratique des choses et de l'accomplissement de vos objectifs, vous pouvez faire preuve de compassion envers les autres. En comprenant que tout le monde ne fonctionne pas comme vous, vous améliorerez votre vie présente et celle d'après.

LUNE EN CAPRICORNE

C'est un placement difficile pour le Capricorne. Qui rêve d'une part émotionnelle incapable de ressentir ? Désolé si je choque, mais Hitler avait sa Lune en Capricorne. Une personne née sous cette conjonction a du mal à trouver la compassion. Centrée sur ses objectifs, elle en arrive à nier ses sentiments pour accomplir sa tâche. Cela lui est facile – mais ça l'est moins pour ceux qui travaillent pour elle…

Capricorne en signe lunaire, vous tolérez mal la médiocrité. Face à l'émotion des autres, vous devenez critique, voire arrogant. La phrase « Les gens sont idiots » vous vient spontanément. Vous jouez souvent la carte de la supériorité. Vous savez vous montrer charmant…, mais pas quand on touche à vos points sensibles. Alors, vous devenez désagréable.

Au contraire de nombreux signes lunaires, vous êtes moins intuitif que simplement à vif. Vous avez aussi un sens pratique très développé. Vous prodiguez de très bons conseils professionnels, mais vous ne vous lancez qu'avec une grande prudence. C'est comme si vous portiez un panneau qui dit « Je sais déjà ». Néanmoins, peu de gens en accomplissent autant que vous.

Le bon côté, c'est que vous êtes un ami fidèle et fiable, qui donne des avis dénués d'émotion. Vous n'êtes pas sur Terre pour vous laisser aller à vos sentiments, mais pour travailler, nous aider et nous montrer la voie, nous expliquer en détail comment mettre nos émotions de côté afin d'atteindre nos objectifs. C'est un talent fort utile !

MERCURE EN CAPRICORNE

C'est une heureuse conjonction, qui permet de mettre une capacité de concentration quasi monomaniaque au service d'un but utile. Vous avez une intention : collectez les informations, mémorisez-les, posez les bonnes questions et foncez. Tous les Mercure en Capricorne que j'ai rencontrés faisaient preuve d'un immense potentiel, avec une mémoire impressionnante et un esprit très organisé. Bien entendu, cela dépend toutefois du lien de cette planète avec le reste de la carte du ciel.

Il y a quelques années, après le départ de mes enfants, un jeune homme a aménagé en bas de chez moi. C'était un étudiant de mon institut d'astrologie. Il avait *sept planètes* en Capricorne, dont Mercure. Il montait me voir tous les mardis soir pour la session d'étude que j'animais. Le voir fonctionner me fascinait. Il travaillait d'arrache-pied, retenant plus vite que tous les autres le système astrologique. Il mémorisait les cartes du ciel et posait des questions toujours très pertinentes. Six mois plus tard, sa mère m'a appelé pour me dire : « Je ne sais pas ce que vous lui avez fait, mais il est beaucoup plus gentil et moins râleur qu'avant ! » C'est l'effet de l'étude spirituelle, surtout sur le Capricorne terre à terre. Personne ne parvient à absorber et utiliser des informations comme le Mercure en Capricorne.

ASCENDANT CAPRICORNE

Physiquement fort, vous pouvez accomplir toutes les tâches qui demandent du muscle et de la détermination. Ascendant

Capricorne, vous avez de l'endurance et une belle longévité ; prenez-en soin, et vous vieillirez bien. Les cheveux gris vous vont très bien – à condition que vous acceptiez de montrer votre beauté.

Vous travaillez dur, avec une éthique irréprochable ; et, bien entendu, cela finit par payer. L'ascendant Capricorne ne s'arrête pas tant que le travail n'est pas terminé. C'est le paysan obstiné, l'entrepreneur industrieux, l'organisateur, le manager qui dit « Je n'ai qu'un objectif, faire mon job au mieux de mes possibilités ». Qui ne voudrait pas l'embaucher ?

Vous vivez pour produire. Vous vous donnez à fond… puis vous vous effondrez de fatigue. L'ambition qui vous pousse peut se tarir soudain ; vous vous heurtez à un mur et vous abandonnez. Alors, vous vous sentez très mal. Votre ascendant ne vous apprend pas à ralentir l'allure, ce qui pourrait vous faire du bien. Pour vous, c'est tout ou rien. Tel est votre comportement instinctif, car vous êtes au service des autres pour répondre à l'appel de votre âme.

Si seulement vous vous appréciiez autant qu'on vous apprécie, ascendant Capricorne ! Mais vous vous montrez très dur avec vous-même. Dans votre tête, il y a ce disque rayé qui peut vous faire tant de mal, jusqu'à votre dernier souffle. Vous vous sous-estimez, refusez de voir votre force, et vivez avec ce critique intérieur qui vous pousse à ne *jamais* vous reposer sur vos lauriers. Vous avez l'impression permanente de ne pas en faire assez. Vous ruminez.

En mettant votre force de travail au service des autres et de l'humanité en général, vous répondez à l'appel de votre âme. Pour autant, on se demande pourquoi vous vous montrez si dur envers vous-même. À quoi bon, ascendant

Capricorne ? C'est un vieux schéma qui vous encombre et vous fait du mal.

En astrologie ésotérique, le Capricorne est le sauveur. Si vous en faites votre but, vous atteindrez un succès au-delà de vos espérances. Faites de votre mieux. Vous êtes le conducteur désigné, l'exécuteur testamentaire, d'accord. Mais comment vous divertissez-vous ? Êtes-vous capable de vous arrêter un instant pour réfléchir et voir que vous êtes réellement extraordinaire ?

SATURNE EN CAPRICORNE

Faites front : soyez le meneur de votre vie.

Peut-être êtes-vous déjà attaché à donner du sens à votre existence, ou peut-être attendez-vous encore qu'on vous donne une direction. Vous avez l'éclosion tardive. Quoi qu'il en soit, sachez-le, vous pouvez prendre votre destin en charge. Pour autant, n'oubliez pas de vous montrer gentil envers les autres. Vous n'êtes le chef que de vous-même !

Vous apprenez de vos expériences, en acceptant vos responsabilités, en affrontant le quotidien, en agissant pour faire changer les choses et en construisant un système solide. Créez votre propre définition du succès, et foncez ! C'est vous qui fixez les règles. Ne vous reprochez pas de les suivre !

Leçon de vie : Vous êtes la personne que vous attendez depuis toujours. Une fois que vous aurez endossé ce rôle de maître de votre vie, le succès que vous espérez tant se présentera de lui-même.

MÉDITATION POUR LE CAPRICORNE

Je remplace la pression de la réussite et de la quête contre la reconnaissance de ce que j'ai accompli et des efforts que j'ai déployés. J'admets que la vie est un voyage au long cours. J'arriverai au sommet et je profiterai du paysage d'ici là. Je m'accorde du repos quand j'en ai besoin. Je me souviendrai toujours qu'il n'y a aucune urgence.

L'ESSENCE DU CAPRICORNE

Le Capricorne est un travailleur acharné, qui n'a qu'une idée en tête : faire de son mieux. Il vise sans cesse l'excellence, même quand ce n'est pas son objectif en tant que tel.

La détermination est son don le plus précieux. Il n'étudie pas l'astrologie (ni quelque matière que ce soit) sans s'être demandé au préalable : « Quel est le but ? Puis-je vraiment aider quelqu'un avec cette pratique ? Et combien cela me rapportera-t-il ? »

La motivation n'est jamais un problème pour le Capricorne, pas plus que la concentration. Il a néanmoins besoin de se passionner pour ce qu'il fait. Dans le cas contraire, il n'excellera pas et finira par s'épuiser. Le Capricorne peut apprendre à ralentir l'allure et à prendre le temps de s'amuser, même au milieu d'un cycle de travail. Il peut célébrer ses réussites, s'arrêter pour respirer le parfum des fleurs avant de se lancer dans le prochain défi. En prenant davantage conscience de sa tendance à endosser toutes les responsabilités, il s'offre la possibilité d'ajouter de la joie et de la douceur dans son interminable liste de tâches.

Ne sommes-nous pas tous reconnaissants envers le Capricorne pour sa capacité à s'occuper de tout, et à nous pousser à donner le meilleur de nous-même pour un monde plus beau ? Même si cela signifie encore plus d'intensité et de régularité dans notre travail, le Capricorne devient un modèle pour ce qui compte le plus pour l'humanité.

18

La psychologie du Verseau : Je sais

Élément : Air
Mode : Fixe
Maison : XI
Planète : Uranus
Partie du corps : Mollets et chevilles (le Verseau tente de garder les pieds sur terre, mais ses articulations le trahissent)

Si vous pouviez comprendre… que je ne vous comprends pas ! Je ne suis pas de ce monde. Je réfléchis, je parle, j'étudie ; si j'ai une intelligence à part, c'est que je viens du futur. Je suis venu vous montrer notre destination commune. Je ne vis pas dans le même espace-temps que les autres humains, qui constituent pour moi un mystère fascinant.

Dès mon jeune âge, j'étais différent. Parce que j'étais un sportif accompli, un musicien, un écrivain ou un artiste prodige ? Honnêtement, il n'est guère de domaine où je n'excelle pas dès lors que je m'y consacre. Néanmoins, cette vie me laisse perplexe. J'étudie la science et je mémorise les moindres détails.

Je lis des livres, et la philosophie des grands enseignements me fascine. J'ai toujours pensé qu'on doit vivre et laisser vivre. Nous avons beaucoup en commun, vous et moi…, mais je continue à croire que nous ne faisons pas partie de la même espèce. C'est une évidence. Ce qui l'est moins, c'est que je peux lire dans vos pensées.

Oui, je sors du cadre, je pense autrement. Mon sens du temps est différent. Je voudrais juste qu'on me fiche la paix, au lieu de me faire remarquer que je ne suis pas synchrone avec les autres. J'essaie, puis j'arrête, incapable d'y arriver. J'ai une relation d'attraction-répulsion avec beaucoup de choses.

Vous avez sans doute remarqué ma forte personnalité. Je ne suis pas ici pour faire semblant ou plaisir. Mais, d'un autre côté, je connais vos besoins, et je vous donne exactement ce qu'il vous faut. Voilà pourquoi j'ai si bien réussi à l'école. Je sais répondre à vos besoins, même quand je n'en ai pas envie. Ce que je veux, moi ? Je n'en suis pas certain, sinon que c'est quelque chose d'entièrement nouveau. Quelque chose d'incroyable, d'inédit et d'inouï.

Je suis un grand médecin, soignant, scientifique, bâtisseur – au fond, je suis exceptionnel dans tous les domaines, car je me concentre sur ce qui a été fait, je l'apprends, puis je monte dans ma fusée pour dépasser toutes les limites connues. Je n'ai pas besoin de faire comme les autres. Je ne m'inscrirais jamais dans un club qui m'accepterait comme membre, parce que je sais que je ne suis pas ce que vous croyez.

Il est bon d'être à part, de se détacher des idées communément admises par la société. J'ai l'habitude, désormais. Je vis selon mes propres règles. Si mes pensées vous intéressent, je suis ravi de les partager avec vous. Ce sont essentiellement des questions, sur le monde et sur nous. J'adore les enquêtes. Je veux tout connaître de votre façon de voir, me souvenir de tous les détails dont vous me faites part.

Je voudrais pouvoir sauter dans un vaisseau spatial pour rejoindre ma planète mère. Je n'y ai pas encore droit, car je n'ai pas rempli ma mission humaine. Il y a encore trop de souffrance sur Terre pour que j'en parte. Je reste ici, et je fais mes rapports. En attendant, j'utilise l'humour comme remède, pour me sentir bien dans cet étrange Univers.

J'aime l'astrologie parce qu'elle me rappelle du temps où nous fonctionnions tous ensemble, comme une famille. Vous vous en souvenez ? C'était l'avènement de l'astrologie. Oh, mais vous avez sans doute oublié – ça se situe dans le futur !

On se retrouve là-bas.

Le Verseau est intrigué par l'expérience de la vie, par le défi que représente le fait de se fondre au reste de l'humanité et de s'y sentir à l'aise. Curieux, il cherche à distinguer ce qui est sincère et ce qui est feint. « Quelqu'un peut-il me dire dans quelle partie du multivers nous sommes en ce moment ? Existe-t-il différentes espèces ? Bien sûr que certains d'entre nous viennent d'une autre planète. L'idée que nous sommes tous des Terriens me paraît discutable. Que nous réserve l'avenir ? Y aura-t-il une révolution de l'IA ? Les extraterrestres vont-ils intervenir ? La science-fiction est-elle vraiment de la fiction ? »

Vous avez, Verseau, un intérêt inné pour les sciences et les technologies. Vous voulez utiliser toutes les applis de votre smartphone, posséder le dernier cri en matière de maison connectée, et communiquer le plus efficacement et le plus rapidement possible. Mais ce n'est pas pour faire comme tout le monde – vous détestez aller dans le sens du courant. Dans le même temps, donc, vous vous interrogez sur les grandes thématiques humanitaires, espérant changer la donne grâce à vos actions. Le Verseau fait tache dans ce monde, et il le sait. Même tomber amoureux et se marier lui semble compliqué. Toutes les normes imposées par la société doivent être remises en question, non ?

Le Verseau est un signe d'air, qui peut sembler volatil, voire volage. Ce n'est pas le cas, car son caractère fixe engendre une vraie stabilité. Quand un Verseau s'engage, c'est pour de bon. Ça ne l'empêche pas d'aimer nous surprendre…

La caricature veut que tous les Verseau soient un peu bizarres – ce sont les gens aux cheveux bleus, avec des piercings et des tatouages, qui observent à distance en tirant sur leur vapoteuse. Ce stéréotype n'est pas dénué de fondement, mais ils peuvent également dissimuler leur bizarrerie pour tenter de passer inaperçus, au moins un temps. Leurs amis proches savent que leur humour sarcastique et leurs commentaires hilarants peuvent faire mouche à tout moment. Pourquoi tant d'originalité ? Parce qu'au fond, les Verseau se moquent de ce qu'on pense d'eux. Ils sont eux-mêmes, point final. Ils font bande à part, avancent à leur propre rythme, n'écoutent qu'eux-mêmes et vont à contre-courant. Le Verseau est un rebelle.

Il adore – ô combien ! – la science et la pensée abstraite. Les mathématiques, la technologie, l'astrologie, l'ingénierie et l'architecture lui sont familières. Sa mémoire est excellente et il se tient toujours à la pointe du progrès. C'est souvent lui qui adopte les derniers styles à la mode, il est capable de voir le futur et les tendances à venir.

Le Verseau excelle réellement dans tout ce qu'il entreprend. C'est valable dans presque tous les domaines – de la politique, comme le Verseau Abraham Lincoln, à l'invention, comme le génial Thomas Edison. On dit qu'il y a plus de Verseau que de tout autre signe dans les célébrités. On pense à Mozart, Oprah Winfrey… qui ont brisé le moule. Les Verseau peuvent aussi signer des exploits physiques, comme Michael Jordan, ou le célèbre hockeyeur Wayne Gretzky, qui n'a aucun signe de feu dans sa carte du ciel. Un joueur de hockey qui n'aime pas la bagarre, ça existe ? Sur la glace, on aurait dit qu'il savait toujours où se trouvait le palet – une vraie perception extrasensorielle.

Pensons à ces ingénieurs et scientifiques capables de coups de génie. En ne suivant personne d'autre qu'eux-mêmes, en s'écartant de la « normalité » et des attentes, ils impressionnent tout le monde par leurs découvertes.

L'ego du Verseau n'est pas comme le nôtre : il contribue au contraire à le faire douter de son succès. Le Verseau ne vise pas la gloire, il est simplement brillant dans ses actes, tel qu'en lui-même. Il se demande pourquoi on l'aime autant ; en secret, il se sent gauche et mal à l'aise en société. Les moments qu'il passe en groupe peuvent constituer de vraies séances de torture pour lui – mais c'est à peine visible de l'extérieur. Pour être en groupe, il lui faut une raison, une fonction, un but. Sinon, à quoi bon ?

Cela ne veut pas dire qu'il n'a pas d'amis. Il a besoin de « sa bande », envers qui il se montre encore plus loyal qu'avec sa famille. Cette loyauté marque ses liens intimes, même si les relations de couple lui posent problème. Oh, bien sûr, il sait flirter ; il adore observer la réponse qu'il provoque, mais il ne cesse pour autant de se demander « Cette personne m'apprécie-t-elle vraiment ? Je ne lui ai même pas montré ma vraie nature… ».

Le Verseau désespère de rencontrer un jour le grand amour. Il se marie souvent tardivement (voire jamais, pour Oprah Winfrey), avant de se demander pourquoi il a fait ça. Il aime la compagnie de ses amis, les dîners où il n'est pas le centre de l'attention. S'il accepte une relation à deux, c'est toujours avec quelqu'un qui le fait rire et sait entretenir une conversation – cela lui épargne la pression de devoir tout mener en permanence.

Comme le Lion, son signe opposé, le Verseau se fait facilement des amis. Mais, au contraire de lui, il ne souhaite pas qu'on le suive et son comportement ne change pas quand il est sous le feu des projecteurs. Le Verseau n'a pas l'ego du Lion. Il se trouble quand trop de gens exigent son attention. « Pourquoi voudriez-vous me suivre ? Vous croyez que je sais quelque chose que vous ne savez pas ? » En réalité, Verseau, c'est bien le cas…

Pour lui, la vie est à la fois étrange et familière – comme s'il l'avait déjà vécue. « Je vous demande pardon, dit le Verseau, mais j'ai quelques questions. Pourquoi refaire tout ceci ? Qu'apprenons-nous ? Où sommes-nous censés aller ? Les gens sont-ils vraiment obligés de tricher ? Si tel est le jeu auquel nous jouons, je vais appliquer mes propres règles, vous voilà prévenus ! Je vais prendre le pouvoir. Vous pouvez compter sur moi pour recueillir les informations, poser des questions à tout le monde – y compris les plus difficiles –, tout apprendre et faire l'impossible pour tirer parti de toute cette expérience. »

Le Verseau aime les animaux et les enfants, avec qui il n'est nul besoin d'expliquer ses émotions. D'instinct, et souvent sans savoir comment, il connaît les réponses à nos questions.

Il finit nos phrases avant nous. Certains ont une mémoire photographique et avancent plus vite que tout le monde, en se demandant ce qui retient les autres. Quand, à l'école élémentaire, nous apprenions les tables de multiplication, le Verseau demandait « On n'a pas déjà fait ça l'année dernière ? Pourquoi y revenons-nous ? ». Mais tout le monde n'a pas, Verseau, votre mémoire. Votre intellect est d'un modèle plus avancé que le nôtre. Quand vous écoutez, vous gardez tout en mémoire. Vous êtes le modèle d'un système d'exploitation avancé auquel peu d'entre nous ont accès jusqu'à présent. Vous faites tout mieux.

Il y a plusieurs versions du Verseau : (1) celui qui, raide et rigide, suit les ordres en bon soldat ; (2) le marginal qui se laisse pousser les cheveux et fréquente les hippies ; (3) l'inventeur qui a une intuition qu'il démontre avec la science ; (4) le musicien autodidacte qui écrit des textes à la fois poétiques et rythmiques. Ce ne sont que des exemples des multiples modes d'expression du Verseau. Une chose est sûre : les natifs du Verseau font d'excellentes recrues pour une équipe, dès qu'ils se sentent chargés d'une mission. Laissant de côté son ancienne identité d'acteur, le Verseau Ronald Reagan a réinvesti son caractère passionné au service de l'État, pour devenir l'homme politique que l'on sait.

À votre corps défendant, Verseau (qui n'aimez pas forcément enseigner ou guider), nous voulons que vous deveniez nos professeurs. Certes, cela vous agace, parce que vous pensez qu'on n'apprend bien que par soi-même. Mais vous avez le désir sincère d'aider l'humanité et vous êtes prêt à abandonner votre ego pour vous mettre au service du collectif. Il n'est pas de signe plus altruiste et bienveillant que le Verseau qui épouse une noble cause.

Vous nous emportez vers le futur, et nous voulons vous suivre. Mais soyez patient envers nous, Verseau, car nous ne sommes pas encore à votre niveau. Merci pour votre volonté de faire la différence sur cette Terre, pour l'humanité. Même si nous vous voyons comme quelqu'un de « différent », vous continuez à tout donner pour nous. Votre ténacité, votre loyauté et votre engagement en faveur de la bienveillance et de l'amitié sont extraordinaires. Merci d'accepter de changer la donne en famille comme en société. Grâce à vous, nous nous dirigeons dans le bon sens, vers l'avenir, aussi inquiétant qu'il puisse nous paraître au premier abord.

UN PROFIL DE VERSEAU

Comédienne née, mon amie Anne – le nom que je lui donnerai ici – avec ses quatre planètes en Verseau, passait quand elle était enfant pour une grande croyante, à cause des questions incessantes qu'elle posait au catéchisme. Assise au premier rang, elle écoutait tout ce que disait le prêtre, notant ce qui lui semblait nécessiter un approfondissement ou une explication. Elle ne quittait jamais l'église sans de nouvelles connaissances. Après des débuts en tant qu'actrice, elle a changé d'orientation – tout lui semblait trop superficiel.

À la place, elle s'est lancée dans l'écriture, devenant la plume de célébrités à la vie passionnante. Cela signifiait que son nom n'apparaissait jamais au premier plan. Elle s'en fichait : elle était plus attirée par le sujet des livres qu'elle aidait à écrire et par les connaissances dont l'abreuvaient les personnes pour le compte desquelles elle les écrivait. Poser des questions, emmagasiner de nouvelles connaissances, puis partager sa sagesse avec d'autres, c'était ce qui l'intéressait vraiment.

Un jour, après des années de travail, Anne s'est rendu compte qu'elle avait bâti une impressionnante carrière, sans l'avoir particulièrement cherché. Elle se demande même encore si ce succès était mérité. En secret, tout Verseau se demande « Suis-je vraiment si bon que ça ? » Certes, onze des titres auxquels elle a collaboré ont atteint la liste des meilleures ventes du *New York Times* – elle n'a pas même pas forcé ! –, mais est-ce une véritable réussite ? Tout le monde a beau le lui assurer, elle se pose encore la question – et continue à écrire.

LA VOIE BASSE DU VERSEAU

Le mauvais penchant du Verseau, c'est de se rebeller pour le plaisir. Il est contre par principe.

— Es-tu excentrique ? lui demande-t-on.

— Non, répond-il.

— Vraiment, Verseau ? Alors, pourquoi tous ces tatouages, chacun dessiné par un artiste différent ?

— Tout le monde a les mêmes !

Parfois, il ne parvient même pas à avouer qu'il est d'accord avec quelque chose. Sous son jour le plus mauvais, le Verseau vit dans sa tête. Coupé de ses émotions, il se réjouit de la colère des autres. Rapide, il trouve ses contemporains lents, bêtes et dépourvus de style. Il se montre intraitable, campé sur ses positions et conflictuel sans raison. Pas étonnant qu'il se sente à part et délaissé…

Sa plainte constante ? « Personne ne me comprend. » Il s'imagine le seul à pouvoir arranger le monde à son image, et considère qu'il n'est pas payé à sa juste valeur. Mais peu lui importe – l'argent n'a guère d'importance à ses yeux. Quand il se met à l'écart, ce n'est pas pour éteindre son cœur. Pourtant, la douleur et la tristesse qui viennent avec la solitude créent en lui un poids mort, un fardeau qui l'empêche de poursuivre ses rêves.

Les Verseau en voie basse pensent en secret que l'humanité est une maladie incurable, alors à quoi bon en parler ? Ils imaginent que personne ne peut les aimer avant leur mort. Triste, non ? Ils ont l'impression d'être tellement en avance qu'ils en perdent tout repère.

L'OBSERVATEUR DU VERSEAU

Le Verseau est à l'aise avec son observateur ; il regarde de toute façon le monde à distance, ce qui ne fait qu'accentuer son sentiment de séparation. Pour le restant d'entre nous, un tel état n'est guère naturel... Le Verseau est comme un anthropologue ou un sociologue qui assiste à une fête et, assis dans un coin, se répète en lui-même : « Cette soirée est intéressante. Comme ces gens sont intéressants et curieux... » Arrêtez, Verseau ! Vous faites partie de la fête, vous aussi. Revenez à la réalité, vous n'êtes pas à part. Ce n'est pas à cela que sert l'observateur – il ne constitue pas une échappatoire, mais un point de vue qui permet de mieux comprendre les autres et soi-même.

Le danger de rester à l'écart, c'est de manquer une partie importante de l'expérience humaine : le ressenti. Certes, vous rêvez pour l'humanité, mais il vous arrive néanmoins d'être coupé de vos émotions. Voilà pourquoi le détachement vous gagne si facilement. Le fait d'être à l'écart vous pousse à vous demander : « Qu'est-ce qui fait de moi ce que je suis ? Pourquoi ai-je une personnalité si différente ? Suis-je unique ? Comment comprendre les autres au mieux ? » C'est pour cela que l'astrologie vous va comme un gant. De fait, toutes les matières métaphysiques vous ravissent le cœur.

Le Verseau peut donc avoir intérêt à éteindre son observateur de temps en temps et à lâcher prise. Essayez, Verseau ! Voyez ce que ça fait de ressentir ses émotions. Vous n'allez sans doute pas apprécier, mais vous comprendrez que les sentiments sont au cœur de l'humanité et vous saisirez mieux les notions de douleur et de guérison. Pourquoi ne peut-on apprendre que *via* nos émotions ? Aussi étrange que ça paraisse, c'est le système d'exploitation qui nous équipe. Le Verseau peut essayer de changer ça – mais parfois, mieux faire avec ce qu'on a. L'observateur l'aide à comprendre et accepter cela.

LA VOIE HAUTE DU VERSEAU

Au sommet de leur forme, les natifs du Verseau sont créatifs, travailleurs et flexibles. Ce sont de vraies machines à curiosité, que ce soit dans un laboratoire (littéral ou métaphorique), dans un atelier d'art ou d'écriture ; ils essaient sans cesse d'inventer et d'améliorer, cherchant toujours plus d'informations pour le bien collectif. Ils posent des questions sans préjugés. Ce sont les scientifiques qui ne se préoccupent pas des jugements, les artistes qui ne suivent pas les tendances. Quand on les écoute, ils peuvent se montrer aussi honnêtes que brutaux.

Toutes les décisions du Verseau en voie haute répondent à ses objectifs pour l'humanité. Il est fasciné par les personnes qui n'entrent pas dans le moule – les laissés-pour-compte, les artistes capables de voir le monde sous un nouveau jour, les gens qui s'habillent étrangement ou disent des choses surprenantes. Il adore l'excentricité. Pour lui, les SDF sont parfois plus dignes de confiance que les gens riches.

Selon Alice Bailey, en astrologie ésotérique, nous saurons que la nouvelle ère est arrivée quand la science et la métaphysique convergeront. C'est le but du Verseau, qui est fasciné par la mécanique quantique et les principes métaphysiques. Il est là pour préparer le futur, pour tendre de toutes ses forces vers une nouvelle version du monde.

CE QUI EST BON POUR LE VERSEAU

Les Verseau sont persuadés de ne pas avoir besoin de soin. Pourquoi aller à l'hôpital ? Là-bas, il n'y a que des malades ! Ils ne jugent pas utile de partager leurs problèmes émotionnels. À quoi bon se plaindre et se répéter ? Ce sont ces premiers de la classe qui ne demandent jamais d'aide, persuadés qu'ils sont de ne pas avoir de problème. Les Verseau, néanmoins, ont tendance à mettre leurs soucis de côté, à les enfermer dans des boîtes hermétiques. Apprendre à entrouvrir celles-ci constitue un sacré défi pour eux.

Le meilleur remède pour vous, Verseau, reste d'essayer les émotions. Je sais, vous n'en avez guère envie. Faites-le quand même. Vous vous sentirez plus humain.

Un groupe d'amis constitue un soin de choix pour le Verseau, qui s'épanouit quand il est entouré de gens qu'il aime – même si, de temps en temps, cela le conduit à souffrir de leur éloignement. Il accueille avec joie les idées farfelues, car il comprend immédiatement les concepts. Il aime entendre ce que les autres ont à dire.

Si vous n'avez pas d'enfant, Verseau, ou si votre mariage n'a pas tenu longtemps, ne vous jugez pas. Dans cette vie, vous avez choisi le chemin le moins fréquenté. Quelqu'un doit le faire et, même si vous ne vous en souvenez pas forcément, c'est vous qui l'avez décidé.

LEÇON DE VIE POUR LE VERSEAU

Le Verseau est sur Terre pour étudier les émotions. Commencez par observer les mots que vous utilisez pour les décrire. Vos phrases commencent-elles souvent par « Je pense » : « Je pense que je suis en colère », « Je crois que je suis triste » ? C'est que l'intellect domine chez vous.

La vérité, Verseau, que vous le vouliez ou non, c'est que les émotions n'ont rien à voir avec la pensée – il s'agit de ressentir. Je sais que, pour vous, c'est un cap à franchir (en particulier en fonction du reste de votre carte), mais vous pouvez vous y exercer. Considérez l'exploration des émotions comme une expérience scientifique qui vous aidera à comprendre les humains.

LUNE EN VERSEAU

La Lune en Verseau est un placement difficile, car la Lune représente les émotions et que les Verseau résistent aux émotions en question. Vous dites souvent « J'ai entendu parler de ça » ou « Je m'intéresse à ça ». Vous avez une liste mentale de tous les sentiments humains, mais vous ne les avez pas forcément éprouvés réellement. Les émotions négatives en particulier, comme la colère ou la tristesse, ne sont pas votre truc. « Pourquoi perdre du temps à ressentir ça ou à vous parler de ça ? » Verseau en signe lunaire, vous préférez penser à vos créations futuristes. Que vous écriviez, dessiniez ou fabriquiez, vos œuvres ne traitent pas d'émotion : elles ne concernent que l'innovation – vous voulez réussir quelque chose qui n'a jamais été accompli avant.

MERCURE EN VERSEAU

En Verseau, Mercure est exalté – c'est même l'endroit où il est le plus à son aise. Il vous suffit de décider que quelque chose est important pour le garder gravé en mémoire, d'un seul regard. Vous n'avez aucune difficulté à mémoriser les données et les chiffres. Vous excellez en astrologie. Tous les bons astrologues ont une capacité naturelle à reconnaître des schémas et à comprendre des concepts ésotériques. Ils n'inventent rien, ils se basent sur les faits et l'étude. Ils ont bonne mémoire et sont curieux de la nature humaine et de la notion de temps. C'est le royaume de l'esprit, et vous, vous y sentez chez vous.

ASCENDANT VERSEAU

Qui peut vous suivre ? Votre pensée file comme le vent. Vous êtes un expert dans toute matière à laquelle vous décidez de vous consacrer. Vous êtes le meilleur parent, qui sait parler aux enfants leur propre langage. Vous êtes un grand compagnon de vie, parce que vous acceptez l'identité de votre partenaire, que vous connaissez mieux que quiconque. Vous faites un ami parfait, sans doute le meilleur. Vous savez exactement quand quelqu'un a besoin de vous. Et vous aimez les groupes, invitant tout le monde chez vous, poussant les gens à se montrer tels qu'en eux-mêmes. Vos fêtes sont légendaires !

Vous avez un corps fait pour le sport ; vous relevez les défis physiques sans grands efforts. Qu'est-ce que ça fait d'être bon partout ?

Vous ne jugez pas, votre curiosité est sans limites. Vous savez énormément de choses, et vous demandez « Comment puis-je me rendre utile ? » Avouez-le : vous voulez sauver le monde, en commençant par votre entourage, vos amis, votre famille. Vous partagez vos richesses avec une générosité hors du commun. Si seulement les autres pouvaient comprendre que vous avez les bonnes réponses, nous serions plus proches d'un monde plein d'entraide et de générosité.

Votre âme est une Je-sais-tout, mais dans le bon sens ; les gens devraient vous écouter pour leur bien à tous ! Si vous résistez à votre ascendant, comme c'est souvent le cas, vous pouvez renâcler à prendre un rôle de meneur pour changer le monde et améliorer l'humanité ; vous préférez rester dans le cercle intime de votre famille et de vos amis. Mais ce n'est pas votre destin. Vous êtes là pour nous mener vers le futur, même de façon modeste. Lancez-vous, Verseau. Vous avez la vision.

SATURNE EN VERSEAU

Acceptez d'être différent.

Vous ne vous fondez pas dans le décor, et c'est très bien. Vous avez le droit d'être vous-même en toute situation, de changer la donne ou de montrer votre désaccord pour vous distinguer d'un groupe.

Donnez-vous la permission d'être contestataire sans explication. L'individualité est votre droit sacré.

Leçon de vie : La liberté, c'est de vous accorder (et d'accorder aux autres) la permission d'être unique et authentique. Défiez les conventions pour offrir de nouvelles solutions à l'humanité ; la philanthropie est la clé de votre avenir.

MÉDITATION POUR LE VERSEAU

Puissé-je me sentir bien en étant à part, en me rappelant que ma promesse dans cette vie est d'apporter de nouvelles idées humanitaires et d'offrir au monde le don de l'ouverture d'esprit. Quand je me sens exclu ou incompris, je me souviens que je suis en avance sur mon temps. Certains rêvent de me comprendre, même si je ne m'en rends pas toujours compte. J'ai le droit de les laisser entrer dans mon monde.

L'ESSENCE DU VERSEAU

Vous souvenez-vous de cette époque de l'adolescence, où nous observions nos amis pour savoir comment nous comporter ? Le Verseau faisait beaucoup cela. Et puis, un jour, il n'a plus réussi. Il a déjoué les attentes, il a cessé de feindre d'être quelqu'un d'autre. Il s'est révélé rebelle et a découvert par lui-même que le conformisme est peut-être plus facile, mais jamais meilleur.

Par bonheur, le Verseau est doté d'une ambition inépuisable. Il donne tout de lui-même, à tout le monde, et excelle partout ; les louanges et la reconnaissance qu'il récolte peuvent alors le surprendre et le mettre un peu mal à l'aise. « Pourquoi me féliciter, songe-t-il, alors que c'est si facile ? » Il a du mal à admettre qu'on le remercie pour ce qui lui semble si naturel.

Il y a un moment où notre réalité, vieille et usée, finit par disparaître. Tout a une fin. Pour la plupart d'entre nous, cette fin est douloureuse ; pour le Verseau, ce n'est pas forcément le cas. Il sait faire taire ses émotions lorsque c'est nécessaire. Les conversations dans lesquelles les gens se montrent méchants, injustes ou ennuyeux lui passent au-dessus de la tête. Le Verseau fait abstraction de l'humain ; ce qui peut faire chanter son cœur, c'est le dessin, l'art, son travail, quel qu'il soit. Quand cela arrive, il fonce.

En vérité, la vie, si plaisante et fascinante qu'elle soit, a quelque chose de factice quand on s'y sent seul. Même au cœur de la foule ou entouré des siens, le Verseau se sent à part. Un jour, il découvre que sa fonction est d'annoncer une nouvelle version de l'humanité, ce qui nous pousse à tous nous remettre en question, comme il le fait lui-même. Pour cela, il doit rester à l'écart de la foule.

Le Verseau peut ne pas avoir d'enfants, ne pas rester marié longtemps, voire ne pas se marier du tout. Il lui est impossible de suivre les attentes. Il est susceptible à tout moment changer de carrière, de céder à l'appel de l'aventure sur une impulsion. Pourquoi ? Parce qu'il a besoin de nouveauté, mais aussi parce qu'il n'a jamais pensé atteindre la maîtrise de quoi que ce soit.

Tout cela prend du temps. Un jour, le Verseau parvient à se revoir plus jeune, à se pardonner. Non, il ne pouvait pas suivre le troupeau et vivre « normalement ». Impossible pour lui !

Le Verseau est là pour nous montrer à quel point cette réalité consensuelle et barbante, stupide et datée. Il est à part, la tête haute. Comme il ne peut pas nous suivre, c'est nous qui le suivrons, que nous le voulions ou non. Le Verseau nous aide à réviser les défauts de notre système d'exploitation, les valeurs guerrières et égoïstes qui le rongent. Il est la nouvelle version de l'humain.

19

La psychologie du Poissons : Je rêve

Élément : Eau
Mode : Mutable
Maison : XII
Planète : Neptune
Partie du corps : Pieds (ils enracinent l'âme et ancrent le Poissons sur Terre)

Si vous saviez à quel point ce monde me trouble. À me voir, vous ne le diriez pas. Je m'habille bien, je tiens mon rôle. J'ai vu assez de films pour apprendre à agir normalement. Pour être honnête, je fais semblant.

Je chante. Je peins. Je me souviens de mes rêves et je connais la recette de la crème glacée. Je pense poésie. Je ne parle pas beaucoup à cause de ma timidité. Cela se voit à mes pieds : mon gros orteil est vraiment étrange. Apparemment, le Poissons règne sur les pieds. Rien d'étonnant : l'âme en a besoin pour s'ancrer, et je ne suis qu'âme.

Je pense au but de la vie humaine. Comment se fait-il que nous soyons en grande majorité incapables d'aider le mental à se connecter à l'âme ? On devrait apprendre ça, à l'école élémentaire. Quelle noble pensée ! Vous me suivez ? Ne sommes-nous pas sur Terre, nous tous, pour exercer notre créativité vers un but plus élevé, pour remplir la mission de notre âme ? La créativité : n'est-ce pas ce pour quoi nous vivons ?

Mon signe règne sur l'imagination : qu'on pense aux dauphins, aux sirènes et aux naïades, pour ne citer que quelques-unes des créatures fantasmagoriques marines. J'aime les films, la musique classique, tout ce qui est magique. Je voudrais pouvoir parler librement des thèmes que la société a du mal à accepter, comme le fait de sentir la présence des morts et de converser avec eux, ou encore les vies antérieures. Je crois en tout cela, sans le moindre doute – je sens au plus profond de moi que les étoiles dirigent nos vies. N'avez-vous pas l'impression, comme moi, que les états de conscience altérés et le temps du rêve sont souvent bien plus vrais que la prétendue réalité qu'on nous vend ? Moi, j'en suis certain.

J'aimerais clamer tout cela à haute voix. Je me retiens parce que je sais qu'on ne me comprendrait pas. Pourtant, la foi suffit : nous tous, nous sommes des êtres spirituels qui vivent une expérience humaine.

Je voudrais vraiment vous entraîner d'un bond par-delà la Lune, pour vous faire oublier votre logique. Dommage que ce soit un peu compliqué. Je vous perds ? Pas étonnant ! Qui pense comme ça ? Pour être honnête, je suis un véritable expert dans tous les domaines dans lesquels je me plonge. Je peux entrelacer ce monde et le prochain ; c'est comme danser avec l'abstrait. Cela vous surprend ? Je mélange les saveurs comme personne, ce qui fait de moi un artiste, un cuisinier ou un peintre d'exception – je suis capable de tout !

Vous imaginez mal à quel point il m'est difficile de rester au même niveau que les autres gens, d'agir comme si de rien n'était. Pour moi, « normal » ne veut pas dire grand-chose, c'est juste un état comme un autre – celui qu'affectionnait ma famille, et je me suis fondu dans le décor de leur dysfonctionnement, en enfant bien élevé. Mais ne vous y trompez pas : je sens depuis le début que quelque chose ne va pas.

Je crois que, si un vaisseau spatial se posait sur Terre, je serais la première personne à y monter. Je ferais la queue, plein d'impatience, murmurant à la personne à mes côtés : « J'ai toujours su que nous n'étions pas d'ici. Il me tarde de rentrer à la maison ! »

En vérité, comme tous les adultes, je parviens à donner le change, à paraître normal et à faire taire ma voix poétique. Mais cela m'épuise. Pas étonnant que j'aie envie de m'échapper, d'être seul, au calme. C'est pour cela, en particulier, que j'aime tant les médecines sacrées et les états de conscience altérés. Ce sont eux qui me paraissent normaux.

J'espère qu'un jour vous verrez, comme moi, que cette vie n'est qu'une charade faite pour nous rappeler ce qui est vrai : les étoiles, la magie, les savoirs ésotériques. Je sais que nous ne sommes que des ego vêtus d'oripeaux qui masquent notre âme. L'âme est vraie. Je crois sincèrement que nous devons changer de point de vue sur qui nous sommes, pourquoi nous sommes ici, afin que la vie vaille d'être vécue. C'est ma raison d'être sur Terre. Je peux vous aider, pour peu que vous me le demandiez. Sinon, je resterai là, à rêver que le monde découvre enfin la réalité dans laquelle j'aimerais que nous vivions tous.

Le Poissons doit s'échapper. Il fait une sieste au milieu d'une fête, il mange un gâteau à la banane au petit déjeuner, ou regarde pour la centième fois ce vieux film qu'il adore, les rideaux tirés par un bel après-midi : pour le Poissons, les règles n'ont pas cours. Il est un peu rêveur, voire confus et maladroit, comme un adolescent qui décline une invitation à une fête à laquelle il rêve pourtant d'aller, avant de finir par s'y rendre…, mais se cache toute la soirée, trop mal à l'aise en société. Quel que soit son âge, il a l'impression d'ignorer comment être adulte. Il aime à se perdre dans ses rêveries pour ne pas avoir à affronter cette réalité banale et étriquée. Le Poissons est à l'aise avec l'alcool, les drogues, les films, la musique, les réseaux sociaux – tout ce qui le mène hors de ce monde. Certains d'entre eux, bien sûr, ne touchent à rien de tout ça – ils restent dans la réalité, camouflés, à l'opposé de leurs tendances naturelles, pour essayer de se fondre dans la masse. C'est la Vierge (leur signe opposé) en eux.

La caricature du Poissons – irresponsable, inconséquent, indigne de confiance, incapable de mener une tâche à bien – n'est pas tout à fait exacte. Bien sûr, ce sont souvent des personnes rêveuses, spéculatives, qui négligent régulièrement les détails de leur tâche en cours ; d'où leur mauvaise réputation. Mais leur créativité est sans limites, tout comme leur capacité de concentration quand ils se passionnent réellement pour leur sujet. Il n'est plus grand artiste ou scientifique que celui qui lit ou étudie pendant des heures sans plus penser à manger ou à boire.

On raconte cette fantastique anecdote sur Einstein, que des étudiants avaient interpellé sur le campus du MIT. Après leur conversation, il aurait dit : « Au moment où on s'est rencontrés, est-ce que je me rendais à la faculté, ou est-ce que j'en partais ? » Il ne se souvenait plus s'il avait ou non donné son cours du jour. Je ne sais pas si cette histoire est vraie, mais elle représente le Poissons à la perfection.

De façon étonnante, il n'est pas facile de repérer un Poissons. Il change d'allure facilement et sait se dissimuler sous les traits d'une personne normale. C'est l'agent d'assurances, l'employé ou le médecin qui se concentre sur le protocole et les détails, mais, quand personne ne le regarde, lit des livres de science-fiction ou de métaphysique.

Pensez à Elizabeth Taylor, avec ses yeux extraordinaires et son talent inégalé. Elle était de toute évidence une romantique – mariée huit fois, luttant toujours contre ses addictions, et proche amie de Michael Jackson, dont l'immense talent pouvait être attribué à sa Lune en Poissons, et souffrant lui-même d'addictions. Ils avaient tous deux un don artistique hors du commun, et un caractère secret qui les nimbait de mystère.

Parler à un Poissons peut s'avérer désarmant. On se demande s'il y a quelqu'un sous la carapace, dans la coquille, tant il semble distant ou distrait. Il vous dit « J'aimerais mieux vous connaître » et s'en va sans vous laisser son numéro. Il s'habille avec style, mais pour mieux rester incognito – il est si discret, voire secret, qu'on ne devine jamais que c'est un grand artiste ou un couturier de génie.

Solitaire, le Poissons peut sembler distant, voire détaché – à l'image de deux poissons qui se croisent dans un aquarium sans se voir. Pas étonnant ! D'une part, ils sont dans l'eau, un milieu trouble et mal adapté à la communication et aux humains. D'autre part, ils sont portés par des courants divergents qui les éloignent l'un de l'autre. Tout s'explique…

Ne vous y trompez pas : ils travaillent de toute leur âme – ils ne sont simplement pas entièrement concentrés sur les aspects pratiques de la réalité, comme c'est souvent le cas des grandes âmes, sauf quand la réalisation de leurs rêves en dépend (ou quand ils ont des signes de terre dans leur carte du ciel). Ce sont les mystiques, ceux qui transcendent les règles de ce monde en échange d'une connexion avec l'autre bord; qui font passer la spiritualité avant tout et le quotidien en arrière-plan.

Pour autant, tous les Poissons ne sont pas spirituels – c'est encore un stéréotype. Certains ont même peur de tout ce « charlatanisme ». La plupart sont plus à l'aise dans leurs rêves, quoiqu'une minorité prétende ne pas croire du tout au langage de ceux-ci.

Les Poissons présentent les qualités naturelles pour devenir danseurs, écrivains de science-fiction, poètes ou scientifiques – plutôt les scientifiques fous, qui cherchent une voie pour améliorer le réel ou aller vers des réalités plus passionnantes. Ils peuvent être profondément religieux. Ils connaissent d'instinct, et, depuis l'enfance, l'importance du concept de Dieu.

Nous connaissons tous une personne capable de voir des esprits dans une pièce, ou de parler aux morts. Surnommé le Prophète dormant, Edgar Cayce, double Poissons, était un médium capable de diagnostiquer des maladies depuis un état de transe. Il avait le pouvoir de quitter le temps et l'espace pour pénétrer dans une conscience universelle où il recevait des réponses aux questions des gens. C'est tout à fait Poissons !

Les Poissons dominent la musique classique – Vivaldi, Chopin, Haendel, Rossini et Ravel étaient Poissons. Ils ont quelque chose de raffiné et particulier. Ils peuvent être des contorsionnistes comme des artistes de cirque. Quand on voit leur corps, quand on écoute leur musique, on peut se demander « Comment est-ce possible ? Est-ce réel ? ».

Ils s'entraînent. Ils se concentrent. Ils tiennent le cap. L'inconstance n'est pas l'apanage de tous les Poissons. Les rêves et la réalité peuvent se mêler, et ils demandent alors « Quel monde est le vrai ? ». C'est ainsi que les Poissons peuvent se perdre : trop de rêve et pas assez de réalité. Ils se font peur avec leurs propres pensées négatives. « Je ne suis pas doué pour grand-chose. » Ils perdent de vue leurs dons, entraînant parfois un syndrome de l'imposteur puissant. Une chose est sûre : le Poissons a besoin de structures et de rituels pour rester ancré, sans quoi il peut se laisser flotter et emporter par un rêve ou une philosophie.

Leur signe opposé, la Vierge, se cache bien sûr en eux, et ajoute des pensées critiques. Le Poissons se dit « Je ne suis pas sûr d'exister – mais si je fais comme tout le monde, personne ne le remarquera ».

Toute créature vulnérable – les animaux, les laissés-pour-compte et les nécessiteux – se sentira en sécurité quand un Poissons la protège. Servir les autres fait du bien aux Poissons. Merci, Poissons, pour votre capacité à prendre soin de nous tous. Merci de nous apporter art, mysticisme et beauté. Le monde peut vous sembler dur et insensible, mais les animaux vous remercient, tout comme les gens que vous avez aidés. Prenez le temps de sentir qu'ils vous apprécient. On vous aime.

PROFILS DE POISSONS

Mon excellent ami Tom est Poissons. Poète, plein de spiritualité, il est d'une sensibilité qui le handicape parfois. Il s'est rendu deux fois en Inde, dont il est revenu avec plus de questions que de réponses – il était si ému qu'il pleurait pendant des heures. C'est à son troisième voyage qu'il a connu l'illumination : il en est revenu avec un sens de soi transcendant. Tout le monde voulait lui parler, mais il a préféré prendre le large. Il ne pouvait plus supporter la foule. Il s'est installé dans une cabane dans les bois, et il ne parle plus à personne – il reste à l'écart, plongé en lui-même.

Ma tante Annie est un autre exemple de Poissons. Cadette de trois sœurs, très jolie, elle aimait beaucoup les animaux, comme souvent les Poissons. Elle aimait paresser au soleil, avec une feuille d'aluminium pour un bronzage parfait, un verre dans une main et une cigarette dans l'autre. Elle avait des enfants, toujours bien habillés, même si elle n'était guère présente – c'était une mère assez distante et lointaine.

Au fil du temps, sa situation financière a changé, mais, sans en tenir compte, elle a continué à dépenser son argent à grand train. Les tenues de marque qu'elles ne portaient même pas s'entassaient dans ses placards. Elle évoquait toujours les disparus – enfants, ça nous faisait peur, parce qu'elle avait vu des fantômes. Elle disait des choses comme « Mes amis sont ici, ils me parlent depuis ce matin ». Personne ne savait de quoi il retournait. Elle avait quelque chose de très exotique, et nous envoyait chaque année pour notre anniversaire une carte postale avec un petit poème personnalisé à l'intérieur.

Elle a fini ruinée – les finances restaient quelque chose de trop concret pour elle. Elle n'avait pas de limites ni de sens des conséquences, vivant toujours dans un état transitoire. À force d'ignorer les courriers d'huissier, elle a fini par être expulsée de sa maison : incapable de s'intéresser à la réalité, elle est toujours restée dans le déni. J'ai essayé de l'aider financièrement jusqu'à son décès. À la fin, elle me disait souvent qu'elle souhaitait mourir, mais changeait d'avis quand l'échéance semblait approcher.

LA VOIE BASSE DU POISSONS

Sur sa mauvaise pente, le Poissons a peur du monde invisible, des morts ou de la divination, au point qu'il refuse de croire en quoi que ce soit d'étrange. C'est, pense-t-il, une façon de se protéger. Reniant ses inclinations et son moi véritable, il tente juste d'être accepté et de se fondre dans la masse.

Au pire, il préfère ses addictions et ses tendances à fuir la réalité. Il demande à ses proches de les accepter, de faire comme si nier la vérité ne posait pas de problème. C'est faux, Poissons. Votre voie haute vous attend. Votre observateur peut vous montrer la direction.

L'OBSERVATEUR DU POISSONS

Les Poissons peuvent avoir du mal à supporter le regard objectif et clairvoyant de l'observateur. Leurs émotions les perturbent presque autant que les Cancer, et il leur est compliqué de faire appel à lui. Pour l'éviter, Poissons, vous vous défilez et refusez de comprendre le concept. Vous entrez et sortez de la réalité sans distinguer votre critique intérieur de votre observateur. C'est pourtant simple : l'observateur ne critique jamais – il se contente de refléter ce qui est.

Le Poissons peut abriter un critique secret qui ne le laisse jamais en paix. Il souffre d'être paralysé par ses émotions ; il pense qu'il fait tout de travers, qu'il est une catastrophe ambulante. Pourtant, s'il parvient à abandonner son ego et à laisser l'âme le libérer pour qu'il découvre son moi véritable, le Poissons peut, grâce à son observateur, percevoir les schémas qui le bloquent. « Oh, voilà que je recommence : je dis que l'autre a tort et je justifie mes peurs et ma tendance à fuir les difficultés. »

L'observateur aide le Poissons à cultiver son discernement. Rien n'est plus puissant que les larmes d'un Poissons capable d'admettre qu'il est perdu, qu'il aime quelqu'un ou qu'il a trahi. Face à elles, nous fondons – cette franchise nous inspire puissamment. L'observateur tient à l'honnêteté. Il dit : « Ce n'est pas un problème si tu as changé d'avis, montré ta vulnérabilité, si tu avoues des sentiments que les autres n'ont pas perçus. Cesse de faire semblant d'être normal, Poissons. Tu es à part – c'est un don, pas un défaut. »

Vous ne venez pas de ce monde ? Tant mieux ! Prenez soin de vous et faites ce qui vous apaise, tout en vous habituant petit à petit à notre réalité. Méfiez-vous cependant de vos addictions ; prenez conscience des moments où vous allez trop loin. Vous avez des indices pour cela – vous voyez des signes partout.

Vous pouvez sentir et manipuler l'énergie. Cela peut devenir une grande force plutôt qu'une source de souffrance. Cette partie puissante de vous peut et doit se manifester au grand jour.

LA VOIE HAUTE DU POISSONS

Sur son bon versant, le Poissons rayonne d'un amour inconditionnel. Il sait mieux que personne tendre l'autre joue. Non seulement il pardonne, mais il oublie – un « désolé » marque pour lui la fin de l'histoire. Il aide les autres à apprendre à pleurer, à prendre soin des animaux et des laissés-pour-compte.

Ce grand esprit a pour qualité de savoir lâcher-prise parce qu'il n'est pas attaché aux choses terrestres. Sous son meilleur jour, le Poissons en voie haute est évolué et présente des dons spirituels hérités de ses vies passés – pouvoirs psychiques, talents artistiques ou musicaux, innovation ou capacité à guérir.

Le Poissons en voie haute crée la beauté partout autour de lui ; il peut guider des impulsions créatrices brutes. C'est un canal pour une connaissance supérieure. Il peut devenir un visionnaire et un génie, qui transforme le monde à sa manière.

CE QUI EST BON POUR LE POISSONS

La méditation est instinctive pour les Poissons : ils quittent ce monde pour un autre royaume. Pour eux, elle remplace l'alcool ou les drogues, sans les effets néfastes. Ils ne peuvent vivre sans une forme de pratique spirituelle ou de communion – avec Dieu, Bouddha ou une plante médicinale ? Quel que soit votre choix, Poissons, vous trouvez un chemin vers quelque chose de plus grand que vous, puis vous partagez le plan pour y accéder.

Vos rêves contiennent des réponses. Notez-les et étudiez-les. Cherchez les schémas, les thèmes récurrents et les symboles ; ils peuvent vous en apprendre beaucoup sur vous-même. Les rêves sont un langage profond qui demande une exploration sincère et soutenue.

Quand vous vous sentez à l'écart de la réalité, au lieu de chercher une voie d'évasion, regardez-vous dans le miroir, droit dans les yeux. Dites : « J'ai besoin d'aide. Donnez-moi accès à mon observateur pour me sortir de ces émotions puissantes. » Pensez « Je t'aime ». Cela sollicitera votre âme. Établir un vrai contact avec votre propre reflet vous donne accès à une autre relation à la réalité. Cet exercice peut vous ramener à votre corps.

Si j'étais vous, j'établirais un programme et je m'y tiendrais. Pour vous, le meilleur remède consiste à créer une régularité, chaque jour, chaque semaine. Vous pouvez par exemple commencer des cours de yoga, travailler avec des bols tibétains ou des mantras. Tout ce que vous pratiquez avec assiduité vous aide à vous ancrer. Trouvez votre calme dans ou près de l'eau, avec de la musique, au contact des animaux et des enfants.

LEÇON DE VIE POUR LE POISSONS

À cause de votre relation avec le monde invisible et tout ce qui est imaginaire et magique, vous avez, Poissons, la capacité à vous rendre dans le futur. Vous pouvez nous montrer le chemin de royaumes que nous n'avons pas encore vus, tels que vous les avez découverts. Avec votre observateur à vos côtés, vous pouvez accepter d'ignorer ce qui va arriver, et vous pouvez cesser de prétendre ne pas croire aux mondes au-delà de celui-ci. Vous savez qu'ils existent, et vous pouvez les visiter sans crainte. Les Poissons sont ici pour apprendre à tomber amoureux de leur destin, à accepter ce qui leur est donné dans cette vie. C'est leur plus grand défi. Sachez poser un cap et à le tenir. La voie de l'éternité est en vous.

LUNE EN POISSONS

La Lune en Poissons n'est pas une situation facile : la Lune est émotionnelle et le Poissons tout autant. Cela fait double emploi, et vos émotions en deviennent compliquées. Vous souffrez d'hyperréactivité. Vous sentez les choses avant qu'elles se produisent… à condition d'avoir appris à garder vos émotions sous contrôle. Sans cela, celles-ci vous débordent et entravent votre fonctionnement.

« Je sens tout ! » Je sais à quel point il est difficile d'être submergé par un flot d'émotions qui ne vous appartiennent pas forcément. Vous êtes une vraie éponge. Pas étonnant que vous recherchiez le calme ! Vous voulez qu'on vous laisse tranquille. Une bonne question à poser à une Lune en Poissons est : « Quand tu t'en vas, où pars-tu ? »

Le bon côté de cette extrême vulnérabilité émotionnelle est un lien unique avec les animaux, la capacité à communiquer avec eux. L'esprit trouvera sa voie jusqu'à vous, Poissons, pourvu que vous teniez votre cap et pratiquiez la méditation, ou travailliez avec un maître qui sache vous guider.

MERCURE EN POISSONS

Mercure en Poissons est également une conjonction difficile, même si elle peut faire de vous un génie en science, en poésie, en écriture ou en religion. Vous êtes sans doute capable de réciter le tableau périodique des éléments ou les Psaumes par cœur… tout en vous demandant où vous avez rangé vos clés de voiture. Quand quelque chose vous obsède, vous vous y consacrez entièrement, jusqu'à disparaître. Vous vous perdez dans les recoins d'Internet, passez des heures à apprendre des choses qui semblent intéressantes sur le moment, mais vous paraîtront sans rapport demain. Vous avez du mal à prendre des décisions, en particulier sur les questions pratiques. Le monde réel vous effraie, les royaumes parallèles vous fascinent.

Vous êtes naturellement doué pour la mécanique, le bricolage ou la construction. Vous avez ce qui ressemble à une relation privilégiée avec les objets inanimés. Vous vous immergez parfois dans une tâche au point de devenir sourd à tout ce qui vous entoure ; quand vous êtes passionné, votre capacité de concentration est immense. La spiritualité est le meilleur moyen d'apaiser votre esprit.

ASCENDANT POISSONS

Vous êtes un empathe né, extrêmement sensible et tendre. Je ne veux pas vous faire pleurer, mais, dès que vous parlez de votre âme, c'est susceptible de se produire. Vous absorbez la douleur des autres. Vous n'aimez guère les foules – les aéroports ou les concerts ne sont pas, loin de là, vos endroits favoris. Vous devez apprendre à choisir votre entourage et à gérer votre énergie.

Vous adorez, bien sûr, l'astrologie, comme tout ce qui est mystique et religieux. Vous êtes un ardent étudiant de l'existence... quand vous parvenez à vous concentrer. En réalité, vous avez peu de besoins, pourvu que vous soyez avec vos amis, vos animaux et vos « objets spirituels » préférés.

Quand vous parvenez à avoir les pieds sur terre, votre artiste intérieur est en mesure de s'exprimer. Attention, toutefois : vous aimez laisser les choses en plan, ou vous enfuir. Sans un ancrage solide, vous pouvez vous sentir déprimé ou anxieux, au point d'avoir besoin de demander de l'aide ; ou bien encore, vous pouvez être envahi d'émotions douloureuses. Ce n'est pas un défaut, c'est simplement que tout compte pour vous.

Vos couleurs, vos œuvres d'art, vos bijoux et votre beauté sont pour nous un cadeau immense. Mais soyons pratiques : apprenez à dire non. Ne changez pas pour nous faire plaisir ni pour vous sentir en lien avec les autres. Vous êtes bel et bien connecté – l'esprit est là pour vous, vous le savez.

Vous finirez peut-être dans la solitude, que vous aimez et détestez à la fois. Quelle contradiction ! Voici comment en sortir : admettez que nous avons besoin de vous ici, avec les deux pieds sur terre. Ne nous fuyez pas, ne vous fuyez pas vous-même. C'est ce qui crée cette solitude que vous haïssez.

Au pire, vous vivez dans un rêve ; au mieux, vous en créez un. Vous voulez vous évader de cette vie ? Coupez la télé et allez skier, voyagez, prenez l'avion – même si ça vous fait peur. Vous savez, en général, organiser les choses pour tout le monde, alors pourquoi ne pas donner une fête qui rendra plein de gens heureux ? Même si, une fois l'événement lancé, vous risquez de ne pas avoir envie d'y rester très longtemps…

Le mieux pour vous est d'étudier la méditation ou les cristaux, autant de portes pour trouver la paix du cœur. Nous vous aimons, ascendant Poissons. Votre beauté intérieure nous rappelle ce qui compte le plus : l'amour de la vie, de la beauté de ce monde et des autres, au-delà. Cette vie, vous l'aimez à petite dose, à vos propres conditions. Trouvez votre zone de confort, et décorez-la d'éléments spirituels. Nous inviterez-vous ? Vous êtes un don pour l'humanité.

SATURNE EN POISSONS

Votre problème, ce sont vos limites : elles sont soit trop faibles, soit trop fortes. Pouvez-vous vivre dans le monde réel et cesser de vous en plaindre ?

Les limites engendrent la sagesse. Plus vite vous admettrez votre vulnérabilité et la puissance de vos émotions, plus vite vous serez capable de distinguer ce dont vous avez besoin ou non. Avec des barrières intactes et une vraie honnêteté émotionnelle, vous découvrirez à quel point vous êtes sage, empathique et plein de compassion.

Vous avez le droit d'exprimer vos émotions profondes. En vraie éponge d'énergie, vous avez la capacité à devenir un médium et à guérir le collectif autant que vous-même.

Leçon de vie : Vous êtes soit pris dans votre propre sensibilité, soit coupé de celle-ci. Dans les deux cas, c'est en explorant vos émotions que vous pourrez évoluer et devenir qui vous êtes vraiment.

MÉDITATION POUR LE POISSONS

Ma foi m'attend. Je suis en sécurité, entouré par les anges. Je peux compter sur mon être supérieur, préparer mon mental à tout. Je respire en grand pour chasser mes peurs. Je trouve le calme. J'ai des idées, des coups de génie, des intuitions, et je peux les transmettre sans effort. J'apprécie ce que la vie a de raffiné, qui me permet de me sentir centré. C'est ainsi que j'accède à la paix. Je me donne la permission de façonner mon environnement pour pouvoir trouver à la sagesse nécessaire à tout moment.

L'ESSENCE DU POISSONS

Quand on naît avec un appel puissant, difficile de lui résister ! Malheureusement, le monde exige que le Poissons joue dans la même cour que les autres. Il fait de son mieux pour cela, mais il doit apprendre à nager entre plusieurs univers : les films qu'il aime, ses rêves, ses espoirs de faire évoluer l'humanité.

Les Poissons se préoccupent des laissés-pour-compte. La douceur de leur cœur est comme une médaille reçue dans leurs vies précédentes où ils ont fait leurs armes. Dans celle-ci, ils se mettent à l'épreuve, pour s'assurer d'avoir appris quelque chose. La plupart du temps, ils ne se le rappellent pas consciemment. Mais pourvu qu'ils écoutent leur réponse spontanée à ce besoin d'aider, de créer, d'écrire des histoires, ils découvriront à quel point leur cœur est immense.

Quand la vie ne va pas dans le sens qu'espérait le Poissons, quand ses rêves restent inaccomplis et que sa vie ne ressemble pas à ce qu'il voulait, c'est simplement pour lui apprendre à aimer ce que le destin lui envoie. Il en est capable – il en a l'étoffe spirituelle, même si ça n'est pas toujours facile pour lui.

L'essence du Poissons est spirituelle. Il a la ferme intention d'agir en fonction de l'appel de son âme. Il a pour lui toute la magie, tous les anges, qu'on puisse souhaiter ; quand il croit à la magie, la magie croit en lui.

20

Le treizième signe

« Dans l'état où vous vous trouvez, nul ne peut plus se reprocher la bêtise de sa psychologie ; il ne peut qu'agir avec diligence et dévotion pour s'attirer la bienveillance des autres. C'est ainsi que vous vous retrouverez, en agissant chaque fois que possible dans cet état d'esprit. »

Carl Gustav Jung (Lettre à un patient)

Je suppose que vous avez lu une bonne partie de ce livre en vous préoccupant surtout de votre signe zodiacal (ou, pour le dire autrement, de votre ego), avec le but d'identifier vos particularités et vos traits uniques. Vous avez peut-être lu également la description du signe de vos enfants ou de votre partenaire. C'est à ça que sert tout manuel d'astrologie : se comprendre et être compris.

L'astrologie ésotérique est un peu différente. Elle s'adresse à votre ego, certes, mais c'est pour mieux vous séduire et vous mener à votre plus bel amour – votre âme. Le voyage de l'un à l'autre, de l'ego à l'âme, n'est pas sans aventure…

Voilà pourquoi je préfère l'astrologie ésotérique et pourquoi, vous l'avez compris, elle se situe au cœur de ce livre. Vous êtes une âme sous les atours d'un ego, avec vos étoiles et vos planètes, vos histoires innombrables, vos peines de cœur, vos dons, et une liste de leçons spécifiques qui vous attendent. L'existence est toute une affaire, et nous y sommes lancés sans manuel d'instructions... du moins jusqu'à maintenant.

La bonne nouvelle, quand vous commencez à étudier l'astrologie, c'est que votre ego a le pouvoir de vous faciliter la tâche en vous incitant à revoir vos leçons. Vous savez à présent que votre carte astrologique vous fournit nombre d'indications sur les leçons de vie et l'alternance de malheurs et de bonheurs qui vous attendent. Si ce livre vous a servi à quelque chose, c'est à être plus près de votre vrai moi.

Parlons de l'opposé de votre ego. Difficile à concevoir comme à contacter, c'est la part de vous-même qui attend en coulisses : votre moi supérieur, votre âme, votre conscience, cette fraction de vous qu'il vous faut apprendre à invoquer. Nous savons désormais que l'ego l'emporte sur tout – sur le mental, sur l'inconscient, sur les pulsions – tant que nul superviseur ou maître de conscience ne le ramène vers l'âme. Je considère que votre âme est votre chaperon pour vous guider vers le treizième signe.

Ce treizième signe, c'est la voix que l'on n'entend souvent qu'après des années d'attente et de deuil, quand les épreuves nous ont mis à genoux et poussés à chercher le réconfort, à prier et à demander de l'aide; c'est la sagesse qui vient atténuer la douleur. Oui, la voix du treizième signe ne s'élève que quand on a traversé des temps difficiles; elle s'épanouit sur le terreau de la douleur. Vous me comprenez à présent : c'est un thème majeur de ce livre.

Il existe deux chemins pour trouver cette voix :

1. Une série de crises révélées par l'horloge saturnienne (ou retour de Saturne, par cycles de sept ans).

2. Vous avez la chance d'avoir travaillé dur dans vos vies passées, et vous héritez de cette sagesse. C'est peut-être un rêve, des parents aimants, un acte de guérison qui vous l'a révélée, à moins que vous ayez rencontré un maître spirituel. Quoi qu'il en soit, sachez que cette sagesse est à portée de main.

Pour moi, l'astrologie est la porte qui ouvre sur cette voix – une voix difficile à trouver et à entendre. Soyons clairs : il s'agit de la partie de vous qui est profondément amoureuse de votre essence, et cela, depuis le premier moment de votre existence.

J'espère qu'avec la lecture de ce livre, votre ego se sentira vu et compris. Puissent ces informations sur votre ascendant, votre Saturne, vos planètes, vos maisons et ainsi de suite, vous avoir apporté l'illumination. Mais, puisque nous atteignons la fin de cet ouvrage, il est temps d'aller plus loin.

Voici le sujet le plus important : le treizième signe, un concept évanescent, non linéaire, qui donne accès à la zone de calme, à la grotte silencieuse, au coucher de soleil parfait, où tout est en paix, uni, pur. On peut appeler ça son refuge, l'endroit où l'ego vient se reposer et mettre ses efforts en pause ; c'est le moment où l'on est, simplement.

Ce signe-là a connu bien des noms à travers l'histoire humaine. En Chine, on l'appelait le Tao ; en Inde, l'Atman. La kabbale le nomme Ein Sof, le bouddhisme, Nirvana. Autant de mots pour décrire l'indescriptible. Nous nous dirigeons vers le royaume de l'ineffable, où les mots n'ont plus de sens.

Voyez-le comme l'endroit de la carte du ciel où se rejoignent toutes les planètes, les maisons et les signes. Si le treizième signe pouvait parler, il dirait à l'esprit : « Puisque je suis venu pour m'incarner dans cette personnalité-là, pour remplir le karma qui m'a été donné d'une vie à l'autre, alors, aide-moi à rester suffisamment neutre pour poser des questions, pour m'interroger sur mes pensées, gouverner mon mental et filtrer les gremlins malsains qui me tiennent à l'écart de toi qui es mon être véritable. Aide-moi à devenir un véhicule conscient, un être sage, qui accepte et endosse avec grâce et aisance la carte du ciel qui est la sienne pour cette existence. »

C'est amusant, d'une certaine façon : vous venez de lire un livre qui décrit les signes astrologiques et leurs innombrables associations pour définir votre caractère avec des mots et des concepts issus du vocabulaire ancien de l'astrologie, renforcés par de la science et des mathématiques. Or, à présent, je voudrais vous envoyer vers un espace bien plus vaste, où vous êtes davantage que votre nom, votre visage, votre signe, vos blessures d'enfance, les fragments de votre cœur brisé ; un espace où il s'agit d'abandonner la croyance que l'illumination pourrait venir du mental et de la logique. Croyez-moi : pour accéder au treizième signe, il faut laisser le mental derrière nous.

« C'est le moment », dit l'astrologue. En cette période où notre espèce est si vulnérable et inquiète, nous avons besoin d'aide. L'humanité dans son ensemble est en train de s'éveiller. On le sent tous les jours, avec ce changement exponentiel qui parcourt notre planète – les simples initiales « IA » suffisent à en faire frissonner plus d'un. Quelles sont les implications d'un bouleversement aussi formidable ? Nous redoutons un avenir apocalyptique à base de technologie, car nous sentons que tout notre monde est en train de basculer.

Nul besoin d'avoir peur : mieux vaut être préparé, conscient et éveillé. Tout avertissement peut nous aider à trouver la grâce au milieu de ces transformations. Nous avons le choix : entrer dans cette nouvelle ère avec un système nerveux apaisé, capable d'accepter ce qui est ; ou bien nous laisser gagner par la peur, être anxieux et mal préparés.

Au-delà de l'astrologie, des indicateurs témoignent clairement de ces mutations. Pour commencer par le plus simple, nous n'avons jamais été aussi nombreux – huit milliards ! – sur notre petit caillou bleu perdu au milieu de l'espace, et dépassés par les implications de la technologie moderne. Sans l'altruisme, sans une véritable sagesse psychologique et émotionnelle couplée à la possibilité de faire appel au treizième signe, il y aurait effectivement de quoi avoir peur.

Nous venons de quitter l'âge des Poissons, qui a vu naître des maîtres comme Jésus, Bouddha et Mahomet. D'après l'astrologie, les changements d'ère ont lieu tous les deux mille cent ans environ. Nous avons bien vu, dans les années 1960, un bouleversement de la civilisation. En tant qu'astrologue, je ne peux que le clamer : nous sommes arrivés dans l'ère du Verseau ! Il se double de l'entrée de Pluton en Verseau. Les indicateurs les plus évidents en sont les changements environnementaux et géopolitiques. Ai-je seulement besoin de les détailler ? Le réchauffement climatique, les guerres qui font rage, la technologie effrayante.

Je regarderai avec beaucoup d'attention les influences astrologiques à partir de l'été 2026, où toutes les planètes extérieures vont entrer dans des signes de feu et d'air. Pendant les quinze dernières années, elles se trouvaient en terre et eau, symbolisant une période de *statu quo*, de conservatisme, d'immobilisme : les vieilles badernes des gouvernements faisaient semblant de s'occuper de nous pour maintenir artificiellement un sentiment de stabilité. Mais arrive le temps du feu et de l'air : à partir de 2026, nous aurons Saturne et Neptune en Bélier (feu), Uranus en Gémeaux (air) et Pluton en Verseau. C'est un changement majeur : le feu et l'air contiennent des énergies explosives, qui alimentent le renouvellement. Nous devons prendre conscience de nos choix au moment de recréer nos valeurs communes.

Je veux parler en particulier des implications de la présence de Pluton. C'est la plus petite planète de notre galaxie, mais aussi la plus puissante. Comme je l'ai mentionné au chapitre 5, sa découverte coïncide avec celle de la puissance nucléaire (qu'elle a certainement influencée). La Seconde Guerre mondiale, Hitler et Freud sont venus, en bien ou en mal, ouvrir les consciences à cette même époque de notre histoire. Aujourd'hui, Pluton change de signe et peut bouleverser notre monde, comme il le fait tous les deux cent quarante ans. La dernière fois que ça s'est produit, en 1777, l'Amérique venait de devenir un pays. Pensez aux implications pour notre monde. Pluton entre aujourd'hui dans le signe qui représente l'astrologie et tout ce qui est futuriste – Verseau, pour ne pas le nommer.

Choisirons-nous la bonté et la compassion, le partage et le soin ? Rien ne peut mieux que les valeurs humanistes nous aider à sauter d'une ère et une autre. Ou bien l'IA créera-t-elle une nouvelle forme d'humanité, différente de tout ce qui existait auparavant ?

Il y aura des choix à faire ! Dans sa version la plus évoluée, l'énergie du Verseau vous permet d'utiliser le treizième signe pour réduire la confusion de l'ego, vous ancrer dans la foi et la conscience et comprendre que vous avez été créé et placé ici pour incarner la divinité du créateur.

Le Verseau incarne la liberté, l'authenticité sans limites, la générosité d'un humain divin qui aime et prend soin des autres avec bonté. Lisez le chapitre qui le concerne, et demandez-vous quelle humanité nous souhaitons laisser derrière nous, à nos enfants et aux générations futures ?

En passe de devenir des partenaires de l'IA et des technologies de pointe, nous devons apprendre à accepter ces changements radicaux, si possible en restant à l'écoute à la fois de notre tête et de notre cœur. C'est ce qui fera la différence – accueillir les transformations en restant à l'écoute de la voix de la paix et de la compassion.

Il est temps à présent de sortir des cartes et de m'accompagner vers les cieux, vers le pays sans nom, cet endroit qui défie la gravité et le langage. Arrêtez-vous ici : votre mental n'a aucun droit en ces lieux, et la peur n'est pas la bienvenue.

Passons, par défaut, en mode amour, et accueillons ces changements en êtres conscients et capables d'apaiser leur système nerveux ; alors, nous pourrons célébrer les bouleversements, quels qu'ils soient. Personne ne sait avec certitude ce qui se produira – nul astrologue, prophète ou voyant ne peut nous y préparer.

Ce qui est vrai, en revanche, c'est que vous êtes en sécurité. Le treizième signe flotte à travers la réalité, sans jamais se heurter à la douleur. Il n'a rien à voir avec l'espèce humaine ; il se situe bien au-delà des tentatives du mental de comprendre ce monde.

Le « vrai » treizième signe a été réellement découvert dans l'espace. La Nasa, en effet, aurait confirmé l'existence d'une nouvelle constellation du zodiaque : Ophiuchus, ou Serpentaire [1], comme l'ont baptisée les astronomes.

Mais peu importe : je parle ici du treizième signe qui n'a pas de nom, qui échappe aux mesures comme le temps et l'espace, aux tentatives maladroites du langage. On ne peut le percevoir qu'en lâchant prise, en fermant les yeux et en écoutant avec son cœur.

Sentez-vous cette partie de vous éternelle, celle qui a choisi le fardeau de l'existence humaine ? Celle qui aime le moindre aspect de l'expérience terrestre, qui se glisse en conscience dans l'éternité, abandonnant la forme humaine sans plus de désir de créer des barrières ni de parler avec des mots ? Une virgule flottante, une onde, une particule ? Peu importe comment on le nomme : le treizième signe est cette part de nous qui reste toujours au-delà de la compréhension humaine.

Vous connaissez quoi qu'il en soit son opposé, l'ego, décrit en détail dans ces pages. C'est la partie de votre esprit qui rêve d'être à part, spéciale, qui est autocentrée, avide d'en savoir plus sur elle-même grâce à ce livre. J'ai beau adorer cette partie-là (c'est elle qui vous a poussé à l'achat !), ce n'est plus à elle que je m'adresse maintenant. Je parle à cet amour inconditionnel qui, en vous, ne se tarit jamais et n'attend que d'ouvrir ses ailes.

Pensez au Soleil et à sa pulsion éternelle de courir après la Lune. Pensez à votre cœur, qui bat depuis l'instant de votre conception. C'est la partie de chacun de nous qui est fiable, stable et permanente, aussi constante que l'étoile Polaire, pure et guérie. Nous sommes aimés au-delà des mots par la force qui fait se mouvoir les planètes de toute éternité.

1. https://fr.wikipedia.org/wiki/Serpentaire_(astrologie)

La mort ne peut rien contre le treizième signe. Il existe à travers le temps. C'est notre billet pour l'éternité. Je vous souhaite de comprendre que votre mental doit s'arrêter, votre système nerveux s'apaiser, pour qu'enfin vous puissiez rentrer chez vous.

C'est pour cela que ce chapitre est si court et abstrait. Quand le futur arrivera – et il arrive ! –, votre relation à des concepts comme le calme, la tranquillité et la sécurité sera déterminante. Êtes-vous doué pour vous apaiser, respirer en grand, méditer, vous fier à Dieu ? C'est l'étape ultime pour pénétrer dans la chambre sacrée de la paix. Les mots ne peuvent la décrire, car les mots disparaissent quand le visage de Dieu apparaît.

Alors, fermez les yeux et détendez-vous. Vous avez un foyer où la gratitude existe en permanence en vous et où votre cœur sourit. C'est là que nous vivons pour toujours – cela s'appelle l'éternité.

Savez-vous pourquoi nous vivons éternellement ?

Parce que c'est le temps qu'il faut pour dire merci.

Annexe

Trouvez votre signe saturnien

Avec le tableau des années ci-dessous, découvrez le signe dans lequel se trouvait Saturne au moment de votre naissance (à cause des rétrogrades, certaines dates sont approximatives ; allez vérifier sur astro.com avec votre date de naissance exacte).

BÉLIER : Septembre 1939 – Mars 1940
TAUREAU : Mars 1940 – Mai 1942
GÉMEAUX : Mai 1942 – Juin 1944
CANCER : Juin 1944 – Août 1946
LION : Août 1946 – Septembre 1948
VIERGE : Septembre 1948 – Août 1951
BALANCE : Août 1951 – Octobre 1953
SCORPION : Octobre 1953 – Octobre 1956
SAGITTAIRE : Octobre 1956 – Janvier 1959
CAPRICORNE : Janvier 1959 – Janvier 1962
VERSEAU : Janvier 1962 – Décembre 1964
POISSONS : Décembre 1964 – Mars 1967
BÉLIER : Mars 1967 – Mai 1969
TAUREAU : Mai 1969 – Juin 1971
GÉMEAUX : Juin 1971 – Août 1973
CANCER : Août 1973 – Septembre 1975

LION : Septembre 1975 – Août 1978
VIERGE : Août 1978 – Septembre 1980
BALANCE : Septembre 1980 – Décembre 1982
SCORPION : Décembre 1982 – Novembre 1985
SAGITTAIRE : Novembre 1985 – Novembre 1988
CAPRICORNE : Novembre 1988 – Février 1991
VERSEAU : Février 1991 – Février 1994
POISSONS : Février 1994 – Avril 1996
BÉLIER : Avril 1996 – Mars 1999
TAUREAU : Mars 1999 – Avril 2001
GÉMEAUX : Avril 2001 – Juin 2003
CANCER : Juin 2003 – Juillet 2005
LION : Juillet 2005 – Septembre 2007
VIERGE : Septembre 2007 – Juillet 2010
BALANCE : Juillet 2010 – Octobre 2012
SCORPION : Octobre 2012 – Décembre 2014
SAGITTAIRE : Décembre 2014 – Décembre 2017
CAPRICORNE : Décembre 2017 – Décembre 2020
VERSEAU : Décembre 2020 – Mars 2023
POISSONS : Mars 2023 – Février 2026
BÉLIER : Février 2026 – Avril 2028
TAUREAU : Avril 2028 – Juin 2030
GÉMEAUX : Juin 2030 – Juillet 2032
CANCER : Juillet 2032 – Août 2034
LION : Août 2034 – Juillet 2037
VIERGE : Juillet 2037 – Septembre 2039
BALANCE : Septembre 2039 – Novembre 2041
SCORPION : Novembre 2041 – Novembre 2044
SAGITTAIRE : Novembre 2044 – Janvier 2047
CAPRICORNE : Janvier 2047 – Janvier 2050

VERSEAU : Janvier 2050 – Janvier 2053
POISSONS : Janvier 2053 – Mars 2055

Remerciements

Sans doute devrais-je éviter de le dire, mais je n'avais aucune envie d'écrire ce livre. Mon erreur ? Utiliser le mot « jamais ». Ça m'apprendra !

J'avais dit à ma meilleure amie : « Je n'écrirai plus jamais de livre. » En vérité, mon mental, mon ego – la petite voix paresseuse –, ne voulait plus écrire ; mais mon âme avait sa mission, et j'ai fini par y répondre. Vous tenez le résultat entre vos mains.

L'un des enseignements majeurs de ce livre est : écoutez votre âme. Ce n'est pas simple. L'âme parle une langue secrète, dans les rêves, les coïncidences, les invitations incessantes que nous préférons ignorer ou rejeter. Après des années à étudier la nature humaine, j'en suis venue à cette conclusion : il n'est de pire douleur que de quitter cette vie sans remplir sa mission.

Par bonheur, ça ne me concerne pas, car énormément de gens recherchent la sagesse grâce à cette voie ancienne qu'est l'astrologie, et ils font appel à moi. J'en remercie le ciel.

Voilà près de cinq décennies que je me consacre à cette étude. J'ai lu des dizaines de milliers de cartes du ciel – assez pour comprendre que la nature humaine, quand l'âme la soutient, consiste à affronter les mêmes problèmes encore et encore, jusqu'à ce que vous compreniez le message. *Oh, tu veux que j'écrive un livre? Que je partage mon savoir?* J'ai fini par entendre ce message – il était devenu trop fort pour que j'y résiste. Je veux donc remercier ceux qui le méritent.

Ça a commencé par mon amie Jolie, qui m'a dit : « Le jour où tu voudras écrire à nouveau, je connais une femme qui peut t'aider. » On appelle parfois « écrivains fantômes » ces personnes qui vous aident à accoucher de votre savoir ; mais la mienne était très incarnée, brillante et présente. Rien à voir avec un fantôme ! Elle a étudié l'astrologie à mes côtés, et possède le don de la transcrire sur papier. Grâce à ses quatre planètes en Verseau dans la maison I, elle était faite pour cette tâche.

Mais, pour remonter au tout début, je veux remercier les deux personnes qui ont permis à mon âme d'exister ici-bas : ma mère et mon père.

C'est grâce à mon père Milt, stoïque Capricorne, que j'ai appris à lire dans les âmes, à aller au-delà des apparences, à prêter attention à l'intégrité, aux paroles et au cœur des gens. Mon père avait un cœur d'or, en particulier quand il s'agissait de moi. Il habite désormais le centre de ma maison intérieure. La première chose que vous verriez en pénétrant dans mon cœur, ce serait lui. Il y réside et y restera jusqu'à nos retrouvailles. Sincèrement, il me manque tous les jours.

Il m'a appris que l'âme supplante l'ego, mais seulement à partir du moment où l'on comprend que l'amour compte plus que tout. Ça ne l'empêchait pas d'être une personne tourmentée, voire malhonnête, marquée par son terrible karma issu des années 1930. Je préfère ne pas partager cette histoire avec vous ; ce qui compte, à mes yeux, c'est qu'il a fait preuve d'amour inconditionnel, toujours à mes côtés. J'ai découvert avec lui que l'amour transcende le monde matériel : c'est une évidence quand on le ressent autour de soi longtemps après que la personne qui vous aimait a quitté ce monde. L'amour vrai échappe au temps.

Quant à ma mère… en vraie Lion, elle était dotée d'un ego bruyant et manifeste. Sa coiffure, ses ongles et des bijoux la définissaient ; elle était pratiquement l'opposé de mon étrange et taciturne paternel. J'ai donc rencontré très jeune l'impact d'un ego hors de contrôle (coucou, Tillie) et d'une âme qui se dissimule (coucou, Milt). C'est ainsi qu'a débuté ma fascination pour les énergies contraires, qui ne m'a jamais quittée depuis : l'âme contre l'ego. Le monde extérieur réclame notre attention à grands cris, tandis que notre sanctuaire intérieur nous murmure : « Viens t'asseoir avec moi. » Nous connaissons tous la guerre qu'ils se mènent.

J'espère que, maintenant que vous avez terminé ce livre, vous saisissez que ni l'âme ni l'ego ne doivent être condamnés ou jugés. Ils sont différents, voilà tout. C'est l'invitation ultime : il vous est proposé de vous ressourcer dans le monde intérieur de l'âme, la lumière qui vous guide, votre nord véritable. L'âme est la source de l'accomplissement ; la personnalité et l'ego sont les moyens de transport pour y parvenir.

Mes remerciements vont ensuite à mon fils. L'évolution se poursuit dans le temps. En observant à grande échelle, grâce à l'astrologie et à la métaphysique – ou à l'astronomie et à la géologie –, on comprend que chaque génération est une évolution nouvelle, et peut-être une amélioration des précédentes. Je remercie le ciel de m'avoir envoyé un fils qui m'en a appris autant. C'est grâce à Daniel que j'ai retrouvé la foi. Sa relation avec le Christ me rappelle la sécurité que l'on trouve dans la promesse divine, quand on répond à l'appel de son âme. Daniel, je suis reconnaissante pour l'homme de Dieu que tu es devenu. Notre lignée continue à évoluer grâce à toi. Tous nos ancêtres te remercient. Daniel est lui aussi un de ces maîtres qui m'ont aidée à écrire ce livre.

Telle est la famille qui m'a poussée à devenir l'astrologue et l'autrice que je suis.

Merci également à ma meilleure amie, Lauren, dont le soutien vaut de l'or. Elle est présente pour moi en permanence, à la fois comme une ancre et comme un arbre sous lequel je peux m'abriter aussi souvent et aussi longtemps que nécessaire. Elle est mon foyer. Chaque soir, sa voix m'a rassurée et portée pour écrire ce livre. Car, comme je l'ai dit, je m'y suis d'abord refusée, mais elle m'a mise au défi et poussée dans mes retranchements. Les vrais amis sont faits pour ça. Ils vous posent les questions difficiles, sans répit, et vous rappellent la mission de votre âme.

J'ai donc capitulé. L'appel de l'âme m'est parvenu par une amie qui me connaît mieux que moi-même. Merci, Lauren, et merci également à ton époux, John, qui a supporté nos interminables papotages et les fous rires des Gémeaux au téléphone soir après soir, pendant des mois. Ce livre existe parce que les Gémeaux ont besoin de parler et d'écrire – j'ai seulement été moi-même.

Je sais aujourd'hui que l'amitié est une valeur refuge, et que ni le temps ni l'espace ne peuvent entraver l'amour, entre sœurs, entre père et fille, entre mère et fils. Cette vérité m'apaise jusqu'au tréfonds de mon âme ; je sais que je suis en sécurité, aimée, avec ces personnes qui prennent soin de moi. L'esprit se manifeste ainsi, par l'amour et l'amitié.

Par la suite, d'autres âmes ont entendu l'appel et accompli leur destin et leurs buts. Ma coautrice, Ève ; mon agent, Alex, qui nous a guidées et m'a présenté des éditeurs ; mon équipe, qui a brillamment pris le relais pour mon école et mon entreprise d'astrologie ; mon assistante, véritable mère poule qui me dit toujours quoi faire ; et toutes les personnes qui ont apporté leur pierre à ce livre : je vous remercie de tout mon cœur.

Il y a également les autres, mes amis de longue date, qui ont eu la patience de m'écouter me tromper et généreusement permis de recommencer et de me tromper encore, pour enfin trouver ma voix. Vous vous reconnaîtrez, Carla, Lynn, Ashley, Mimsy, Lee, Sarah, Parker, Éric ; et ceux que je n'ai jamais rencontrés : Judy, Tim, Kevan, et tant d'autres dont j'ignore le nom – les âmes amies du cyberespace, où qu'ils soient dans le monde.

« Je ne veux pas écrire ce livre », disait mon ego paresseux ; mais mon âme ambitieuse et amoureuse de son patron (Dieu) a tout donné pour qu'il existe.

« Souvenez-vous, dit l'astrologue, si vous suivez l'appel de votre âme, qui vous parviendra par des milliers de voies différentes, vous pourrez connaître une mort paisible, avec la conscience d'avoir réussi votre vie. » Nous sommes ici pour répondre à une promesse, faite en amont de notre mémoire consciente, cachée dans les hiéroglyphes égyptiens, inscrite dans la carte astrologique qui nous définit. Cette promesse attend patiemment, espérant que nous recouvrions la mémoire, retrouvant ce à quoi notre âme a dit *oui* – la vie, telle qu'elle est ! L'ego peut résister à cette vérité, mais, grâce à des prières quotidiennes – « Laissez-moi être au service de mon âme, remplir ma promesse, incarner l'amour » –, vous apprendrez, vous aussi, à effacer le mot « jamais » de votre monde, et à répondre à ce que la vie exige de vous.

À moi, elle a demandé d'écrire ce livre. Je l'ai écoutée et, sincèrement, cela m'a fait tant de bien que je crois que je peux quitter ce monde apaisée, avec le sentiment du devoir accompli. Ma prochaine étape ? Nous verrons bien. L'esprit a toujours une nouvelle mission pour ceux qui disent oui, encore et encore, qui continuent d'avancer, et qui apprennent que « jamais » est un mot dont nous n'avons jamais eu besoin.

L'autrice

En bientôt cinquante ans de carrière professionnelle en tant qu'astrologue, Debra Silverman a aidé des milliers de personnes à retrouver sagesse et paix émotionnelle grâce à leur carte du ciel. Si son approche reste individuelle, elle a développé un modèle unique, à la fois psychologique et spirituel, mêlant sa pratique de l'astrologie ésotérique (qui s'intéresse à l'âme) à sa vaste expérience en psychothérapie pour aider les personnes qui traversent des bouleversements majeurs et des crises. Pour chaque personne, elle propose une approche thérapeutique unique, où l'astrologie et la guérison magique se combinent.

Elle a formé des milliers d'étudiants grâce à ses cours, séminaires et son école en ligne, Debra Silverman Astrology.

Son but est de se connecter avec vous à un niveau profond pour vous aider à guérir… sans oublier de vous faire rire et de vous encourager à vous accepter tel que vous êtes vraiment.